Der Tod ist ein nicht zu unterschätzender Gegner

W0105091

Martin Meyer-Pyritz

DER TOD IST EIN NICHT ZU UNTERSCHÄTZENDER GEGNER

33 wahre Geschichten über Feuerwehrmänner im Einsatz

SCHWARZKOPF & SCHWARZKOPF

Inhalt

Hinweis des Autors 6

Vorwort 7

Einsatz 1: Erste Konfrontation mit dem Tod 11

Einsatz 2: Der Messie 19

Einsatz 3: Ein Dachbodenfund 29

Einsatz 4: Die am lautesten schreien 42

Einsatz 5: Gut abgehangen 49

Einsatz 6: »Kommt mal her, hier liegt was!« 56

Einsatz 7: Häusliche Gewalt 63

Einsatz 8: Geschundene Kreaturen 68

Einsatz 9: (habe ich leider verpasst) S-Bahn, ich hasse dich! 72

Einsatz 10: (ist nicht nur für meine Frau) Kuchen für alle 76

Einsatz 11: 190 Dezibel 79

Einsatz 12: Ein verhängnisvoller Containerbrand 89

Einsatz 13: »Hamse ma 'n Euro?« 103

Einsatz 14: Poison / Giftig! 116

Einsatz 15: Zufall oder auch nicht? 140

Einsatz 16: An einem Sonntagvormittag 170

Einsatz 17: Beißwütig 177

Einsatz 18: Kur ... nein danke! 188

Einsatz 19: Dr. Teddybär 190

Einsatz 20: Im Keller 195

Einsatz 21: Im Rohr 202

Einsatz 22: Nach(t)trag 218

Einsatz 23: Friede, Freude, Eierkuchen 222

Einsatz 24: »Sie haben Ihr Ziel erreicht!« 233

Einsatz 25: 125 Kubikzentimeter – Teil 1 252

Einsatz 26: 125 Kubikzentimeter – Teil 2 256

Einsatz 27: Stauende 262

Einsatz 28: Ein Menschenleben kostet 2.368,44 Euro 265

Einsatz 29: Von wegen S-Bahn-Surfer! 277

Einsatz 30: Rauchen kann tödlich sein! 288

Einsatz 31: »Es tut mir leid!« 297

Einsatz 32: Eine Feuerwehrfrau ist auch nur ein Feuerwehrmann . 299

Einsatz 33: »... wir aber auch nicht!« 307

Glossar 310

HINWEIS DES AUTORS

Alle in diesem Buch geschilderten Einsätze beruhen auf wahren Begebenheiten.

Die Namen von Betroffenen sowie die Schauplätze von Unfall- und Einsatzstellen wurden aus Datenschutz- und rechtlichen Gründen verfälscht und abgeändert.

Viele meiner in diesen Einsätzen vorkommenden Feuerwehrkollegen sind bereits pensioniert und einige sind leider auch schon verstorben, so das ich sie nicht mehr um ihr schriftliches Einverständnis zur Nennung ihrer Namen bitten konnte. Im Gegensatz zu meinen vorherigen Büchern habe ich deshalb auch diese Namen geändert.

Wie in meinen vorherigen Büchern berichte ich auch von Geschehnissen, bei denen ich nicht persönlich anwesend war. Zu deren besseren Verstehen der schildere ich diese Vorgänge und Situationen in der dritten Person, also aus der direkten Sicht jener Menschen die in das Geschehen mittelbar oder unmittelbar verwickelt waren.

Das Wissen wie sich diese Geschehnisse abgespielt haben erschließt sich mir aus Informationen die ich teils den Aussagen der Genannten, aber auch Gesprächen und Recherchen mit Feuerwehrkollegen, Polizisten und anderen Zeitzeugen entnehme und wie ein Mosaik zusammensetze.

VORWORT

Als mir mein Verleger mitteilte, ich möge ihm doch ein Buch mit 33 autobiografischen Einsatzgeschichten schreiben, hatte ich zunächst gedacht: Nur 33? Kein Problem, du hast in jedem deiner 35 Dienstjahre bei der Berufsfeuerwehr selber etwa 1.000 Einsätze gehabt, macht unter dem Strich glatt 35.000! Was sind da schon 33?

Andererseits hatte ich aber auch schon das eine oder andere Buch über meine persönlichen Einsätze bei der Feuerwehr geschrieben, würde mir da möglicherweise nicht doch der Stoff ausgehen? Schließlich möchte ich meinen Leserinnen und Lesern ja nicht den x-ten Zimmerbrand und den x-ten ähnlich verlaufenden Rettungseinsatz schildern. Und während ich noch darüber nachgrübelte, drängte sich mir der Gedanke auf, von Einsätzen zu berichten, über die ich in meinen vorherigen Büchern entweder gar nicht oder wenn, dann nur sehr oberflächlich geschrieben habe. Vielleicht werden sich jetzt einige fragen: Warum hat er nie darüber berichtet? Ganz einfach – weil sie mich während meiner aktiven Zeit, in der ich sie erlebt hatte, psychisch zu stark belastet hatten. Diese teils sehr harten Einsätze auch noch aufzuschreiben und einem breiten Lesepublikum literarisch anzubieten, erschien mir einfach nicht richtig. Außerdem stellte ich mir das »Eintauchen« speziell in diese Einsätze für mich emotional sehr aufwühlend vor, worin ich ebenfalls einen Grund sah, sie nie (?) zu veröffentlichen.

Aber heute, nachdem ich mich auf den Tag genau sechs Jahre im »Unruhestand« befinde – heute ist nämlich mein Geburtstag, der auch gleichzeitig mein letzter Arbeitstag bei der Feuerwehr gewesen war –, breche ich mit diesem Vorsatz und beginne doch damit, diese Dinge aufzuschreiben, wozu ich mich vorher nicht in der Lage sah. Das bedeutet aber auch, dass dies ein hartes Buch wird, über die ungeschminkte Wahrheit von Einsätzen, wie sie jeder Feuerwehrmann erleben kann und teilweise sicher auch schon selbst erlebt hat oder möglicherweise noch erleben wird, die er aber nie erleben wollte – ich auch nicht! Aber ich habe sie erlebt und, das ist die gute Nachricht, sie haben mich zwar tief in meinem Inneren getroffen, aber nicht zerstört. Vermutlich weil ich (so meine eigene Theorie) ein intaktes Familienleben haben durfte. Das war mein Refugium des Friedens und der Geborgenheit, ohne das ich möglicherweise gestrandet wäre wie einige meiner Berufskollegen, die weniger Glück gehabt hatten. Kollegen, die ihre Zuflucht im Alkohol gesucht hatten oder im Suizid. Letzteres kam Gott sei Dank nur selten vor, *aber* es kam vor, und auch mein privater Rückzugsort in die Geborgenheit der heilen Familie hatte irgendwann gelitten, denn die belastenden Einsätze existierten immer noch in meinen Träumen. Doch nun, wo ich mich endlich doch noch dazu durchgerungen habe, mir die Altlasten meiner beruflichen Vergangenheit literarisch von der Seele zu schreiben, ist es schon jetzt wie eine Befreiung. Aber lesen Sie selbst. Begeben Sie sich mit mir auf eine Zeitreise, von der ich allerdings noch nicht sagen kann, ob ich sie unbeschadet überstehen werde, oder ob die Schatten meiner Vergangenheit mich nicht doch noch zum Aufgeben zwingen werden. Ich beginne im Jahr 1975, dem Jahr, in dem auch meine Laufbahn bei der Berufsfeuerwehr begann.

Bevor ich jedoch von meinen extremen Einsatzerlebnissen berichte, muss ich zum besseren Verständnis der Zeit und zur Struktur der damaligen Feuerwehr ein paar Dinge vorausschicken. So gab es 1975 weder Computer noch Handys, also auch kein Internet, kein Facebook und kein Twitter, keine E-Mails und kein WhatsApp. Das, was heute Social Media ist, waren damals bestenfalls in der Stadt aufgestellte Litfaßsäulen. Und wer kein eigenes Telefon besaß, wohlgemerkt kein Festnetztelefon, musste draußen eine der öffentlichen kleinen gelben Telefonzellen aufsuchen, in denen man für zwei Groschen (es war noch die DM-Zeit) telefonieren konnte.

Fernsehen gab es allerdings schon, aber noch lange nicht jede Familie besaß einen Fernseher, und von denen, die einen besaßen, hatten viele immer noch die alten Schwarz-Weiß-Geräte. Der Empfang erfolgte ausschließlich über Antenne, und von einer Sendevielfalt wie heute war keine Rede. Und das, was den Bürgern damals als spannender Krimi über die Mattscheibe flimmerte, würde einem heutigen jungen Publikum höchstens noch ein gequältes Lächeln entlocken. Mordszenen oder bis ins Detail gehende Abbildungen von verstümmelten und verbrannten Leichen, wie sie inzwischen schon seit Jahren selbst im Vorabendprogramm gezeigt werden, waren ebenso tabu wie pornografische Darstellungen von kopulierenden Paaren jeglichen Alters.

Vor diesem Hintergrund war das, was ich also ab 1975 durch meinen Dienst bei der Feuerwehr erleben sollte, eine Welt, die mir so bisher nicht vertraut war, wenn man in diesem Zusammenhang überhaupt von einer Vertrautheit sprechen kann. Abgesehen davon, dass einige Filmemacher anscheinend keinerlei Tabus mehr kennen, ist die Realität des Lebens immer noch einen Zacken härter, zumindest solange es noch kein Fernsehen mit Geruch gibt. Und die Haptik einer Flachbildscheibe oder die Tastatur eines Motherboards ist Gott sei Dank auch noch eine andere als von dem, was man als Feuerwehrmann im Laufe seiner Jahre an Menschlichem und Unmenschlichem anfassen muss.

Apropos Feuerwehr: Auch da hat es im Laufe der Jahre gewaltige Veränderungen gegeben, und zwar nicht nur in Bezug auf Technik, Ausbildung und Ausstattung. Mindestens ebenso gravierend ist der Wandel, der sich im zwischenmenschlichen Bereich vollzogen hat! Während 1975 bei den Berufsfeuerwehren noch eine extrem hierarchische Trennung selbst zwischen den Dienstgraden im mittleren feuerwehrtechnischen Dienst herrschte, so besaßen Hauptbrandmeister und Oberbrandmeister zum Beispiel einen von der übrigen Mannschaft gesonderten Tagesraum und wurden gesiezt, lockerte sich das geradezu militärisch starre System im Laufe der Zeit zugunsten einer mehr und mehr kollegialeren Zusammenarbeit. Trotzdem gibt es auch heute noch einige dieser ewig alten Bollerköpfe, wobei, was deren Lebensjahre betrifft, die nicht einmal wirklich alt sein müssen. Aber solche Typen findet man ja in allen Lebensbereichen, da machen die Feuerwehren leider keine Ausnahme.

Ansonsten herrschte unter den Feuerwehrmännern aber auch schon damals eine gute Kameradschaft, sodass ich mich auf meiner ersten Feuerwache (und auf den später folgenden) sehr wohl und gut aufgehoben fühlte.

Nun wünsche ich Ihnen, dass es Ihnen möglich ist, dieses Buch bis zum Ende zu lesen. Springen wir also zurück ins Jahr 1975.

Martin Meyer-Pyritz

ERSTE KONFRONTATION MIT DEM TOD

Mein Körper ist vollgepumpt mit Endorphinen. Ich laufe mit weit ausholenden, federnden Schritten durch den warmen Sommerregen. Nichts und niemand stört meine Gedankengänge. Ich laufe alleine, laufe auf meiner Hausstrecke und fühle mich in Hochform. Meine Gedanken kreisen um künftige Feuerwehreinsätze – um gefährliche Feuerwehreinsätze! Einsätze, wie ich sie noch nicht erlebt habe, denn ich habe meine erste Dienstschicht noch nicht begonnen, obwohl ich schon seit einigen Monate dabei bin, bisher allerdings nur in der Grundausbildung zum Feuerwehrmann.

Doch das ist seit gestern Vergangenheit. Ich habe die Prüfung bestanden, habe alle theoretischen Themen gemeistert, und was die körperlichen Dinge betrifft, hatte ich auch da keine Probleme. Egal ob es darum ging, die dreißig Meter hohe Drehleiter im Freistand zu besteigen, mich an einem Seil in die Tiefe zu hangeln oder unter Atemschutz durch die Übungsstrecke zu kriechen. Das alles liegt hinter mir, und jetzt fühle ich mich topfit und quasi unbesiegbar. Okay, ich darf mich zwar noch nicht Feuerwehrmann nennen, sondern bin, aber das empfinde ich nur als ein Wortspiel, bis jetzt nur Feuerwehrmann-Anwärter. Egal, was soll's! Morgen wird mein erster Tag auf meiner ersten richtigen Feuerwache sein. Die Einsätze können also kommen. Ich bin bereit, auch für die knallharten. Was könnte mir schon gefährlich werden? Welche Gefahr wäre so groß, dass ich ihr nicht die Stirn bieten könnte? Gibt es überhaupt eine Gefahr, der ich nicht gewachsen bin?

Pah! Ich renne die 11,6 Kilometer in unter fünfzig Minuten – ich schaffe locker zwanzig Klimmzüge hintereinander und mache vierzig Liegestütze, ohne außer Atem zu kommen. Ich bin zwar eher der leptosome Typ, aber mein jugendlicher Körper ist vollkommen durchtrainiert, kein Gramm Fett, nur Muskeln und Sehnen – ich fühle mich wie eine auf Ausdauer trainierte Präzisionsmaschine, deren Herz und Lunge jeder Anstrengung gewachsen sind. Wow! Die körpereigenen Glückshormone, die beim Laufen entstehen, pulsieren mit jedem Herzschlag durch meine Adern, lassen meine Gedanken in Fantasien abdriften – Fantasien, die jenseits aller Realitäten sind, meinen Lauf aber nur noch stärker beflügeln. Die letzten 1.000 Meter lege ich einen Spurt hin, der mir ein absolutes Hochgefühl beschert. Danach bin ich allerdings völlig ausgepowert, spüre, wie das Blut in meinen Schläfen pulsiert, wie der Schweiß, der aus allen Poren dringt, sich mit der erhitzten regennassen Haut zu feinen Rinnsalen vermischt, am ganzen Körper hinabläuft. Ein gutes Gefühl ist das, ein verdammt gutes Gefühl – eins, welches ich mir drei Mal die Woche gönne.

*

Da war er nun, mein erster Tag auf der Feuerwache. Die Nacht hatte ich schlecht geschlafen, war immer wieder aufgewacht. Ich musste mich daher auch nicht vom Wecker wecken lassen. Vermutlich lag das an meiner inneren Unruhe, immerhin begann für mich an diesem Morgen nichts Geringeres als die erste Dienstschicht. Ich würde heute also 24 Stunden lang echte Alarme erleben, echte Feuer löschen, vielleicht sogar echte Menschen retten, nicht nur so blöde Übungspuppen wie in der Ausbildung. Klar war ich deshalb aufgeregt, und bestimmt hatte man mir das auch angemerkt, aber das hätte ich natürlich nie zugegeben, als ich, bis unter die Haarspitzen voll Adrenalin, auf der Wache erschien. Überhaupt war alles, was heute geschah, irgendwie aufregend – die Fahrt zur Wache, die neuen Kollegen, die Feuerwehrfahrzeuge, den eigenen Kleiderspind einzuräumen sowie der ganze Tagesablauf, über den man zwar schon einiges in der Grundausbildung erfahren hatte, was jetzt in der Realität aber doch irgendwie anders und vor allen Dingen neu war. Dazu kam diese permanente innere Anspannung, bei der meine Gedanken nur noch darum kreisten, dass es ja jederzeit alarmieren konnte. Nur wann? Wann würde wo ein Feuer ausbrechen? Diese Nervosität schlug mir mächtig auf den Darm, was mir wiederum ein neues Problem bescherte. Denn, so fragte ich mich, was passiert, wenn es alarmiert und ich nicht rechtzeitig in der Fahrzeughalle erscheine, weil ich gerade auf dem Klo sitze? Schließlich gestand man uns von der Alarmierung bis zum Ausrücken nur sechzig Sekunden zu! Konnte man das dann überhaupt noch schaffen? Als ich dazu später einige meiner neuen Kollegen befragte, rang denen mein drückendes Thema jedoch nur ein müdes Grinsen ab. Einer meinte gar drastisch: »Junge, wenn dir das so viel Kopfzerbrechen bereitet, musst du eben ausgeschissen zum Dienst kommen.« Na toll, was für ein Tipp! Verarschen konnte ich mich auch alleine. Fakt war jedenfalls: Wer aus welchem Grund auch immer den Alarm verpasste, musste spätestens in der nächsten Dienstschicht allen einen ausgeben. Dabei spielte es keine Rolle, ob man den Alarm verpennt hatte, weil man tatsächlich gerade auf der Toilette war, oder ob man ihn des Nachts richtig verschlafen hatte. Wobei Letzteres weit kritischer war. Ein Mal, okay, das ließ der Wachvorsteher ja noch durchgehen, aber zwei Mal? Also da musste man schon verdammt gute Karten bei ihm haben, damit er es nur bei einem Rüffel beließ. Kam so etwas jedoch öfter vor, konnte es eine Abmahnung oder sogar disziplinarische Maßnahmen geben, denn diese magische Größe von sechzig Sekunden war offizielles Gesetz. Darüber hinaus gab es aber auch noch diverse *ungeschriebene*, wachinterne Gesetze, die ich erst im Laufe der Zeit kennenlernen sollte.

Eines dieser Gesetze war die »heilige« Mittagspause – die Erfindung kluger (?) Männer, denen andere (müde?) Männer jede Dienstschicht huldigten, indem sie sich in ihre Zimmer zurückzogen, wo sie sich auf ihr Bett legten, um … nein, nicht um zu schlafen, um zu ruhen.

Feuerwehrmänner schlafen nämlich nicht, sie ruhen nur. In dieser Zeit sollte man sich tunlichst hüten, irgendwelchen Lärm zu machen oder vor den Ruheräumen über den Gang zu poltern. Das einzige Geräusch, welches die mittägliche Stille unterbrechen durfte, war der Alarmgong. Solche Feinheiten hatte man uns in der Grundausbildung natürlich nicht beigebracht, ich musste also noch verdammt viel lernen. Überhaupt schienen einige Kollegen nicht sonderlich viel von der jetzigen Grundausbildung zu halten. Das meiste, was man uns beibrachte, sei doch eh nur theoretischer Quatsch, behaupteten sie. Ich fand deren Äußerungen irgendwie befremdlich, hatte ich meine Grundausbildung doch recht gut gefunden, eine Ausbildung, die sie ja auch einmal durchlaufen hatten. Aber weil dieses Urteil von einigen Ober- und sogar Hauptbrandmeistern kam, also von denen, die richtig was zu sagen hatten, und ich hier das kleinste Licht war und noch nichts zu sagen hatte, schwieg ich lieber dazu. Trotzdem, seltsam fand ich das schon.

Unabhängig von all diesen vielen kleinen Besonderheiten, die ich schnell spitzhatte, herrschte unter den Kollegen, vornehmlich unter dem gemeinen Fußvolk – sprich den normalen Feuerwehrmännern –, ein sehr kameradschaftliches Verhältnis. Im Gegensatz zu einigen Oberbrandmeistern sowie den Hauptbrandmeistern und den noch höheren Chargen, die alle mit Sie angeredet wurden, war man ansonsten per Du. Das heißt, es gab auf meiner Wache einen Hauptbrandmeister mit dem Spitznamen Schnuf, den durften alle duzen, alle außer mir, zumindest solange ich noch Feuerwehrmann-Anwärter war. Der Schnuf erinnerte mich stark an den Lehrer Bömmel aus dem Film *Die Feuerzangenbowle*. Aber weil er sich uns gegenüber so kollegial gab, was den anderen Hauptbrandmeistern gar nicht passte, wurde er von denen auch nicht als einer der ihren anerkannt und stets ein wenig belächelt. Das schien dem Schnuf jedoch nichts auszumachen, und manchmal, wenn es ihn juckte und er den anderen eins auswischen wollte, setzte er sich in der Frühstückspause sogar zu uns und nicht in den Obermeistertagesraum, der nur Ober- und Hauptbrandmeistern vorbehalten war.

In dieser Welt bewegte ich mich also ab jetzt, und schon bald wurde mir die Feuerwache wie ein zweites Zuhause – ein Mikrokosmos mit eigenen Gesetzen und einer autarken Verpflegung, in der ich mit16 Feuerwehrmännern jede Dienstschicht 24 Stunden zusammen unter einem Dach verbrachte, außer wir befanden uns draußen im Einsatz. Und das kam verdammt oft vor.

Allzu viele Feuer hatte ich in den wenigen Wochen, die ich mittlerweile dabei war, noch nicht erlebt, und doch waren es schon weit mehr gewesen, als so manche Feuerwehrmänner zu sehen bekamen, die auf wesentlich ruhigeren Wachen ihren Dienst verrichteten. Mir konnte das nur recht sein, denn wie die meisten jungen Feuerwehrmänner wollte ich schließlich was erleben und steckte voller Tatendrang – so wie gerade jetzt bei diesem Wohnungsbrand. Mein damaliger Wachvorsteher und Zugführer hatte schnell erkannt, dass ich zu der Sorte gehörte, der man schon einiges abverlangen konnte. Daher hatte er auch kein Problem damit, mich recht früh in den Angriffstrupp zu stecken. Natürlich noch nicht als Truppführer, das wäre dann doch etwas zu vermessen gewesen, aber als Abgrifftruppmann neben einem seiner erfahrenen Brandmeister, das ging für ihn in Ordnung.

»Und, Günter, wie hat sich der Junge gemacht?«, fragte der Zugführer, als ich mit Ruß und Asche bedeckt hinter ebenjenem Günter aus der Brandstelle kam. Günter, der genauso verdreckt aussah wie ich, hielt seinen gelblich fluoreszierenden Feuerwehrhelm in der Hand und zog sich bei dieser Frage die schwarze Atemschutzmaske vom verschwitzten Gesicht.

»Hm …«, sagte er trocken, »ich denke, der ist okay. Hat sich zumindest nicht gleich in die Hose geschissen wie der von letztens.«

»Na ja, das war ja wohl auch 'n Flimmflämmchen. Nur gut, dass die den nicht übernommen haben«, knurrte der Zugführer. »Aber der, meinst du auch, der taugt was?«

Günter, der kein Freund vieler Worte war, nickte nur und fingerte ein Päckchen Zigaretten aus der Brusttasche seiner blauen Uniformjacke. Nachdem er sich die unvermeidliche Fluppe angezündet hatte und die ersten blauen Rauchkringel in den dunklen Abendhimmel stieß, ließ er sich dann doch noch zu einer für ihn langen Äußerung hinreißen. »Unbedingt, Ewald. Der hat ja nicht mal gekotzt, als wir die verbrannte Leiche im Brandschutt gefunden haben.«

»Glaubst du … dann schau mal da drüben hin.«

Der Zugführer drehte seinen Brandmeister in die Richtung, wo ich mich breitbeinig, die Hände gegen die Seitenwand unseres Löschgruppenfahrzeugs gestützt, heftig übergab.

»Jaaa«, dehnte Günter, »ich meinte vorhin. Denn mit der Atemschutzmaske auf der Nase ist Kotzen ja auch nicht gerade angebracht. Oder siehst du das etwa anders?«

Nein, natürlich sah das der Zugführer nicht anders. Kein Feuerwehrmann sah das anders, denn wer im Einsatz unter Atemschutz tatsächlich in die Maske kotzt, konnte leicht an seinem eigenen Erbrochenen ersticken, was einen in letzter Konsequenz das Leben kosten würde. Günter hatte mich wohl auch deshalb, als wir oben in der ausgebrannten Wohnung auf die verkohlte Leiche stießen, sofort am Arm herumgerissen und mir durch das Glas seiner Atemschutzmaske ins Gesicht gesehen.

»Dass du mir jetzt bloß nicht in die Maske kotzt, verstanden!?«

Ich vermochte ihm in diesem Moment nicht zu antworten, weil ich heftig würgen musste. Vermutlich stülpte sich gerade mein Magen um.

»Schluck die Scheiße runter, hörst du! Schluck sie runter!«, schrie er mich an, und irgendwie schaffte ich es tatsächlich, den säuerlichen Mageninhalt wieder dahin zu befördern, wo er hergekommen war. Aber danach verstopfte mir etwas davon immer noch die Nase, was mich zu erneutem Würgen reizte.

»Los, raus hier!«, schrie Günter. Er hielt immer noch meinen Arm fest und zerrte mich hinter sich her. Im Nachhinein denke ich,

hatte er wirklich Angst um mein Leben gehabt, wobei Feuerwehrmänner eigentlich nie Angst haben. Jedenfalls damals nicht, ebenso
wie Feuerwehrmänner nie heulten. Im Grunde genommen war die
Bezeichnung »Feuerwehrmann« auch ein Synonym für Hartmann,
und für Hartmänner war Schwäche zeigen, egal weshalb und in welcher Situation, verpönt. Wer Schwäche zeigte, galt als Weichei und
war kein echter Feuerwehrmann! Das war natürlich vollkommener
Blödsinn und führte in letzter Konsequenz sogar dazu, dass einige
Feuerwehrmänner an ihrem Beruf zerbrachen. Aber damals empfand man noch so, und es sollten noch Jahre vergehen, ehe sich an
dieser ungesunden Einstellung etwas veränderte.

Ich spuckte gerade den letzten Schleim aus, da legte mir jemand
seine Hand auf die Schulter. Es war mein Angriffstruppführer Günter.

»Na, ausgekotzt? Geht's dir jetzt besser?«

Ich nickte und schnäuzte mir die Nase. »Alles klar, geht schon
wieder.«

»Na, dann komm«, sagte er und marschierte los. Ich folgte ihm,
ohne zu wissen, wohin es ging.

»Dahinten steht unser Atemschutzgerätewagen«, erklärte er mir
unterwegs, »da werden wir jetzt unsere Flaschen wechseln.«

»Und dann?«

»Dann holst du den Verbrannten aus der Wohnung.«

Ich musste schlucken. *Den Verbrannten aus der Wohnung holen,
ich?*

Günter hielt in seinem Schritt inne, drehte sich zu mir um und
erklärte: »Ich komme natürlich mit. Oder hast du etwa geglaubt, ich
würde dich die Scheiße alleine machen lassen?«

Ich weiß nicht mehr, was genau ich in diesem Moment gedacht
hatte, auf jeden Fall musste es etwas zwischen »Gott sei Dank« und
»Warum wir, das kann doch auch jemand anderes machen« gewesen sein.

Günter schien meine Gedanken lesen zu können: »Hör zu. Klar,
das könnte natürlich auch jemand anderes machen, aber ...«, er

sah mich eindringlich an, »das hier ist dein erster Toter. Ist doch so, oder?«

Ich nickte stumm.

»Eben. Und wenn du dich jetzt davor drückst … Du verstehst?«

Ich verstand zwar nicht wirklich, was er mir damit sagen wollte, hatte aber so eine vage Ahnung und nickte erneut.

Günter nickte daraufhin ebenfalls. »Gut, dann lass uns weitergehen.«

DER MESSIE

Mit zwei Feuerwehrmännern verstand ich mich besonders gut. Das soll nicht heißen, dass ich mich mit den anderen nicht gut verstand – nein, aber mit den zweien eben besonders gut. Der eine, Franz, war nicht viel älter als ich, aber schon Oberfeuerwehrmann. Der andere hieß Heinrich und war wesentlich älter, vermutlich so um die fünfzig, und er war auch eher so eine Art väterlicher Freund, während Franz mehr der Kumpel war. Heinrich hingegen war mein Pate und sogar Oberbrandmeister. Solch einen Paten bekam jeder Neuling. An ihn sollte man sich wenden, wenn man Fragen zur Wache hatte, zu den Fahrzeugen oder zu der technischen Ausrüstung, eigentlich zu allem, was die Feuerwehr betraf. Darüber hinaus sollte einem der Pate auch zur Seite stehen, wenn man irgendwelche anderen Probleme hatte.

Zuerst hatte ich noch gedacht, wieso man mir nicht den Schnuf als Paten gegeben hatte. Wenn es doch schon ein Oberbrandmeister sein durfte, könnte es doch auch ruhig ein Hauptbrandmeister sein. Besonders da der Schnuf doch so ein kollegialer Mann war. Als ich einmal mit Franz darüber sprach – ich konnte ja schlecht zu meinem Paten gehen und ihm sagen, ich hätte lieber den Schnuf bekommen –, schaute der mich recht nachdenklich an.

»Was? Hab ich etwa was Falsches gesagt? Der Schnuf ist doch ganz nett«, sagte ich, und als Franz immer noch nichts sagte, fügte ich hinzu: »Auf jeden Fall ist er nicht so distanziert wie die anderen Hauptbrandmeister.«

»Der Schnuf«, betonte Franz leise, wobei er sich vertraulich vorbeugte, »der Schnuf ist nicht so lieb und so harmlos, wie der immer tut.«

»Ist er nicht?«

Franz schüttelte den Kopf. »Nee nee, Martin. Ich sag dir, in dem haben sich schon viele getäuscht. Der tut zwar immer so lieb, aber der kann auch ganz anders.«

»Echt?«

»Allerdings«, beteuerte Franz und lehnte sich wieder zurück, »sei froh, dass du den Heinrich bekommen hast. Einen besseren als den hättest du gar nicht kriegen können.«

»Außer dir.«

»Ist klar«, lachte Franz, »aber Honig ums Maul schmieren zieht bei mir nicht.«

»Hab ich auch so nicht gemeint.«

Franz winkte ab. »Weiß ich doch. Und sonst? Gefällt's dir noch bei uns?«

»Ich find's toll«, entgegnete ich im Brustton der Überzeugung.

»Na dann. Hoffen wir, dass es so bleibt.«

Franz sagte das in so einem seltsamen Tonfall, dass ich nachhakte.

»Ähhh … was meinst du mit ›dass es so bleibt‹?«

»Na ja, so richtig schlimme Einsätze hast du ja noch nicht erlebt und …«

»Moment!«, unterbrach ich ihn. »Und was war mit letzter Woche, hä? Der Tote, wo ich mit dem Günter im Angriffstrupp war? War das etwa nix? Ich musste den verkohlten Leichnam nachher sogar noch mit nach draußen tragen.«

»Ach das«, winkte Franz ab. »Na ja, gut, für dich mag das ja schon was Schlimmes gewesen sein, aber *ich* spreche von richtig schlimmen Einsätzen. Richtig schlimme, verstehst du?«

Nee, das verstand ich nicht und war danach auch ein wenig knatschig. Der tat ja geradezu, als wäre mein erster Toter nichts gewesen, dabei hatte ich in den beiden folgenden Nächten sogar davon geträumt! Aber das hatte ich Franz lieber verschwiegen. Wer weiß, was er mir sonst noch vorgehalten hätte?

Einen Monat, oder – um eine andere Zeitrechnung zu verwenden – einen Küchenbrand, einen umgestürzten Lkw, eine

Katze im Baum und drei brennende Müllcontainer später bekam ich diesen Einsatz, der vermutlich in Franz Kategorie der richtig schlimmen passte.

Es war Samstagvormittag so gegen zehn Uhr. Wir hatten unsere Frühstückspause beendet und sämtliche Einsatzfahrzeuge aus der Fahrzeughalle gefahren. Genauer gesagt, die Maschinisten hatten ihre Einsatzfahrzeuge nach draußen gefahren. Draußen bedeutete, auf dem überbreiten Gehweg, wo die Menschen, die vor der stark frequentierten Straße an unserem Wachgebäude vorübergingen, jetzt durch die weit offen stehenden Ausfahrttore in die Fahrzeughalle hineinsehen konnten, wovon besonders das jüngere Publikum reichlich Gebrauch machte. Natürlich blieben auch schon mal einige Ältere stehen und richteten Fragen an uns. Dabei ging es den Männern meist um so technischen Kram zu unseren Fahrzeugen, während Mütter mit Kindern meist fragten, ob ihre Kleinen einmal in der Drehleiter oder im Löschgruppenfahrzeug sitzen dürften. Natürlich durften sie. Meine Kollegen Horst, Werner und Udo hätten es zwar viel lieber gesehen, wenn auch einige der jungen hübschen Mädchen sie etwas gefragt hätten, aber die eilten für gewöhnlich schneller an unserer Wache vorüber, als die Jungs gucken konnten. Wobei, wir anderen (mich eingeschlossen) guckten natürlich auch, wir taten das nur nicht ganz so auffällig wie die drei. Doch an diesem Samstagvormittag schien ihnen das Glück hold. Wie gesagt, die Fahrzeughalle war geräumt, und der komplette Löschzug, bestehend aus einem LF 16, einer DL 30, einem TroTLF und einem RW 1, stand draußen. Zwischen diesen großen alten Eckhaubern stand, fast wie verloren, ein kleiner Zwölfhunderter-VW-Käfer, den wir vorwiegend zum Transport von Blutkonserven nutzten. Selbstverständlich war auch er standesgemäß rotweiß lackiert und mit Blaulicht und Martinshorn ausgestattet.

Das samstägliche Leerräumen der Fahrzeughalle diente nur dem einem Zweck, den aus schweren Natursteinplatten bestehenden Boden zu reinigen – eine Arbeit, die wir Feuerwehrmänner durchführen mussten, denn für die Reinigung der Fahrzeughalle wie auch für die meisten anderen Bereiche unserer Wache wie die Keller, die Schlauchwäsche und die Werkstätten waren wir selber zuständig.

Bevor es jedoch an die Nassreinigung ging, mussten zunächst die dicken Moosgummiplatten, die die »Landebahnen« um die Rutschstangen bildeten, hochgeschoben und verkeilt werden. Das bedeutete, dass Stangerutschen während der Fahrzeughallenreinigung tabu war. Diese Arbeit besorgte ich mit Udo, der mir dabei von einem Feuerwehrmann erzählte, der trotzdem gerutscht war.

»Schön blöd«, meinte ich.

»Das kannst du wohl laut sagen. Der hatte sich dabei nämlich ein Bein gebrochen.«

»Oh!«

»Ja, oh! Die wollten uns danach schon die Stangen demontieren, von wegen Unfallgefahr und so.«

»Und?«

»Nix und.« Udo schob einen Holzkeil zwischen die Stange und die von uns hochgeschobene Gummiplatte. »Wie du siehst, sind die Stangen dann doch geblieben. Und jetzt stell endlich den Besenstiel darunter, oder denkst du, der Keil könnte die schweren Dinger die ganze Zeit halten?«

Ich tat, was er sagte, und wir gingen zur nächsten Stange. Inzwischen hatten die anderen Kollegen Eimer mit heißem Wasser herangeschleppt, in die irgendein scharfes Reinigungspulver eingerührt wurde, mit dem wir sogar die Ölflecken wegbekamen, die von unseren Großfahrzeugen auf den Boden tropften. Das Zeug war so »ätzend«, dass der Schnuf wieder mal von einem zum anderen ging und eindringlich warnte: »Junge, nimm nit zu viel davon, dat Zeuch is jefährlich. Also immer schön vorsichtig sein, ne.«

Das war der Moment, in dem dieses auffallend hübsche junge Ding in unsere Fahrzeughalle kam. Horst und Werner quatschten sie natürlich sofort an, und meinem lieben Udo, der ebenfalls ein großer Casanova war und das mitbekommen hatte, klappte fast der

Unterkiefer runter. Das mit seinem Unterkiefer konnte mir ja noch egal sein, aber dass er die schwere Gummiplatte losließ, die ich alleine nicht verkeilen konnte, stank mir gewaltig.

»Eyyy! Udoooo!«

Aber Udo war weg. Und ach nein, der Schnuf, der alte geile Bock, scharwenzelte ebenfalls um das junge Ding herum. Während ich alleine mit der schweren Gummiplatte kämpfte, knackten plötzlich die Lautsprecher – ein untrügliches Indiz, dass jetzt entweder ein Alarm oder irgendeine Durchsage kommen würde. Es war ein Alarm.

»Einsatz für die Einzelhilfe zur Kobelinger Straße 46. Transportführer, rufen Sie die Leitstelle an.«

»Ha!« Das fand ich gut, denn der Transportführer der Einzelhilfe war mein Udo, der mich so schändlich verlassen hatte. Während ich die Gummiplatte hinunterkrachen ließ, kam er sichtlich verärgert an mir vorüber.

»So ein Mist!«, fluchte er. »Genau jetzt, wo dieses heiße Ding was von uns wollte.«

»Na und«, lachte ich, »der Schnuf ist doch auch noch da und kann sich ja um sie kümmern.«

Udo rauschte wütend davon, und ich bückte mich mit einem Kollegen, der mir zu Hilfe gekommen war, nach der Gummiplatte.

*

Die Einzelhilfe, in der wir zwei Minuten später unterwegs saßen, war ein VW-Bulli. Ein Einsatzfahrzeug, das meist zu kleineren Einsätzen geschickt wurde, wie eine Öllache abstreuen, eine zugefallene Tür öffnen und so. Also lauter Dinge, für die in der Regel nicht mehr als zwei Mann nötig waren.

Den Bulli durfte ich mit meinem Führerschein Klasse 3 schon fahren, ebenso den VW Käfer. Nur an die großen Fahrzeuge ließ man mich nicht ran. Zum einen weil ich dafür keinen Führerschein besaß, zum anderen weil man, um Maschinist zu werden, erst einen entsprechenden Lehrgang besuchen musste. Aber bevor man nicht mindestens Oberfeuerwehrmann war, war daran überhaupt nicht zu denken. Und Oberfeuerwehrmann wurde man damals erst nach einigen Jahren.

Jetzt fuhr ich jedenfalls den Bulli, und Udo saß rechts neben mir, dem Platz, der ihm als Transportführer zustand. Genau wie die Gruppenführer und der Zugführer, die bei Einsätzen ihren angestammten Platz auch immer vorne rechts hatten.

»Mit oder ohne Blaulicht?«, fragte ich Udo, der mir bislang weder gesagt hatte, was die Leitstelle von ihm gewollt hatte, noch um was für einen Einsatz es sich handelte. Ich wusste nur, dass wir zur Kobelinger Straße 46 fahren mussten.

»Ohne«, erwiderte er knapp.

»Äh … ja. Und, willst du mir nicht mal sagen, wieso wir da hinfahren?«

»Amtshilfe für die Polizei. Wir müssen denen 'ne Tür öffnen. Reicht das?«

»Uh, schlechte Laune, wie? Hättest wohl lieber diese Tussi angebaggert, anstatt mit mir den Einsatz zu fahren?«

»Mann, du nervst«, sagte Udo gereizt, offensichtlich hatte ich genau den wunden Punkt getroffen. Hätte ich allerdings nur im Entferntesten geahnt, was gleich auf uns zukommen sollte, dann hätte ich auch liebend gern auf diesen Einsatz verzichten können.

Die beiden Polizisten, die uns auf der Straße vor dem Haus erwarteten, schienen auch nicht gerade erfreut über diesen Einsatz. Im Gegensatz zu mir ahnten sie bereits, was sie erwarten würde, wenn wir ihnen die Tür geöffnet hätten. Mein Kollege Udo, der mir gegenüber einen Wissens- und Erfahrungsvorsprung von mehreren Jahren aufzuweisen hatte, wusste anscheinend auch schon Bescheid.

»Schätze, es wäre für uns alle angenehmer, wenn wir die Tür lieber zu ließen«, sagte er zu den Polizisten, die sich in der Ahnung des Kommenden schon jetzt Taschentücher vor Mund und Nase hielten und zwei Meter hinter uns standen, während ich vor der Wohnungstür kniete, um nach Udos Anweisungen den Schließzylinder zu ziehen. Gerne hätte ich mir bei dieser Arbeit ebenfalls ein Taschentuch oder irgendetwas anderes vor die Nase gehalten, denn der üble Geruch, der unter dem Türspalt nach außen drang, war schon vom Allerfeinsten. Der Schließzylinder hingegen war einer von der billigsten Sorte und ließ sich problemlos ziehen. Allerdings hatte ich mich bei dieser Arbeit, die uns auch im Grundausbildungslehrgang vermittelt wurde, über eines gewundert. Normalerweise wird, wenn wir so wie jetzt eine Türe öffnen, immer ein RTW mitgeschickt, schließlich musste man ja davon ausgehen, in der Wohnung eine hilflose Person vorzufinden, die aufgrund eines Unfalls oder einer Erkrankung nicht mehr in der Lage war, die Tür zu öffnen. Aber in diesem Fall waren wir alleine gekommen. Hm … seltsam. Es dauerte nicht einmal ein Jahr, da fand ich dieses Vorgehen nicht mehr seltsam, aber wie gesagt, noch fehlte mir für die richtige Einschätzung der Lage die entsprechende Erfahrung.

Trotzdem war ich natürlich nicht so blauäugig anzunehmen, hinter dieser Wohnungstür ein bettlägeriges armes altes Mütterlein zu finden, dafür sprach dieser geradezu mörderische Gestank eine allzu deutliche Sprache – eine, von der ich, obwohl ich so etwas zuvor noch nie gerochen hatte, nun unheilschwanger ahnte, was wir gleich vorfinden würden. Udo, der sich jetzt auch ein Taschentuch vor die Nase hielt, deutete mit einer unmissverständlichen Handbewegung an, ich solle vorgehen, was ich in Ermangelung eines Taschentuchs nur sehr ungern tat. Die Tür ließ sich nicht vollständig öffnen. Nachdem ich sie vielleicht vierzig Zentimeter aufgestoßen hatte, was von einem schleifenden Geräusch begleitet wurde, war Schluss.

»Buahhhh!«, entfuhr es mir. Was für ein Gestank! Ein bittend fragender Blick zu Udo, aber der schob mich gnadenlos in die Wohnung. Was mich da erwartete, übertraf alles, was ich mir in meinen kühnsten Fantasien vorgestellt hatte. Wobei, dazu hätte es aber auch schon sehr abartiger … ach, was sage ich, abartig ist gar kein Ausdruck, hier hätte es schon sehr perverser Fantasien bedurft. Deshalb werde ich jetzt auch nicht zu tief in die Details gehen, es dürfte wohl reichen, wenn ich hier schreibe, dass der gesamte Fußboden über und über mit Konservendosen bedeckt war, angefüllt mit menschlichen Exkrementen und Ausscheidungen, als hätte derjenige, der hier gehaust hatte – denn von Wohnen konnte man unmöglich sprechen–, seit Jahren keine Toilette mehr besucht. Bei all dem Ekel, der mich überkam, war es mir absolut unbegreiflich, wie so etwas überhaupt möglich war. So etwas musste doch den Mitbewohnern im Haus aufgefallen sein. Selbst wenn dieser Mensch, der hier gehaust hatte, niemanden in seine Wohnung gelassen hatte. Der Gestank im Treppenhaus war doch nicht erst seit gestern da, den gab es doch schon lange.

Wie ein Seiltänzer balancierte ich zwischen den teilweise übereinander gestapelten Konservendosen auf das nächstgelegene Fenster zu, wobei mein Balanceakt mehr einem Taumeln glich, so sehr benebelte der fürchterlich Gestank meine Sinne. Udo und die beiden Polizisten waren mir, ihre Schritte nicht weniger sorgsam wählend, gefolgt. Als es mir endlich gelungen war, das festklemmende Fenster zu öffnen, wahrscheinlich geschah das seit Jahren das erste Mal, rief Udo aus einem anderen Raum, ich solle zu ihm kommen. Eigentlich wäre ich lieber aus dem Fenster gesprungen, obwohl wir uns auf der zweiten Etage befanden, aber stattdessen räumte ich den Platz für einen der Polizisten, der sich auch sogleich weit aus dem Fenster lehnte. Auf See würde man, glaube ich, sagen, er füttert die Fische. Auf jeden Fall hörte es sich so an, und es schien mir nur eine Frage der Zeit, wann es auch mich erwischen würde, trotzdem balancierte ich, da Udo erneut rief, wieder zwischen diesen ekligen Konservendosen ins Nebenzimmer. Udos Rufen bestand übrigens nicht aus klar artikulierten Worten, es klang vielmehr wie ein unterdrücktes »Mahin! … oma hie ... hin!«. Vermutlich hielt er sich sein Taschentuch längst nicht mehr nur unter die Nase, sonder bis tief in den Rachen. Hätte ich vermutlich auch getan. Aber wie gesagt, ich hatte keins, also presste ich mir den Jackenärmel mit der Ellenbeuge vors Gesicht und atmete nur noch durch den weit geöffneten Mund. Am liebsten hätte ich gar nicht geatmet, aber das ging natürlich nicht, denn dann läge ich ja schneller, als mir lieb wäre, neben dem Mann, gegen den »mein« Verbrannter von letztens geradezu eine »Schönheit« war.

Udo deutete stumm auf den am Boden liegenden Toten. Der Mann, dessen Bauchdecke unter dem Druck der Verwesungsgase geplatzt war, bot einen schrecklichen Anblick, denn in ihm wimmelte es nur so von Maden – die ekeligsten und fettesten, die ich je gesehen hatte und die in den schwarz aufgequollenen Gedärmen ihr gruseliges Mahl hielten. Der zweite Polizist trat hinter mich und sah mir nur kurz über die Schulter, dann musste er würgen und eilte, so schnell es ihm die Konservendosen erlaubten, wieder aus dem Zimmer. Mich hielt es hier ebenfalls keine Sekunde länger. Nichts wie raus hier, sagte ich mir. Ich brauchte unbedingt frische Luft. Der Platz am rettenden Fenster war allerdings schon belegt, jetzt sogar von zwei Polizisten, denn der von vorhin hing immer noch kopfüber nach draußen. Leider war dies das einzige Fenster, zumindest was diesen Raum betraf, und noch einmal zurückgehen, dahin, wo der grauenvolle Tote lag, kam für mich nicht infrage. Eher würde ich ... ja, was denn? Ich wusste in diesem Moment nichts zu nennen, was auch nur annähernd so schlimm gewesen wäre wie sein Anblick und wie dieser unbeschreiblich ekelige Geruch, der mir später noch stundenlang in der Nase stach. Als Udo mit den beiden Polizisten erschien, stand ich bereits draußen auf der Straße. Die drei sahen ein wenig blass um die Nase aus, trotz ihrer Taschentücher, und einer der Polizisten sagte: »Dann könnt ihr ja jetzt euren Notarzt kommen lassen, damit der die Todesursache feststellen kann.«

»Nee nee, Kollegen«, entgegnete Udo, »das soll man schön euer Polizeiarzt machen. Dafür lasse ich unseren Notarzt nicht kommen.«

Die Polizisten erwiderten nichts darauf und zuckten mit den Schultern. Während der eine zu ihrem Wagen ging, vermutlich um über Funk seine Leitstelle zu informieren, waren wir, oder zumindest ich, heilfroh, wieder fahren zu dürfen. Die Polizisten mussten hingegen bleiben, da sie die aufgebrochene Wohnung sichern mussten. Zumindest so lange, bis ein Schlüsseldienst das von uns aufgebrochene Schloss ausgewechselt hätte, denn wir waren nur fürs Öffnen zuständig, nicht fürs Verschließen.

EIN DACHBODENFUND

Du sollst deinen Vater und deine Mutter ehren,
auf dass du lange lebest in dem Lande,
das dir der HERR, dein Gott, geben wird.

An dieses Gebot Gottes (nachzulesen im Alten Testament der Bibel, 2. Buch Mose, Kapitel 20, Vers 12) musste ich unweigerlich denken, als wir während eines Einsatzes einen Dachbodenfund machten, der mit herkömmlichen Dachbodenfunden überhaupt nichts gemein hatte.

Die Feuerwache 3 war schon immer eine der Düsseldorfer Feuerwachen mit den höchsten Einsatzzahlen. Für mich konnte das nur gut sein, denn so lernte ich relativ schnell und sammelte Erfahrungen, die andere in Jahren nicht erlangten. Allerdings gab es darunter auch Erfahrungen, auf die ich lieber verzichtet hätte, so wie bei diesem Einsatz.

Ich war inzwischen zum Oberfeuerwehrmann befördert worden, was mir als sichtbares äußeres Zeichen einen zweiten roten Balken in das rot umrandete Kästchen auf meinen linken Uniformärmel eingebracht hatte. Mehr zu sagen hatte ich deshalb jedoch nicht, und auch der Maschinistenlehrgang, den die meisten meiner Kollegen anstrebten, weil sie erst dann die großen Einsatzfahrzeuge fahren durften, lag noch in weiter Ferne.

Einen Paten benötigte ich als Oberfeuerwehrmann jedoch nicht mehr, dennoch pflegte ich mit meinem Kollegen Heinrich nach wie vor eine besondere Vertrautheit, die eindeutig auf das erste Jahr zurückzuführen war, das Jahr, in dem er mir hilfreich zur Seite gestanden und mir vieles von dem vermittelt hatte, was mir kein Grundausbildungslehrgang hätte vermitteln können. Damit will ich jedoch weder das dort erlernte theoretische Rüstzeug noch die Kenntnisse aus den praktischen Übungen schmälern, aber die Praxis im realen Einsatz ist eben doch der größere Lehrmeister.

Es war Spätherbst, und die Nächte waren empfindlich kalt, so kalt, dass es bisweilen sogar schon erste Nachtfröste gab. Das bedeutete, dass wir Feuerwehrmänner neben den sonst üblichen Wacharbeiten nun auch noch zum Heizungsdienst eingeteilt wurden.

Die Heizung in Gestalt eines vorsintflutlichen alten Brennofens befand sich im Keller unterhalb des Schlauchturms und musste in regelmäßigen Abständen mit Koks beschickt werden. Für diejenigen unter meinen Lesern, die es möglicherweise nicht wissen: Koks, das war in diesem Fall der aus Kohle gewonnene fossile, künstlich entgaste Brennstoff, also keineswegs zu verwechseln mit dem süchtig machenden Rauschmittel unserer Zeit, wenngleich auch beides, nur zu unterschiedlichen Zwecken, verbrannt wird. Vom Heizungsdienst konnte man aber nicht süchtig werden. Im Gegenteil, wer irgendwie konnte, versuchte sich, so gut es ging, davor zu drücken, denn die Arbeit war nicht nur überaus schweißtreibend, sondern man machte sich dabei auch ziemlich schmutzig. Schweißtreibend waren viele unserer Einsätze natürlich auch, besonders die Brandeinsätze. Und da wir damals noch nicht über eine hochwertige Schutzbekleidung verfügten wie heute, waren kleinere Brandverletzungen an der Tagesordnung. Unsere Uniform bestand lediglich aus einer schwarzen dünnen Tuchhose, über der man ein dunkelblaues Jackett trug, welches sich, von den silbrigen Metallknöpfen und den hohen Ärmelstulpen abgesehen, kaum von einem gewöhnlichen Anzugjackett unterschied. Auf den Hüften trug man einen breiten ledernen Hakengurt mit einem seitlich angehängten kleinen Feuerwehrbeil, auf dem Kopf den gelblich fluoreszierenden Feuerwehrhelm mit Nackenleder, und die Füße steckten in schwarzen Lederstiefeln, die noch eine klassische Lederbrandsohle besaßen, aber in puncto Sicherheit keinerlei Features zu bieten hatte. Wem also im Einsatz etwas Schweres auf die Zehen fiel, bekam das (dank fehlender Stahlkappen) schmerzhaft zu spüren, und wer in einen rostigen Nagel trat, was nicht selten geschah, handelte sich (aufgrund der fehlenden durchtrittsicheren Einlage) im ungünstigsten Fall eine Blutvergiftung ein. In säurehaltigen Flüssigkeiten herumzulaufen, war auch nicht angesagt, kurzum, die Uniform, die wir damals trugen, war einfach nur eine Uniform, aber alles andere als eine echte Feuerschutzbekleidung. Trotzdem, etwas Besseres gab es noch nicht, und weil man nicht anderes kannte, zog man damit in jeden Einsatz. Das heißt, für die kalte Jahreszeit besaßen wir eine dreiviertellange Lederjacke, die aus heutiger Sicht aber auch keinen wirklichen Schutz bot. Außerdem, wenn es richtig frostete, fror man darin immer noch wie ein Schneider. Vor diesem Hintergrund, könnte man meinen, wäre der Heizungsdienst vielleicht doch nicht so übel? Weit gefehlt! Während man in diesem schmutzig dunklen Keller wie verrückt schwitzte, erwartete einen bei Alarm draußen die eisige Kälte, beste Voraussetzungen, sich eine handfeste Erkältung einzuhandeln.

*

Heute ist Montag, der 5. April 2016. Ja, Sie haben richtig gelesen, wir befinden uns in der Echtzeit, also in der Gegenwart, der Zeit, in der ich dieses Buch schreibe. Ich habe eine böse Nacht hinter mir, in der ich nur wenig Schlaf gefunden hatte, weil mich meine alten schlimmen Erlebnisse in meinen Träumen heimgesucht haben. Es ist also genau das eingetroffen, wovor ich mich immer gefürchtet habe und weshalb ich über diese Einsätze nie schreiben wollte. Es ist erst 06:05 Uhr in der Früh, und ich sitze hier an meinem Computer und denke ernsthaft darüber nach, ob ich dieses Buchprojekt abbrechen soll.

Andererseits, jetzt, wo die Gespenster der Nacht verschwunden sind und die nüchterne Ratio des Verstandes wieder die Oberhand gewinnt … mal sehen. Ich beschließe, erst einmal mit meiner

Frau zu frühstücken, und plane danach einen kleinen Dauerlauf, oder zu joggen, wie man heute zu sagen pflegt. Seit unserem Umzug von Hösel nach Ratingen habe ich eine neue Hausstrecke, die mich um den nahe gelegenen Grünen See führt. Ich laufe inzwischen auch keine 11,6 Kilometer mehr, sondern nur noch sechs, aber was soll's, ist wohl ein Tribut an mein fortgeschrittenes Alter. Schließlich mache ich ja auch nur noch acht Klimmzüge und 25 Liegestütze.

Es ist jetzt 00:20 Uhr. Der Dauerlauf hat gutgetan, hat mir die trüben Gedanken aus meinem Gehirn vertrieben, sodass ich das Buch jetzt doch weiterschreiben möchte. Außerdem habe ich mit meiner Frau über mein Problem gesprochen, und sie meinte, wenn mich die alten Einsätze so aufwühlen, könnte ich ja auch über anderes schreiben. Schließlich hätte ich doch genug erlebt, was bestimmt ebenfalls interessant zu lesen wäre. Es müssten ja nicht nur die schlimmsten Einsätze sein.

Stimmt, es müssen nicht nur die schlimmsten sein. Aber den hier bringe ich jetzt auf jeden Fall noch zu Ende und einige andere auch. Und wenn's mich noch einmal so übel erwischen sollte wie in dieser Nacht, laufe ich halt am nächsten Morgen wieder, das scheint ja zu funktionieren.

*

Der Alarm kam pünktlich zur *Tagesschau*. Essen und gleichzeitig fernsehen soll ja angeblich nicht so gesund sein, aber was das betrifft, unterscheiden sich Feuerwehrmänner wohl kaum vom »Rest« der Bevölkerung. Jedenfalls verkündete der damalige Nachrichtensprecher Karl-Heinz Köpcke, von unserem Vierfachgong unbeeindruckt, weiterhin die Weltnachrichten, während wir, von seinen Nachrichten ebenfalls unbeeindruckt, aus dem Aufenthaltsraum stürmten, dem Raum, der Frühstücks-, Mittags-, Unterrichts-, Abendbrot- und Fernsehraum in einem war.

»Einsatz für das LF und die Drehleiter! Vermutlich Kaminbrand, Rotlachstraße 32!«, übertönte die Stimme unseres Leitstellenkollegen die Stimme des Nachrichtensprechers, den ich eh nicht mehr hören konnte, da ich längst schon die Tür des ersten Rutschschachts aufgerissen hatte und an der Stange in die Fahrzeughalle rutschte.

Wie bei jedem Alarm lief auch jetzt die Uhr wieder rückwärts, natürlich nur bildlich gesprochen. Die sechzig Sekunden, die uns bis zum Verlassen der Wache zustanden, waren hingegen real, da musste man sich schon verdammt sputen. Deshalb war uns im Grundausbildungslehrgang die Schnelligkeit schon früh eingedrillt worden. Bei den Übungen auf dem Feuerwehrhof gab es dabei sogar eine feste Einstiegs- und Sitzordnung, in der genau festgelegt war, wer zuerst und in welcher Reihenfolge ins LF steigen durfte und wer wo seinen Sitzplatz im Mannschaftsraum hatte.

Die Reihenfolge des Einsteigens hatte auf den Feuerwachen keinen Einfluss mehr auf die Schnelligkeit einen Löschangriff vorzutragen, die Sitzordnung im Mannschaftsraum schon. So saß der Angriffstrupp immer mit dem Rücken zur Fahrtrichtung auf den beiden Außenplätzen, weil dort statt der normalen Rückenlehne der Pressluftatmer in einer Halterung steckte, sodass sich der Trupp schon während der Anfahrt zur Einsatzstelle die Atemschutzgeräte anlegen konnte. Dadurch gewann man wertvolle Zeit und konnte diesen Trupp bei einem Brand sofort einsetzen. Da viele Einsätze immer nach dem gleichen Schema abliefen, gab es Vorgehensweisen und Handgriffe, die sich ständig wiederholten. Das galt für den Wassertrupp, der für die Löschwasserversorgung aus dem städtischen Hydrantennetz wie auch aus öffentlichen Gewässern zuständig war, genauso wie für den Schlauchtrupp, der das Verlegen der Schläuche von der im Heck des LF eingebauten Feuerlöschkreiselpumpe zur Einsatzstelle übernahm. Solche standardisierten Arbeitsabläufe hatten wir in der Grundausbildung bis zum Exzess trainiert und übten sie auch bei den auf allen Feuerwachen regelmäßig stattfindenden Übungen immer und immer wieder ein. Durch dieses »lebenslange« Training waren wir letztlich in der Lage, innerhalb kürzester Zeit eine leistungsstarke Brandbekämpfung aufzunehmen. Ähnliches galt natürlich auch für andere Einsätze mit anderen Fahrzeugen. So wie gerade, wo die Drehleiterbesatzung auf das Dach dieses Hauses klettern sollte, aus dessen Schornstein lange gelbrote flackernde Flammen äußerst spektakulär in den dunklen Abendhimmel schlugen.

Immer wenn nicht der gesamte Löschzug ausrücken musste, was bei dem jetzigen Einsatz der Fall war, saß einer unserer Hauptbrandmeister auf dem Platz des Zugführers und übernahm als Gruppenführer die Einsatzleitung. Unser Gruppenführer war heute der Schnuf.

Im Gegensatz zu mir, der ich solch einen eindrucksvollen Schornsteinbrand noch nicht gesehen hatte, schien ihn das flammende Inferno auf dem Dach überhaupt nicht zu beunruhigen. Unbeeindruckt und mit einer Gelassenheit, die ich dem Schnuf nicht zugetraut hätte, weil ich ihn bei anderen Einsätzen auch schon hektisch erlebt hatte, erteilte er uns seine Befehle: »Drehleiter! Korb anhängen! Angriffstrupp! Schornsteinfegerkehrgerät holen, hochfahren und fegen! Wassertrupp! Hydrant anschließen und Verteiler vor den Hauseingang! Schlauchtruppführer unterstützt! Schlauchtruppmann zu mir!«

Oh! Der Schlauchtruppmann, das war ja ich. Und ich sollte zum Schnuf? Hm, normalerweise müsste ich jetzt Schläuche ausrollen. Ich war daher gespannt, was er von mir wollte. Da ich wusste, dass der Schnuf viel Wert darauf legte, nahm ich Haltung an und meldete mich so bei ihm, wie wir es in der Grundausbildung gelernt hatten. »Wassertruppmann zur Stelle.«

»Sehr gut, der Mann«, entgegnete der Schuf wohlwollend und wies mich an, die Kübelspritze zu holen und ihm zu folgen. Die Kübelspritze war so eine Art Handfeuerlöscher, ein rot lackierter Blechbehälter, der 10 oder 15 Liter Wasser fassen konnte. Nachdem man den Behälter mit einer Kolbenpumpe von Hand unter Druck gesetzt hatte, konnte das Wasser über einen fünf Meter langen D-Schlauch mit Mundstück zum Löschen von Kleinbränden verspritzt werden. Am ehesten ließ sich diese Kübelspritze noch mit einer herkömmlichen Unkraut-Gartenspritze vergleichen. Ein Kleinlöschgerät in ähnlicher Ausführung sollte die Kübelspritze übrigens später weitgehend verdrängen.

Der Schnuf marschierte zügig auf den hell erleuchteten Hauseingang zu, wo ein sichtlich nervöser Mann um die sechzig uns bereits erwartete. Ich folgte in nach links geneigter Körperhaltung, da die randvoll gefüllte Kübelspritze mächtig an meiner rechten Schulter zog.

»Sind Sie der Hausbesitzer?«

Der Mann nickte.

»Gut«, sagte der Schnuf, »dann zeigen Sie uns als Erstes mal Ihren Kamin oder Brennofen.«

»Ist ein Kamin«, antwortete der Mann und beeilte sich hinzuzufügen: »Und ich verbrenne nur gute abgelagerte Buchenholzscheite.«

Er betonte das »gute abgelagerte« so sehr, dass sich der Schnuf sogleich zu mir umdrehte und mir wissentlich zunickte. Dabei verzog er seinen Mund zu einer Schnute, die mir eindeutig zu erkennen gab, was er dachte, nämlich: Männeken, dass du in deinem Kamin nur gute abgelagerte Buche verbrennst, kannst du meinetwegen deiner Großmutter erzählen, aber nicht mir. Trotz dieses Gedankengangs, den der Schnuf, wie er uns später erzählte, tatsächlich gehabt hatte, enthielt er sich eines Kommentars und machte lediglich eine wedelnde Handbewegung.

»Ja ja, dann führen Sie uns mal zu Ihrem Kamin.«

Während uns der Hausherr zu dem Kamin brachte, kletterte der Angriffstrupp, ausgestattet mit dem Schornsteinfegerbesteck und einem Wassereimer, in den inzwischen an die Leiterspitze eingehängten Rettungskorb.

»Seid ihr so weit?«, rief ihnen der Maschinist fragend zu, der seitlich vor dem Bedienstand der Leiter stand.

»Alles klar, fertig! Kannst uns hochfahren!«, rief der Angriffstruppführer zurück.

Der Drehleitermaschinist betätigte daraufhin die entsprechenden Knöpfe und Hebel, woraufhin sich der Leiterpark zunächst anhob und dann seitlich in Richtung Hausdach schwenkte.

»So so, Sie verbrennen also nur abgelagerte Buche. Und was ist dann das da?« Der Schnuf zeigte auf eine Lage, die noch nicht vollständig verbrannt war. Eindeutig zu erkennen als beschichtete Spanplatte – ein Material, das in einem offenen Kamin nichts zu suchen hatte und darin auch nicht verbrannt werden durfte.

Der Hausherr versuchte es mit Ausflüchten und beteuerte, dass dies eine absolute Ausnahme sei, und außerdem würde es sich ja auch nur um einige wenige Reste handeln.

»Das sehe ich aber ganz anders«, entgegnete der Schnuf streng und zog aus einer Nische hinter dem Kamin mehrere große Spanplattenstücke hervor. »Oder nennen Sie das etwa auch Buche?«

»Das … äh, ja , das … das steht da nur, weil ich bisher noch nicht die Gelegenheit gehabt hatte, die Platten in den Schuppen zu bringen.«

»Mm, ist klar«, knurrte der Schnuf. »Da habe ich aber schon weit bessere Märchen gehört.«

»Frechheit«, murmelte der Hausbesitzer.

Der Schnuf tat, als habe er das überhört, und wedelte wieder mit der Hand.

»Okay okay, dann führen Sie uns jetzt bitte in alle Räume, durch die dieser Kaminzug geht.«

»In *alle*!?

»Natürlich. Wir müssen jeden Raum kontrollieren, um sicherzugehen, ob der Kaminbrand nicht irgendwo ein Feuer verursacht.«

»Also das kommt überhaupt nicht infrage«, wehrte der Hausherr entschieden ab.

Mit seiner Weigerung geriet er bei dem Schnuf genau an den Richtigen.

»Hören Sie, guter Mann, es interessiert mich herzlich wenig, ob Ihnen das jetzt gefällt oder nicht. Aber ich sage Ihnen, dass wir als Feuerwehr verpflichtet sind, die Räume zu kontrollieren, ob Ihnen das jetzt passt oder nicht. Also, was ist jetzt?«

»Kommt überhaupt nicht infrage«, wiederholte er sich. »Meinetwegen klettern Sie mir draußen aufs Dach, aber hier drinnen …« Er schüttelte energisch den Kopf.

»Ach wissen Sie«, entgegnete ihm der Schnuf daraufhin erstaunlich gelassen, »wir sind bei solchen Bränden auch immer verpflichtet, den Bezirksschornsteinfeger zu informieren. Den habe ich vorhin über unsere Leitstelle anrufen lassen. Schätze, dass er in spätestens einer Viertelstunde hier ist, und den, *den* müssen sie dann in alle Räume lassen. Und wenn Sie sich noch so querstellen. Im Übrigen verstehe ich nicht, wieso Sie sich so dagegen sperren. Oder haben Sie irgendetwas zu verbergen, was niemand sehen darf?«

Bei dieser Frage bekam der Mann einen hochroten Kopf, hüllte sich aber zunächst in eisiges Schweigen. Nachdem er uns so mehrere Sekunden lang mit verkniffenem Mund angegiftet hatte, lenkte er ein.

»Also gut. Meinetwegen können Sie die Räume sehen, aber die Dachbodenkammer bleibt zu, einverstanden?«

Der Schnuf lachte laut auf. »Was soll das denn! Die Dachbodenkammer bleibt zu – so etwas Blödsinniges habe ich ja noch nie gehört. Hören Sie, Mann, der Speicher ist bei einem Kaminbrand oft der meistgefährdete Raum im ganzen Haus, deshalb ist es gerade da wichtig, dass wir Ihre Dachbodenkammer kontrollieren.«

»Auf keinen Fall! Und wenn Sie sich auf den Kopf stellen!«

»Na, das wollen wir doch mal sehen«, antwortete der Schnuf und wurde dienstlich, da er, genau wie ich, nach dieser erneut vehementen Abfuhr erst recht wissen wollte, was es mit diesem ominösen Raum auf sich hatte.

»Martin, wir werden uns den Dachboden als Erstes ansehen. Komm!«, forderte mich der Schnuf auf, wobei er den völlig verschreckten Hausbesitzer streng ansah: »Die Treppe da, die führt doch sicher nach oben.«

»Ja, aber da lasse ich niemanden hinauf«, zischte der wütend und versperrte uns mit ausgebreiteten Armen in den Weg.

»Weg da!«, grollte der Schnuf und schob den Mann, der fast einen halben Kopf größer war als er selbst, einfach zur Seite. »Was ist, Martin? Worauf wartest du?«

Als wir die ersten Treppenstufen hinaufgegangen waren, schrie der Hausbesitzer plötzlich laut auf: »Das werde ich nicht zulassen! Das werde ich auf keinen Fall zulassen!« Dann drängte er an uns vorbei und raste nach oben. Wir sahen uns nur an und fragten uns, was wohl so geheimnisvoll war, dass uns der Kerl auf Teufel komm raus nicht die Dachkammer zeigen wollte. Und ich war mir sicher, genau das war es, was den Schnuf so in Rage gebracht hatte und was ihn in diesem Moment veranlasste, sogar gegen den Willen des Hausherrn der Sache auf den Grund zu gehen.

Die Treppe endete in einem langen schmalen Flur, von dem zu beiden Seiten Türen abgingen. Vor einer stand der Hausbesitzer, breitbeinig und mit einer Miene, als wolle er es auf einen Ringkampf ankommen lassen.

»Steht die Kübelspritze schon unter Druck?«, fragte mich der Schnuf.

»Jaaa«, dehnte ich.

»Dann gib mal den Schlauch her.« Ohne meine Reaktion abzuwarten, zog der Schnuf den noch aufgerollten, aber bereits angeschlossenen D-Schlauch aus der seitlich an der Kübelspritze angebrachten Halterung und richtete das Strahlrohr auf den völlig perplexen Hausbesitzer. »Also, was ist jetzt? Machen Sie uns die Tür freiwillig auf, oder …?« Er drohte unmissverständlich mit dem Strahlrohr.

»Das traust du dich nicht, Mann!«

»Martin, pumpen!«

Oh Scheiße! Ich zögerte.

»Los! Pumpen, hab ich gesagt!«

Also gut, dann pumpe ich eben.

Aber ehe es zum Äußersten kam, trat der Mann zur Seite und fauchte wütend: »Das wird Ihnen noch leidtun, das verspreche ich Ihnen!«

Der Schnuf sagte dazu nichts, trat an die Tür und drückte die Klinke hinunter. Zu unser beider Verwunderung war sie nicht verschlossen. Der Raum dahinter lag im Dämmerlicht und stand voller Gerümpel. Hm, und dafür machte der Kerl solch einen Aufstand? Da musste es doch noch mehr geben als nur diesen alten Kleiderschrank und die verstaubten Regale mit den ebenfalls verstaubten Kisten und Kartons?

»Hast du deine Taschenlampe mit?«

»Ja, hab ich.«

»Dann leuchte mal hier hinten in die Ecke. Sieht aus, als gäbe es da noch eine Stiege nach ganz oben.«

Ich leuchtete also in die bewusste Ecke. Tatsächlich, da gab es wirklich noch eine schmale steile Holztreppe, die man eher als Hühnerleiter bezeichnen konnte und die man, wenn man nicht genau hinsah, hinter dem vielen Gerümpel leicht hätte übersehen können. Ob der Hausbesitzer darauf spekuliert hatte? Ich kann es nicht sagen, auf jeden Fall kam er jetzt wie ein wilder Stier angerannt und wollte uns daran hindern, hinaufzusteigen.

»Martin! Nachsehen!«, befahl der Schnuf und hielt den Wüterich fest. Da ich nirgendwo einen Lichtschalter entdecken konnte, ließ ich meine Taschenlampe eingeschaltet und stieg die Stufen nach oben. Dabei fiel mir auf, dass die Treppe anscheinend häufig begangen wurde, denn im Gegensatz zu den vielen Kisten und Kartons, die hier gestapelt waren, lag auf den Stufen kein Staub. Der Hausbesitzer, denn wer sollte es sonst gewesen sein, dachte ich mir, musste hier also des Öfteren rauf und runter gehen. Aber was gab es dort oben so Wichtiges, dass dies außer ihm niemand sehen durfte? Noch zwei Stufen, dann stand ich vor einer weiteren Tür, die außen zwei massive Eisenriegel aufwies. Ich war extrem gespannt zu erfahren, was mich dahinter erwarten würde. Die Riegel waren gut geölt und ließen sich problemlos zur Seite schieben. Ich klinkte die Tür nach innen auf, und sofort kam mir ein beißender Geruch in die Nase. Bahhh! Was war das denn für ein ekeliger Gestank? Ich blieb zunächst stehen und ließ nur den Strahl meiner Taschenlampe in das Innere des dahinter liegenden düsteren Raumes fallen. Plötzlich zuckte ich zusammen und traute meinen Augen nicht. An der mir gegenüberliegenden Wand stand ein altes eisernes Bettgestell mit einer Matratze ohne Laken, darauf lag ein Mensch, der aussah wie der leibhaftige Tod. Ich erschauderte und dachte zuerst, dass dort eine Mumie läge, aber dann entrang dem zahnlosen Mund mit den fleischlosen Lippen ein kaum hörbares »Wasser … gib mir Wasser«.

Es ist mir unmöglich zu beschreiben, was ich in diesem Moment empfand. Ich weiß nur, dass mich dieser grauenvolle »Dachbodenfund« noch viel, viel schlimmer und härter traf als dieser fürchterliche Tote, der Messie, unter dessen aufgeplatzter Bauchdecke es nur so von Maden gewimmelt hatte, denn dieser Mensch hier lebte – falls man das überhaupt noch als »leben« bezeichnen konnte. Offen gestanden hatte es mich große Überwindung gekostet, näher heranzugehen, und als ich dann vor diesem Bett stand, welches seine Bezeichnung aufgrund seines abstoßenden Schmutzes bestimmt seit Jahren schon nicht mehr verdiente, erkannte ich einen bis auf das Skelett abgemagerten ausgezehrten Menschen, der mich so unendlich elendig aus tief in den Höhlen liegenden Augen ansah, dass mir die Tränen über die Wangen liefen. Nie zuvor und auch niemals mehr in meinen späteren Jahren habe ich solch einen erbarmungswürdigen Menschen gesehen, einen Menschen, von dem ich in diesem Moment nicht mit Sicherheit sagen konnte, ob es sich um einen Mann oder um eine Frau handelte. Ich vermutete jedoch eine Frau.

»Der Tod ist gekommen, hörst du es«, flüsterten ihre fleischlosen Lippen, wobei ich, oder hatte ich es mir nur eingebildet, einen schwachen Glanz in ihren trüben Augen zu erkennen glaubte. »Der Tod ist da, er erlöst mich. Endlich …. Endlich.« Ein tiefer Seufzer entrang ihren Lungen.

Ich schwieg betroffen, denn das Geräusch, was sie glauben machte, der Tod würde sie holen, kam von meinen Kollegen auf dem Dach, die gerade die schwere Eisenkugel durch den Schornstein zogen. Aber sollte ich ihr das etwa sagen? Nein, auf keinen Fall. Für dieses bedauernswerte Menschenkind, das den Tod wahrscheinlich schon sehr lange herbeigesehnt hatte, weil der die Erlösung allen Leides wäre – für diesen Menschen, so sagte ich mir, wäre es nur eine weitere Grausamkeit, ihm diese Hoffnung zu rauben. Stattdessen rief ich den Schnuf hinauf, denn dass wir hier etwas unternehmen würden, unternehmen mussten, stand fest. Der Schnuf, der über die menschenunwürdige Unterbringung und den erbarmungswürdigen Zustand der Frau genauso erschüttert war wie ich, funkte sogleich seinen Maschinisten an, der wiederum die Leitstelle anfunken sollte, damit sie uns einen Notarztwagen und auch gleich die Polizei schicken sollte. Nachdem er diesen Funkspruch getätigt hatte, befahl er mir, so lange hier oben zu bleiben, bis der Notarzt eingetroffen sei. Er selbst, so verkündete er mir mit grimmigem Gesicht, hätte noch ein paar Takte mit dem Hausherrn zu reden. Nachdem er die Hühnerleiter wieder hinuntergestiegen war, war ich hier oben mit der Alten allein. Die Geräusche meiner Kollegen auf dem Dach waren inzwischen verstummt, und die Alte schien in eine Art Dämmerzustand versunken zu sein. In der Nähe ihrer siffigen Lagerstätte stand ein einfacher Holzstuhl, auf den ich mich setzte. Die kurze Zeit, die ich dort auf den Notarzt wartete, kam mir wie eine Ewigkeit vor – eine Ewigkeit, in der ich in trübe Gedanken versunken über das Leben und den Tod nachdachte.

DIE AM LAUTESTEN SCHREIEN ...

Ich arbeitete inzwischen auf der Feuerwache, an der damals auch unsere Grundausbildungslehrgänge stattfanden. Die Versetzung dorthin war mir anfänglich nicht leicht gefallen, musste ich doch nicht nur die mir vertraut gewordenen Kollegen, sondern auch die Feuerwache verlassen, an der ich meine ersten Einsätze erlebt hatte – die Wache, die mir quasi zum zweiten Zuhause geworden war. Aber Versetzungen sind bei einer Großstadtfeuerwehr mit mehreren Feuerwachen und damals über 600 Feuerwehrmännern (heute sind es fast 1000) nichts Ungewöhnliches, zumal meine Versetzung aus besonderem Anlass geschah. Ich war aufgrund meiner fachlichen Qualifikation, trotz meiner noch jungen Jahre, zum Ausbilder im Rettungsdienst berufen worden. Der Rettungsdienst hatte damals noch nicht den Stellenwert, den er erst in den folgenden Jahren erlangen sollte. So lagen zwischen meiner 1975 stattfindenden Ausbildung (angehende Feuerwehrmänner erhielten im Grundausbildungslehrgang lediglich vierzig Stunden Erste Hilfe) und der Jahre späteren Ausbildung zum Rettungssanitäter und der folgenden Rettungsassistentenausbildung Welten. An dieser Entwicklung des Düsseldorfer Rettungsdienstes sollte ich maßgeblich beteiligt sein, wurde später Lehrrettungsassistent, saß im medizinischen Prüfungsausschuss und war eine Zeit lang sogar stellvertretender Schulleiter der Düsseldorfer Rettungsassistentenschule. Aber bis dahin sollten noch etliche Jahre vergehen, Jahre, in denen ich immer dann, wenn meine Lehrtätigkeit erforderlich war, als Gastlehrer aus dem Alarm in die Schule wechselte.

Anfänglich sollte ich angehende Feuerwehrmänner noch im gleichen Erste-Hilfe-Stoff unterrichten, den man auch mir beigebracht hatte. Für die damalige Zeit war das keine schlechte Basis, zumal unser Lehrstoff neben den fundamentalen Grundkenntnissen schon wesentlich mehr bot als die klassischen Erste-Hilfe-Kurse jener Zeit. Dennoch erkannte ich während meiner späteren Lehrtätigkeit schnell, dass wir in puncto einer medizinisch fachlich fundierten Ausbildung noch große Defizite besaßen. Das beschloss ich zu ändern. Der Knackpunkt war, dass es damals noch keine qualifizierten höherwertigen Unterrichtsmaterialien gab. Klar, für Medizinstudenten und Krankenpfleger gab es Fachliteratur in Hülle und Fülle, aber für Feuerwehrmänner war das meiste davon vollkommen ungeeignet. Zum einen wimmelte es in diesen Lehrbüchern nur so vor lateinischen Fachausdrücken, und mal ehrlich, welcher Feuerwehrmann wollte schon Latein lernen? Zum anderen richtete sich diese Fachliteratur an eine vollkommen andere Zielgruppe und war für Feuerwehrmänner, die lediglich ihr Wissen und ihre Kenntnisse als Ersthelfer an Unfall- und Einsatzstellen vertiefen sollten, völlig überzogen. Mir hingegen bereitete es eine große Befriedigung, mich mit solchen Lehrbüchern auseinanderzusetzen. Also besorgte ich mir etliche Fachbücher über chirurgische und internistische Notfälle und las alles, was mir über Krankheiten und Medikamentenkunde in die Finger fiel. Unter Zuhilfenahme eines Medizin- sowie eines Fremdwörterlexikons, nebst meinem alten Lateinbuch, kniete ich mich an meinen dienstfreien Tagen regelrecht in die mir bislang nur oberflächlich bekannte Materie und stellte mir nach und nach meine eigenen Lehrunterlagen zusammen, mit denen ich die ersten Jahre gut arbeiten konnte. Dabei profitierte ich von der uralten Erkenntnis, dass der Ausbilder oder Lehrer oder wie wir ihn auch immer nennen mögen, also der, der sich wirklich akribisch auf seinen Unterricht vorbereitet, viel mehr lernt als diejenigen, denen er sein Wissen vermittelt. Natürlich kam mir dabei auch meine praktische Erfahrung zugute. Als Feuerwehrmann im Einsatz wusste ich schließlich, wovon ich redete, wusste, wie es an Unfallstellen zuging, und kannte sowohl die psychische Seite der zu Rettenden wie auch die der Retter. Und was das betraf, da fand ich es an der Zeit, mit einigen alten Vorurteilen aufzuräumen. Aber alte Zöpfe abzuschneiden ist nicht ganz einfach und gestaltet sich oft schwieriger als erwartet, besonders dann, wenn sie sich schon über Generationen hartnäckig gehalten haben.

Eines dieser Vorurteile lautete: Wer nach Unfällen am lautesten schreit, hat meist am wenigsten abbekommen.

Zugegeben, ganz aus der Luft gegriffen war diese Aussage nicht. Ich hatte schließlich auch Unfallopfer kennengelernt, die wegen einer Bagatellverletzung wie am Spieß geschrien hatten. Andere, die stumm waren, oder nur leise vor sich hin wimmerten, waren hingegen ernsthaft verletzt. Nur hieraus die pauschale Aussage zu machen, wer am lautesten schreit, bedarf der Hilfe als Erster, oder im Umkehrschluss zu sagen, wer still ist und schweigt, hat nichts, war und ist meines Erachtens zu einfach. Oft waren die Stillen viel härter betroffen, aber manchmal waren auch die laut Schreienden richtig übel verletzt. Wer sich also als Ersthelfer ein wirklich fundiertes Bild über den Schwierigkeitsgrad eines verletzten oder verunfallten Menschen machen wollte – und das sollte man als Feuerwehrmann, so die Erkenntnis –, der musste schon genau hinsehen und sollte mehr aufweisen können als nur vierzig Stunden Erste Hilfe.

*

Menschen schreien, weil sie Schmerzen haben; Menschen schreien aber auch aus Angst davor, Schmerzen zu erleiden; Menschen schreien vor Verzweiflung oder nur aus Angst, Angst vor dem Schlimmen, das sie sehen oder gesehen haben, oder sie schreien vor dem, wovor sie sich fürchten.

Feuerwehrmänner hören diese Schreie, diese fürchterlich belastenden Schreie von Menschen in Not. Trotzdem müssen sie einen kühlen Kopf bewahren, dürfen sie sich davon nicht zu sehr beeinflussen lassen, da sie ihre Arbeit sonst nicht mehr professionell ausüben können – ein oft wahnsinnig schwieriger Spagat, denn schließlich sind Feuerwehrmänner keine seelenlosen Roboter, sondern letztlich auch nur Menschen aus Fleisch und Blut.

*

Die Frau, die unter der Straßenbahn lag, schrie so fürchterlich, dass sich die hilflos umherstehenden Passanten ihre Ohren zuhielten. Einige liefen gar weg, ein nach einem solchen Unfallgeschehen eher untypisches Verhalten, denn für gewöhnlich bilden die meisten Umherstehenden einen Ring um das Unfallopfer oder bleiben zumindest neugierig stehen.

Die Luegallee genoss, was Unfälle mit Straßenbahnen anging, zu jener Zeit einen leider recht traurigen Ruf. Entsprechend versteinert waren daher die Mienen meiner Kollegen, als uns die Leitstelle mit dem Stichwort »Person unter Straßenbahn« alarmierte.

»Oh nein, nicht schon wieder!«, hörte ich Henry, den Maschinisten unseres LF, aufstöhnen. Für mich war dieser Straßenbahnunfall zwar auch nicht der erste, aber der erste auf dieser Wache. Und es sollte einer der schlimmsten werden.

Die Entfernung von unserer Feuerwache zur Unfallstelle betrug nur wenige Hundert Meter, dennoch legten wir diese kurze Strecke mit eingeschalteten Sondersignalen zurück. Als wir dort ankamen, stellte Henry die Martinshörner aus und ließ lediglich die Blaulichter weiterlaufen. Danach konnten wir die Schreie der Frau schon hören, noch ehe wir ausgestiegen waren. Nie zuvor hatte ich einen Menschen so schreien hören, und als mir mein Gruppenführer befahl, zu ihr unter die Straßenbahn zu kriechen, musste ich schlucken. In meinem Kopf wirbelten die Gedanken wie auf einer Achterbahn umher – ich sollte, nein, ich musste also zu der Verunfallten unter die Straßenbahn, zu der Frau, die so markerschütternd schrie, dass es mir eiskalt den Rücken hinunterlief. Ich kann nicht mehr sagen, ob ich mir damals gewünscht hätte, an diesem Tag nicht im Dienst gewesen zu sein, aber vermutlich war mir solch ein Gedanke gekommen, was letztlich aber keine Rolle spielte, denn jetzt stand ich ja hier. Und dass einer von uns diese schlimme Aufgabe übernehmen musste, war auch klar. Und da ich heute für den Angriffstrupp eingeteilt war und mit Abstand der Schlankste von uns war …

Die Frau lag unter dem vorderen Drittel. Nach Zeugenaussagen wollte sie unmittelbar vor der herankommenden Bahn die Gleise überqueren, dabei war sie gestrauchelt, gestürzt und unter den Triebwagen geraten. Daran hatte auch der Schienenräumer, ein unter der Bahn quer verlaufendes Holzbrett, nichts ausrichten können. Der Straßenbahnfahrer hatte zwar noch versucht zu bremsen, aber einen sechsachsigen Gelenktriebwagen vom Typ GT6 mit einem Gewicht von 20,2 Tonnen bekam man nicht sofort zum Stehen. Die Frau war daraufhin etliche Meter unter dem Triebwagen mitgeschleift worden, wobei ihr Körper zwischen dem Unterboden der Bahn und dem Schotter im Gleisbett gequetscht mehrfach um seine Längsachse gedreht worden war. Die bedauernswerte Frau hatte das alles bei vollem Bewusstsein erlebt und die schrecklichen Verletzungen, die sie sich dabei zugezogen hatte, mussten ihr sicher höllische Schmerzen bereiten. Zumindest nahm ich das an, obwohl der von Feuerwache 3 eintreffende Notarzt später erklärte, dass die Frau unter einem massiven Schock gestanden habe, sodass sie in diesem Moment ihre Schmerzen kaum gespürt haben dürfte. Ich hatte das damals bezweifelt, konnte aber später bei anderen Unfällen mit ähnlich schweren Verletzungen das gleiche Phänomen feststellen. Ein massiver Schock hatte tatsächlich einen erheblichen Einfluss auf das Schmerzempfinden.

Jetzt und hier bäuchlings unter dieser Straßenbahn liegend, war ich von dieser Erkenntnis jedoch weit entfernt, abgesehen davon hätte sie mir in der momentanen Situation auch nichts nützen können, und der schwer verletzten Frau sowieso nicht. Neben einem abgetrennten Fuß war ihr geschundener Körper mit blutenden Schürf- und Quetschwunden übersät. Die Kleidung hing ihr nur noch in Fetzen am Leib, und ihr Gesicht war grauenvoll entstellt. Inwieweit sie auch noch Knochenbrüche oder innere Verletzungen hatte, konnte ich in dieser beengten Situation nicht feststellen. Im Grunde genommen konnte ich hier unten überhaupt nichts ausrichten – zumindest so lange nicht, bis es meinen Kollegen gelungen war, den Straßenbahnzug mit unseren Zahnstangenwinden einige Zentimeter anzuheben. Diese Arbeit mit den extrem schweren mechanischen Rettungsgeräten wurde von allen Feuerwachen in regelmäßigen Abständen im Rheinbahndepot geübt. Gleichzeitig bekamen wir dort durch fachkundiges Personal auch eine Unterweisung, wie eine Straßenbahn im Stillstand gebremst wird, wie man den Beiwagen vom Treibwagen abkuppelt, wie man die Stromabnehmer abzieht und wie wir vorgehen mussten, um die unter 600 Volt Gleichstrom stehenden Fahrdrähte zu erden.

Im Moment war mir das alles so egal, denn das nach wie vor anhaltende Schreien der Frau zerrte unwahrscheinlich an meinen Nerven. Und weil ich hier nichts, aber auch gar nichts machen konnte, betete ich inständig, dass meine Kollegen möglichst schnell die Heber in Stellung brächten, damit hier endlich etwas mehr Platz entstand und wir die Frau unter der Bahn herausziehen konnten.

Endlich war es so weit, Zentimeter um Zentimeter hob sich die Bahn an. Die Frau, die bisher auf der Seite lag, genauer gesagt auf der Seite liegend eingequetscht war, kam frei und kippte auf den Rücken. Im letzten Moment gelang es mir gerade noch, ihren Kopf abzustützen, sodass er nicht auf die Schottersteine schlug. Karl, mein Angriffstruppführer, kam zu mir gerobbt. Er hatte das Rolltragetuch mitgebracht, welches wir, so gut es ging, bei der immer noch vorherrschenden Enge unter den Körper der nunmehr auf dem Rücken liegenden Frau zogen. Seit sie nicht mehr eingeklemmt war, war ihr Schreien in ein leises Wimmern übergegangen.

»Wie sieht's aus?«, fragte unser Gruppenführer. »Seid ihr so weit? Können wir die Frau jetzt rausziehen?«

»Ja, ihr könnt«, antwortete Karl, der rechts von ihr lag, während ich mich an ihrer linken Seite befand.

Als unsere Kollegen die Rolltrage mit der darauf liegenden Frau unter der Bahn hervorzogen, schrie sie plötzlich noch einmal laut auf. Ich zuckte dabei so heftig zusammen, dass mein Kopf gegen den Unterboden der Bahn knallte. Nur gut, dass ich meinen Feuerwehrhelm trug, sonst wäre ich möglicherweise selbst ein Fall für den Chirurgen geworden. So hatte lediglich mein Helm eine weitere Delle erhalten, eine, die mich jedes Mal, wenn ich sie betrachtete, an die Frau unter der Straßenbahn erinnerte.

GUT ABGEHANGEN

Nach mehreren kritischen Brandeinsätzen stand für mich fest: Henry war nicht nur ein echter Kumpel, sondern auch ein Spitzenmaschinist. Dieser Meinung schien unser Wachvorsteher auch zu sein, ansonsten würde er ihn wohl kaum so oft das LF fahren lassen. Allerdings beschränkte sich sein positives Urteil nur auf Henrys Qualität als Maschinist. Was hingegen den Kumpel betraf, da schieden sich unsere Geister.

Henry machte nach außen hin zwar einen überaus friedfertigen Eindruck, wenn es aber um Recht und Gerechtigkeit ging, da konnte er recht bissig werden und knickte selbst vor unserem Wachvorsteher nicht ein, wenn der mal wieder einen der Jungfeuerwehrmänner auf dem Kieker hatte. So war auch ich, nachdem ich frisch auf diese Wache gekommen war, die Zielperson, an der er seine schlechte Laune ausließ, und schlechte Laune schien dieser Mann recht oft zu haben. Um das hier ganz deutlich klarzustellen: Einen Vorgesetzten wie diesen, dem es offensichtlich ein fragwürdiges Vergnügen bereitete, junge Feuerwehrmänner zu schikanieren, habe ich später nie mehr kennengelernt.

Was diesen Mann veranlasst hat, sich so Feuerwehr-atypisch zu verhalten, vermag ich bis heute nicht zu sagen. Im Nachhinein möchte ich behaupten, dass mir ohne Henry und die anderen wirklich netten Kollegen die Zeit unter diesem Vorgesetzten ziemlich verleidet gewesen wäre. Aber dadurch geschah genau jenes Phänomen, das Verhaltensforscher genau beschreiben – durch diesen übersteigerten, autoritären Führungsstil besaßen wir, die Mannschaft, ein »Feindbild« und rückten nur noch enger zusammen. Interessanterweise hatte dieses angespannte Verhältnis jedoch keinen Einfluss auf die Qualität unserer Arbeit im Einsatz, da waren wir dann doch alle wieder die Profis, die an einem Strang zogen.

*

Es gibt Menschen die haben weder Respekt vor dem Leben noch vor dem Tod. Ihnen zu begegnen und dabei auch noch ihre niedere Gesinnung ertragen zu müssen, ohne etwas dagegen unternehmen zu können, war für mich immer schwer zu ertragen. Besonders schwer fiel mir dies in den ersten Jahren meiner Feuerwehrzeit. Wahrscheinlich lag es daran, dass ich aus einem behüteten Elternhaus kam und in meinem bisherigen Leben mit Menschen solchen Schlages nie zusammengetroffen war. Das änderte sich mit dem heutigen Einsatz.

Der Tag fing schon blöd an, weil es unserem Wachvorsteher mal wieder gefiel, mich bei einer seiner genau aus diesem Grund verhassten Übungen vorzuführen. Aber heute hatte er seine Rechnung ohne Henry gemacht. Während ich nur die Faust in der Tasche ballte und gute Miene zum bösen Spiel machte, platzte dem diesmal der Kragen. Ohne Rücksicht auf Dienstgrad und mögliche Konsequenzen ergriff Henry für mich Partei und blaffte unseren Wachvorsteher so sehr an, dass dieser völlig perplex die Übung abbrach und sich mit hochrotem Kopf wutschnaubend in sein Büro verzog.

Oh oh, dachte ich, wenn das man gut geht. Es ging gut, denn als es eine halbe Stunde nach diesem denkwürdigen Zwischenfall alarmierte, schwang sich unser Wachvorsteher zu unser aller Erstaunen gut gelaunt neben Henry auf den Beifahrersitz des LF. Ja, er hatte sogar ein Lächeln auf den Lippen und rief: »Alle fit!? Alle an Bord!?«

»Ja!«

»Na dann, auf geht's, Männer. Los, Henry, gib Gas.«

Oh du Mensch, was bist du doch bisweilen für ein unergründliches Wesen!

Wir fuhren zu einer technischen Hilfeleistung, zu der uns die Polizei angefordert hatte. Um was es dabei ging, wussten wir noch nicht. Die Leitstelle hatte bei ihrer Durchsage lediglich gesagt, wir sollten alarmmäßig fahren, was so viel bedeutete wie: Fahren Sie mit eingeschalteten Sondersignalen, also mit Blaulicht und Martinshorn.

Anforderungen durch die Polizei, das kannte ich bereits von verschiedenen Einsätzen, kamen immer wieder vor. Meist ging es dabei um irgendwelche Unfälle im Straßenverkehr, bei denen wir ausgelaufenen Kraftstoff aufnehmen oder eine Ölspur abstreuen mussten. Und dann gab es natürlich auch noch diese Einsätze, wo wir den »Grünen« verschlossene Türen öffnen mussten. Die Grünen, so nannten wir die Polizisten wegen ihrer damals grünen Uniformen und ihrer grünen Minna, das war der Spitzname ihrer Einsatzfahrzeuge. Uns nannten sie übrigens Blauröcke, weil wir blaue Uniformen trugen. Etwas anderes als Blau gab es zu jener Zeit nämlich bei der Feuerwehr noch nicht, zumindest nicht in Deutschland.

*

Die grüne Minna stand mit laufenden Blaulichtern vor einem älteren Wohnblock. Von den Polizisten, meist waren sie zu zweit, war keiner zu sehen. Unser Wachvorsteher meldete über Funk: »Einsatzstelle an.« Da wir auch jetzt noch nicht wussten, was wir hier überhaupt sollten, forderte er den Angriffstrupp auf, mit ihm die Lage zu erkunden. »Die anderen bleiben hier und warten ab, bis ich weiß, was Sache ist.«

Das mit dem Warten war so eine Sache. Klar, im Grundausbildungslehrgang hatte ich das genau so gelernt. Aber im Grundausbildungslehrgang hatte ich auch gelernt, dass die Mannschaft an der Einsatzstelle zunächst hinter dem Fahrzeug Aufstellung nahm und dort die Einsatzbefehle des Einsatzleiters entgegennahm. So etwas machte natürlich niemand mehr, wäre ja auch irgendwie völlig überzogen, zumal die grundsätzliche Aufgabenverteilung bei den meisten Standardeinsätzen eh klar geregelt war. Dass meine Kollegen die Anordnung des Wachvorstehers aber völlig ignorierten und ihm, kaum dass er aus unserem Sichtfeld verschwunden war, wie treue Hunde hinterherliefen, setzte mich dann doch in grenzenloses Erstaunen. Entsprechend intelligent musste ich Henry, unseren Maschinisten, daraufhin wohl auch angesehen haben.

»Was?«, lachte der. »Was ist? Was hast du?«

»Ja ... äh, die ... die ... hauen einfach ab.«

»Na und?«, entgegnete er trocken und erklärte mit einem breiten Grinsen: »Die kommen auch gleich wieder.«

Genau so geschah es. Zuerst erschienen die »Abtrünnigen« in der Haustüre, dann folgte der Angriffstrupp. Eigentlich hatte ich jetzt auch noch den Wachvorsteher erwartet, aber der kam nicht. Na gut, sagte ich mir und war gespannt, was jetzt geschehen würde.

»Henry! Wir brauchen schweres Aufbruchwerkzeug!«, rief der Vordere.

»Auch das Katastrophenschneidgerät?«

»Nee, aber Vorschlaghammer und die lange Brechstange. Ist 'ne alte Eisentür. So eine wie in den Luftschutzbunkern aus dem Krieg.«

»Aha«, nickte Henry und öffnete die Tür, hinter der sich das hölzerne Fach mit den erwünschten Werkzeugen befand.

»Und, kann ich mit?«, fragte ich den Kollegen, der die Werkzeuge haben wollte.

»Klar, warum nicht. Hier, kannst den Vorschlaghammer tragen.« Er drückte mir den zehn Kilogramm schweren Hammer in die Hand, griff sich selbst die lange Brechstange und marschierte damit sofort zurück in Richtung Hauseingangstür. Die anderen folgten, wobei im Gegensatz zu vorhin jetzt jeder ebenfalls ein Werkzeug in der Hand hielt. Offen gestanden kam mir das Ganze irgendwie so gar nicht wie ein disziplinierter Feuerwehreinsatz vor, sondern eher wie ... wie, ach, ich weiß nicht. Auf jeden Fall hatte das nichts mit dem zu tun, was ich in der Grundausbildung gelernt hatte, und es hatte auch nichts mit dem gemein, was eine professionelle Berufsfeuerwehr auszeichnete. So wie sich meine Kollegen hier verhielten, kannte ich sie von vorherigen Einsätzen gar nicht. Erst alle Mann rein, dann alle Mann raus, und jetzt wieder alle Mann rein. Was für ein irrer Haufen. Das fand ich einfach nur lachhaft.

Das, was dann kam, fand ich jedoch überhaupt nicht mehr lachhaft. Der Mann, der im Kellergang auf uns wartete, wirkte auf mich wie die personifizierte Unperson aus einem schlechten Film. Unter einem ärmellosen, verfleckten Unterhemd spannte sich ein Schmerbauch, der über einer nicht minder verfleckten schlabberigen Trainingshose wabbelte, deren Hosenbeine so tief auf zwei total ausgelatschte Filzpantoffeln reichten, dass ihr zehn Meter gegen den Wind nach Alkohol riechender Besitzer ständig darauf trat.

Der mir vorausgehende Kollege drückte dem unrasierten Kerl mit den strähnig speckigen Haaren die Hand gegen die Brust und schob ihn nicht gerade zärtlich an die Seite.

»Mach mal Platz, Mann, wir müssen hier durch.«

Zugegeben, eng war es hier schon, was aber nicht nur an dem verärgert reagierenden dicken Kerl lag, sondern eher an dem Gerümpel, das sich an den Wänden dieses Kellerganges stapelte.

»Eh, du Arsch! Mach dat nich noch ma, sonst …!«

Mein Vordermann blieb so abrupt stehen, dass ich gegen ihn prallte.

»Was! Sonst?!«, blaffte er den Kerl an.

»He Olli! Lass den Quatsch!«, rief unser Wachvorsteher. »Wir haben Wichtigeres zu tun, als uns mit den Leuten hier zu streiten.«

Daraufhin drehte sich mein Vordermann um, murmelte etwas wie »Blödmann«, wobei ich in dem Moment nicht hätte sagen können, wen er damit gemeint hatte. War letztlich auch egal. Auf jeden Fall ging er weiter, und der Dicke, den er in die Nische zwischen zwei Regale gedrückt hatte, verzog sein feistes Gesicht zu einer Grimasse und zeigte mir den Stinkefinger. »Gar nicht beachten«, zischte mein Hintermann, »gar nicht beachten«, und schob mich, der ich auch schon stehenbleiben wollte, einfach weiter. Nach acht, neun Metern endete der Gang vor einer Eisentür, wo der Wachvorsteher mit zwei Polizisten stand und zur Eile mahnte. »Na los jetzt, macht schon. Türe aufbrechen.«

Meinem Vordermann, es war der, der die lange Brechstange in der Hand hielt und noch den Frust über den dicken Mann in sich spürte, kam der Befehl »Türe aufbrechen« gerade recht. Er rammte die Brechstange in den Spalt zwischen Tür und Rahmen. Beides, Tür wie Rahmen, stammte zwar noch aus der Zeit von vor dem Zweiten Weltkrieg, sie waren also schon verdammt alt und auch reichlich angerostet, bestanden aber aus massivem Metall und hielten seinen Bemühungen problemlos stand.

»Hammer!«, fauchte er mich an und riss mir förmlich den Vorschlaghammer aus der Hand.

Die anderen, unseren Wachvorsteher eingeschlossen, wussten, was jetzt kommen würde, und traten den geordneten Rückzug an. Da ich Olli noch nie zuvor in Aktion gesehen hatte, wäre ich wohl stehengeblieben, wenn mich nicht einer meiner Kollegen aus der Gefahrenzone gezogen hätte. Gerade noch rechtzeitig, denn schon holte Olli zu einem vernichtenden Schlag aus.

Rumms!

Der schwere Hammer krachte auf den oberen Riegelverschluss.

Rumms! Rumms! Rumms!

Olli wirbelte mit brachialer Gewalt wie ein Berserker und schaffte die Tür tatsächlich im Alleingang. Hätte jemand vorher mit mir gewettet, dass er die Tür so aufbekäme, ich hätte dagegengesetzt. Aber die Tür war auf, besaß jetzt allerdings nur noch Schrottwert und war als Tür auch nicht mehr zu gebrauchen.

»He, ihr Irren! Die Tür ist ja total im Arsch! Und wer bezahlt mir jetzt den Scheiß, hä!?«

Von uns reagierte niemand auf das Gebrüll des Dicken, der sich unbemerkt herangeschlichen hatte. Aber einer der beiden Polizisten legte ihm die Hand auf die Schulter und sagte: »Sie … Sie sind jetzt erst mal ganz schön still, verstanden?«

Der wütende Dicke schwieg daraufhin tatsächlich, was aber wohl weniger an der Ermahnung des Polizisten lag, sondern an dem fürchterlichen Anblick, der sich uns hinter der nunmehr offenen Tür bot.

Der dahinter liegende Kellerraum wurde von einer funzeligen Glühbirne nur spärlich erleuchtet – immerhin hell genug, um den ebenfalls von der Decke hängenden Mann deutlich erkennen zu können, einen Mann, der sich mit einem Strick an einem metallenen Haken erhängt hatte. An seinem Suizid bestand nicht der geringste Zweifel, da die Tür, so wie sie versperrt gewesen war, nur von innen geschlossen worden sein konnte und dieser Kellerraum weder einen zweiten Ausgang noch ein Fenster besaß, wodurch eine etwaige zweite Person hätte verschwinden können. Der Anblick des Mannes war grauenvoll und hatte so überhaupt nichts gemein mit erhängten Menschen, wie man sie schon mal in Fernsehkrimis präsentiert bekommt. Die näheren Details hier zu beschreiben, möchte ich Ihnen und mir daher lieber ersparen. Es muss reichen, wenn ich hier sage, dass wir alle extrem geschockt waren.

Einzig der feiste Dicke schien von diesem grauenvollen Anblick unberührt.

»Ach du Scheiße!«, rief er, nachdem er sich zwischen uns hindurchgedrängelt hatte. »Wie kann einer nur so bescheuert sein und sich hier unten aufhängen!?« Dann starrte mir der widerliche Kerl genau ins Gesicht und erklärte provokant: »Also weißte, Mann, wenn ich nacktes Fleisch sehen will, dann jehe ich entweder in 'nen Puff oder zum Metzger. Da is dat wenigstens jut abjehangen. Aber sowat … Boh, näh! Dat is ja total ekelig!«

»KOMMT MAL HER, HIER LIEGT WAS!«

Seit über zwei Wochen hatte es nicht mehr geregnet, und laut Wetterprognose sollte sich daran an den nächsten Tagen auch nichts ändern. Dabei brauchten wir unbedingt den Regen, denn die Natur ächzte unter der anhaltenden Trockenheit und benötigte dringend das notwendige Nass. Für die Wälder war bereits die höchste Waldbrandgefahrenstufe ausgerufen worden, und über die Medien wurde die Bevölkerung aufgefordert, keine Rasenflächen mehr zu wässern und auch sonst keine überflüssigen Wassermengen zu verbrauchen, da die Talsperren schon einen kritischen Niedrigstand auswiesen. All das ließ einige Autobesitzer und Rasenfetischisten jedoch kalt. Ungerührt aller Aufforderungen berieselten sie weiterhin ihr heiliges Grün und verplemperten das Wasser, indem sie ihre geliebten Blechkarossen wuschen. Für uns als Feuerwehr galt: Nassübungen auf dem Hof waren ab sofort bis auf Weiteres verboten. Einsätze, bei denen wir mit Wasser löschen mussten, gab es natürlich trotzdem. Insbesondere stieg die Zahl der Böschungsbrände auf den Geländen der Bundesbahn, wo das teils dichte Gestrüpp völlig verdörrt und das dort wachsende Gras auf dem staubtrockenen Boden von der sengenden Sonne längst verbrannt worden war. Diese Böschungsbrände machten uns ganz schön zu schaffen, so waren wir heute schon drei Mal mit unserem LF ausgerückt, wobei immer ein Tanklöschfahrzeug über eine der Rheinbrücken von Feuerwache 1 oder 3 herüberkommen musste, da unsere Feuerwache auf der Oberkasseler Seite lag und wir über kein eigenes TLF verfügten.

Als es gegen 14 Uhr erneut zu einem Böschungsbrand alarmierte, also zur Zeit der »heiligen« Mittagsruhe, wobei aufgrund der extremen Hitze eh keiner Ruhe fand, stöhnte die ganze Mannschaft kollektiv auf. Oh Mann, nicht schon wieder! Aber es half nichts, Feuer nehmen leider nie Rücksicht auf unlustige oder ermattete Feuerwehrmänner. Wenn es brannte, dann brannte es eben, und dann waren wir dran, so wie jetzt.

»Männer, Feuerwache 1 und 3 sind ebenfalls im Einsatz. Wir werden also diesmal kein TLF bekommen!«, rief unser Gruppenführer in den Mannschaftsraum.

Auch das noch, dachte ich, besonders weil ich heute im Wassertrupp war. Kein TLF, das bedeutete jede Menge Schläuche ausrollen, da wir erfahrungsgemäß mit dem Inhalt unseres Löschwassertanks nicht hinkommen würden. So ein Mist, und das bei der Hitze.

»Wieso schicken die uns denn kein TLF von Feuerwache 4?«, rief mein Sitznachbar.

»Weil das TLF von 4 für den südlichen Stadtteil zurückgehalten wird, deshalb!«

»Und wieso bekommen wir dann keine Unterstützung durch die freiwillige Feuerwehr?«, fragte ich.

»Weil die bei der Hitze keine Lust haben rauszufahren!«

»Meinst du das ernst?«

»Natürlich nicht. Aber glaubst du etwa, die Leitstelle alarmiert die für 'nen popeligen Böschungsbrand, nur damit du dir 'nen faulen Lenz machen kannst!?«

Lautes Gelächter. Nur der so Verhöhnte (also ich) lachte nicht mit.

»So, Männer, Schluss mit lustig!«, rief der Gruppenführer. »Wir sind gleich da. Alles wie immer. Angriffstrupp mit C-Rohr vor. Schlauchtrupp mit Kübelspritze und Feuerpatschen. Und falls wir uns in zwei Richtungen aufteilen müssen, nehmt ihr ein zweites C-Rohr vor. So weit alles klar!?«

»Ja!«

»Und was machen wir?«, fragte ich.

»Also Martin, das dürfte euch beiden inzwischen doch wohl klar sein. Hydrant suchen und Schläuche ausrollen, muss ich dir doch nicht noch extra erklären, oder?«

Ich schwieg, und mein Schlauchtruppführer sah mich entgeistert an.

»Ey, was sollte das denn jetzt?«

»Na, man wird doch wohl noch mal fragen dürfen.«

Er schüttelte den Kopf. »Ja ja, die Hitze. Ich sage nur, die Hitze.«

Henry war mit dem Wind angefahren und fuhr zunächst eine Strecke über das Feuer hinaus. Gut für uns, dass die Straße parallel zu den Gleisen verlief. Nach etwa 200 Metern gab es eine geeignete Stelle zum Übergang. Er stoppte, und wir sprangen alle aus dem LF. Jetzt musste es schnell gehen, denn der Wind trieb die Flammen genau in unsere Richtung, also direkt auf uns zu.

»Los los los!«, feuerte uns unser Gruppenführer an und half selbst mit, die Schläuche über den niedergetrampelten Zaun die Böschung hinauf zu verlegen. Damit hatten wir im Moment nichts zu tun. Wir waren der Wassertrupp und hatten den Auftrag, möglichst schnell den nächstgelegenen Hydranten aufzufinden, das mitgeführte Standrohr einzudrehen und dann die B-Leitung zu unserem Fahrzeug herzustellen. Alles lief wie am Schnürchen. Die Jungs oben hatten sich rechtzeitig mit Wasser am Rohr positioniert, und wir hatten unseren Unterflurhydranten gefunden und angeschlossen, und ich befand mich, die zweirädrige Schlauchhaspel mit den ablaufenden B-Schläuchen hinter mir herziehend, wieder auf dem Weg zu unserem Löschgruppenfahrzeug, wo Henry schon sehnsüchtig auf mich wartete.

»Komm, mach hin!«, rief er und streckte den Arm aus.

»Mann, hast du es heute aber eilig.«

»Und das zu Recht.« Er zeigte auf die Tankanzeige.

»Boahhh!«, staunte ich. »So viel haben die da oben schon verbraucht!?«

»Das kannst du wohl laut sagen. Die lutschen mir noch den ganzen Tank leer. Also her mit der Kupplung.«

Henry kuppelte den B-Schlauch an den Tankeinfüllstutzen und hob den Daumen.

»So, kannst deinem Spezi sagen, er soll aufdrehen.«

Sekunden später schoss das Wasser aus dem Hydranten in die B-Leitung und verwandelte sie in einen harten Strang – unsere Löschwasserversorgung stand und war gesichert. Für uns bedeutete dies jedoch nicht, dass wir ab jetzt die Hände in den Schoß legen konnten. Henry, der zuvor über die am Heck befestigte klappbare Leiter auf das Dach seines LF gestiegen war, hatte die fächerartigen Feuerpatschen aus einem der beiden Dachkästen herausgenommen und neben dem LF abgelegt.

»Am besten nehmt ihr gleich jeder eine mit.« Er deutete auf die am Boden liegenden langstieligen Feuerpatschen.

»Wir können aber auch tauschen«, scherzte ich, »dann bleibe ich hier, und du gehst nach da oben. Was hältst du davon?«

»Träum weiter, Mätes«, lachte Henry und drückte mir die Feuerpatsche in die Hand. »Hier, schwing die Hufe und sieh zu, dass du da hochkommst. Dein Truppführer ist schon fast oben.«

Tatsächlich, ich machte große Augen. Mein Kollege war wirklich schon ohne mich losgegangen. Wenn ich keinen Anschiss von unserem Gruppenführer riskieren wollte, immerhin war ich heute schon mehrmals ins Fettnäpfchen getreten, musste ich mich jetzt aber beeilen. Puh, noch mal Glück gehabt. Mein Truppführer hatte oben auf dem Bahndamm auf mich gewartet. »Und, haste dein Schwätzchen mit deinem Lieblingsmaschinisten endlich beendet?«

»Phhh!«

»Na komm, melden wir uns beim Gruppenführer, sonst denkt der noch, wir seien verschüttgegangen.«

*

Gut zwanzig Meter vor uns bearbeitete der Angriffstrupp den abgebrannten Bereich mit seinem Strahlrohr. Wir folgten auf der Suche nach versteckten Glutnestern. Jedes Mal, wenn wir auf eine Stelle trafen, die erneut aufflammte, schlugen wir die Flammen mit unseren Feuerpatschen nieder und riefen den Schlauchtrupp zu Hilfe, weil er die Kübelspritze mit sich führte und die Stelle noch einmal gründlich durchnässte. Plötzlich drehte sich der Angriffstruppmann zu uns um, hob den Arm und rief: »Kommt mal her, hier liegt was!«

Kurz darauf standen wir bei den Kollegen und blickten auf ein schwarz verkohltes Etwas, was wie der verbrannte Fuß eines kleinen Kindes aussah.

»Nicht anfassen!«, rief mein Truppführer und hielt mich zurück, als ich mich schon bücken wollte, um das Teil aufzuheben.

Jetzt kam auch unser Gruppenführer angelaufen. »Und?«, rief er schon von Weitem. »Was habt ihr Wichtiges?« Dann war er bei uns, und der Angriffstruppmann, der den Fund gemacht hatte, deutete stumm auf den Boden.

»Oh!« Das war zunächst alles, was unser Gruppenführer sagte, aber ich sah, wie er schluckte.

»Okay, wir machen Folgendes: Ich funke mit der Leitstelle und lasse die Strecke sperren. Außerdem will ich die Polizei hier haben. Ihr beide geht den Bereich neben dem Bahngelände ab und seht, ob ihr noch weitere Körperteile findet. Und ihr zwei«, er sah meinen Kollegen und mich an, »ihr sucht hier oben weiter. Falls ihr etwas finden solltet, das gilt übrigens für alle … liegen lassen, nicht aufheben, verstanden?«

»Klar.«

»Und denkt dran, der Bahnbetrieb ist noch nicht eingestellt. Hier kann also jeden Moment ein Zug durchrauschen. Ihr wisst, was das bedeutet. Also, niemand läuft über die Gleise und auch nicht direkt daneben, kapiert?«

»Ja! Und wie weit sollen wir suchen?«

Er zuckte mit dem Schultern. »Geht einfach erst mal los. Und lasst eure Funkgeräte an.«

»Haben wir doch immer.«

*

Nachdem wir etwa siebzig, achtzig Meter gegangen waren, tauchte vor mir in der Ferne ein kleiner Punkt auf, der sich zunächst kaum vergrößerte. Ich blieb daraufhin stehen und beschattete meine Augen gegen die hoch stehende Sonne. Nachdem ich den Punkt einige Sekunden beobachtet hatte, rief ich: »Du, ich glaube, da hinten kommt ein Zug!« Dann ging auf einmal alles rasend schnell. Innerhalb kürzester Zeit war der Zug da. So geräuschlos er auch angefahren kam, so laut donnerte er jetzt an uns vorüber, und obwohl ich ja genau gewusst hatte, was auf uns zukam, zuckte ich erschreckt zusammen. Nur gut, dass wir den erhöhten Bahndamm noch rechtzeitig verlassen hatten. Aber selbst hier, in einer Entfernung von mehreren Metern, spürte ich deutlich den gewaltigen Sog, den der vorüberrasende Güterzug verursachte. Wären wir oben neben den Gleisen stehen geblieben, wäre das lebensgefährlich gewesen, denn der Zug hätte uns mit Sicherheit um- oder sogar mitgerissen.

Mein Respekt vor dem Bahndamm war danach so groß, dass ich am liebsten nicht mehr da hinaufgegangen wäre, aber mein Kollege war mir schon wieder voraus.

»Was ist Schnecken-Martin, kommst du!?«

*

Meine Kollegen fanden die Kinderleiche in einem verbrannten Gestrüpp unterhalb des Bahndamms. Nach einigen Sekunden, die wir in eisigem Schweigen verbrachten, wobei wir uns mit verkniffenen Mündern in die Augen sahen, durchbrach der Angriffstruppführer, er war derjenige, der den grausigen Fund gemacht hatte, die Stille.

»Was denkt ihr? Unfall oder Mord?«

Eigentlich dachten wir alle das Gleiche, wobei es im Grunde vollkommen unerheblich war, was wir dachten, denn die Umstände aufzuklären, die zum Tod dieses kleinen unschuldigen Kindleins geführt hatten, würde jetzt Aufgabe der Polizei werden. Ob dies der Polizei tatsächlich gelingen würde, sollten wir nie erfahren.

Dafür kann ich mich aber heute noch noch umso deutlicher an jene Träume erinnern, bei denen ich des Nachts schweißgebadet aufwachte, weil irgendwelche gesichtslosen Menschen ein kleines Kind aus dem Fenster eines fahrenden Zuges warfen.

HÄUSLICHE GEWALT

Gemeinsam bei bester Gesundheit mit einem wachen Geist glücklich alt werden und das bitte auch noch ohne finanzielle Not, um dann, am Ende eines langen erfüllten Lebens, friedlich entschlafen zu dürfen – was für ein egoistischer Wunsch.

Egoistisch? Wieso? Sind das nicht die Wünsche, die die meisten von uns haben? Zumindest die meisten, die bereits ein bestimmtes Alter erreicht oder schon längst überschritten haben – also die, die es nach Jahren der Abstinenz möglicherweise sogar wieder in die Kirchen zieht, weil sie dem Tod inzwischen näher stehen als dem Leben.

Ich vermute jedoch, dass es nur den wenigsten vergönnt sein dürfte, alle diese Wünsche in ihrem irdischen Leben auf sich zu vereinigen, denn wie ich in meinem Beruf als Feuerwehrmann und Rettungsassistent immer wieder erleben konnte, ist alt werden für viele kein Vergnügen, ja für nicht wenige sogar bitter und grausam. Da sind die schmerzenden Krankheiten und Gebrechen, da sind die Verluste geliebter Menschen und die Einsamkeit und, anklagend sage ich, da ist eine erschreckende Altersarmut für zu viele in unserem ach so reichen und zivilisierten Wohlstandsland – eine Altersarmut, die, egal ob selbst- oder fremdverschuldet nicht sein müsste, nicht sein dürfte. Aber die Welt ist nun mal leider nicht gerecht, und der Tod ist ein nicht zu unterschätzender Gegner – einer, der am Ende sowieso immer der Sieger bleibt, egal wie unser Leben verläuft.

Umso erschreckender war es für mich, mit anzusehen, wie Menschen, die sich einmal geliebt haben und die eigentlich das Glück des gemeinsamen Altwerdens genießen könnten, sich das Leben gegenseitig schwer machen.

*

Die Rettungsleitstelle hatte mich und meinen Partner Raimund mit dem Rettungswagen zu einem größeren Wohnhaus geschickt, in dem Nachbarn laute Hilferufe eines älteren Ehepaares vernommen haben wollten. In einem meiner früheren Bücher hatte ich schon einmal über einen ähnlichen Einsatz geschrieben, dennoch möchte ich diesen hier noch einmal schildern, da er mich, was häusliche Gewalt betrifft, mit der wir leider immer wieder konfrontiert werden, ungewöhnlich schockiert, um nicht zu sagen: entsetzt hatte.

Wie fast immer bei solchen Einsätzen war auch hier die Polizei alarmiert worden und diesmal sogar vor uns eingetroffen. Als wir an der betreffenden Wohnungstür klingelten, öffneten zwei Polizisten.

»Ah, gut, dass ihr kommt«, sagte der ältere. »Wir wollten nämlich gerade wieder gehen.«

»Wie, schon gehen?« Ich sah den Polizisten fragend an.

»Ist eher was für euch«, erklärte er.

»Aber es hieß doch häusliche Gewalt«, warf Raimund ein.

»Ja ja … häusliche Gewalt stimmt schon«, betonte der jüngere. In dem Moment drang aus der Wohnung das lautstarke Gezanke zweier keifender Stimmen ins Treppenhaus.

»Nur zu, Kollegen«, sagte der ältere mit viel sagendem Lächeln und gab uns den Weg frei. »Wenn ihr die beiden Alten seht, werdet ihr verstehen, was ich mit *Ist nichts für uns* meinte.«

Als sie die Treppe hinuntergingen, öffnete sich bei uns die Türe der Nachbarwohnung.

»Hallo!«, rief ihnen eine heraustretende Frau, die ein plärrendes Kind auf dem Arm und eine Zigarette im grell geschminkten Mundwinkel hielt, hinterher. »Nehmen Sie die Bekloppten denn nich mit?«

»Ist kein Fall für uns!«, rief der jüngere zurück. »Aber die Kollegen vom Rettungsdienst kümmern sich drum.«

»Na hoffentlich!«, keifte sie. Dann sah sie uns fragend an und meinte vorwurfsvoll: »Also wenn ihr die zwei beknackten Alten auch nich mitnehmen tut, drehe ich hier durch. Verstehste?«

Nein, wir verstanden nicht, und dementsprechend mussten wir sie wohl angeschaut haben.

»Ja, wat denn, hören Sie dat Jejammere und Jekreische denn nich?!«, blaffte uns die Frau an. »So jeht dat schon den janzen Tach. Wie soll meine Kleene denn da schlafen können?«

Darauf, wie ihre Kleine denn da schlafen könne, hatten wir auch keine Antwort, und überhaupt schien es uns dringend geraten, das Flurgespräch hier zu beenden, denn das Gejammer und Gekreische, wie diese liebreizende Nachbarin es so treffend bezeichnete, nahm gerade an Intensität zu.

Feuerwehrmänner sollten ja bekanntlich mutig, entschlussfreudig und unerschrocken sein und darüber hinaus natürlich auch noch einige andere wichtige Tugenden aufweisen. Für hier reichten die zwei ersten. Die dritte, also unerschrocken sein, ging nicht, da wir zunächst den Schock des Gesehenen verarbeiten mussten, ehe wir zu mutig und entschlossen handeln kommen konnten.

Stellen Sie sich dazu bitte folgende Szene vor: ein in die Jahre gekommenes Wohnzimmer aus den Siebzigern mit dunkler Schrankwand, dazu eine Couch und zwei Sesseln sowie ein rechteckiger, durch eine Kurbel höhenverstellbarer Tisch mit braun geflammten Kacheln. In einem Sessel saß eine steinalte Frau, vermutlich Methusalems Mutter. Neben ihr ein Rollator mit Halterungen für zwei Gehhilfen, im Volksmund auch Krücken genannt. Ich nahm jedoch an, dass die Halterungen durch die Krücken zweckentfremdet waren, da dort normalerweise bestimmt zwei Repetiergewehre steckten, denn genauso handhabte die Alte gerade eine der Krücken, indem sie sie einem auf der Couch sitzenden schmächtigen Mann gegen dessen schwindsüchtige Brust stieß. Seinem Äußeren nach zu urteilen, musste das zerbrechlich wirkende Männlein mindestens so alt sein wie die streitsüchtige Amazone, trotzdem zeigte er nicht die geringste Ambition, deren Attacken wehrlos über sich ergehen zu lassen. Im Gegenteil, er leistete erbitterten Widerstand, indem er den Angriff mit seinem schwarz lackierten Gehstock nicht nur abzuwehren versuchte, sondern seinerseits mit eben genanntem Gegenstand lauthals schreiend zurückschlug. Die Alte kreischte nicht minder laut, und so darf es Sie nicht verwundern, dass wir, wie schon erwähnt, angesichts der hin und her tobenden Schlacht dieser Greise zunächst in Schockstarre verfielen.

Können Sie sich noch an Ihre Fahrschulzeit erinnern? Dann kennen Sie gewiss noch den Begriff »Reaktionsweg«, das ist der Weg, der zwischen dem Erkennen einer Gefahr und der beginnenden Bremsung zurückgelegt wird. Die Formel dazu lautete:

(Geschwindigkeit in km/h : 10) x 3 = m/sek.

Auf den Punkt gebracht, kann man sagen, dass die meisten Menschen für den Reaktionsweg eine Sekunde benötigen. Trainierte hingegen sind oder sollten zumindest etwas schneller sein als der Durchschnitt. Nun, wir waren Feuerwehrmänner, zählten damit eindeutig zu der Gruppe der Trainierten. Es lag also höchstwahrscheinlich nur an unserer Reaktionsschnelle, dass wir das Schlimmste noch verhindern konnten. So gelang es Raimund im letzten Moment, den Gehstock des Mannes zur Seite zu reißen, ehe der auf den weißhaarigen Kopf seiner greisen Widersacherin krachte, und mir gelang es mit ebensolcher Schnelligkeit, einen erneut ausgeführten Stoß der Alten mit der Krücke gegen das Brustbein des Mannes abzuwehren, einen Stoß, der dem bereits nach Luft schnappenden Mann vermutlich den Rest gegeben hätte.

Nachdem wir den heftig Widerstand Leistenden ihre »Waffen« entrungen hatten, was wirklich nur durch den gnadenlosen Einsatz unserer überlegenen Körperkräfte möglich war, brach eine wahre Flut von Beschimpfungen über uns herein. Ungeachtet dessen verpassten wir der Alten einen Druckverband um ihren Kopf und dem Alten einen Stützverband auf seinen Unterarm. Die weiteren Blessuren, von denen einige auf ältere, aber deshalb nicht minder heftige Waffengänge deuteten, ließen wir unbehandelt, forderten einen zweiten RTW an, da man die beiden streitsüchtigen Alten unmöglich zusammen in einem Fahrzeug transportieren konnte, und fuhren sie in die chirurgische Ambulanz des nächstgelegenen Krankenhauses.

Offen gesagt bestand, soweit ich das damals beurteilen konnte, aus medizinischer Sicht keine wirklich Indikation, die beiden ins Krankenhaus zu fahren. Ich hatte mich dennoch zu diesem Schritt entschlossen, da ich, falls wir die beiden Kampfhähne sich selbst überließen, befürchten musste, dass sie sich gegenseitig noch totprügeln könnten. Ob ihre kriegerischen Auseinandersetzungen danach immer noch Teil ihres unrühmlichen Lebensabends blieben, entzieht sich meiner Kenntnis. Eins war mir nach diesem ungewöhnlichen Einsatz jedenfalls klar geworden – häusliche Gewalt ist keineswegs nur eine Frage des Geschlechts und, wie man sieht, auch keine Frage des Alters.

GESCHUNDENE KREATUREN

In Anknüpfung an den vorherigen Einsatz möchte ich noch anmerken, dass die meisten Fälle häuslicher Gewalt von Männern ausgeübt werden. Anscheinend (aber das ist nur meine eigene unmaßgebliche Meinung, die nicht auf wissenschaftlich fundierten Erkenntnissen fußt) ist das genetische Gewaltpotenzial bei Männern stärker ausgeprägt als bei Frauen. Umso verwunderlicher erscheint es, dass erstaunlich viele Frauen, die von ihren Männern geschlagen oder psychisch unterdrückt und gedemütigt werden, dennoch an ihren Partnern hängen und sie nach außen hin sogar immer wieder verteidigen und deren wie auch immer gearteten Misshandlungen entschuldigen.

Kommen wir nun zu anderen Lebewesen, die oft auch Gewalt durch Menschen ausgesetzt sind: Tiere. Sind sie nicht auch Wesen mit Gefühlen? Spüren sie nicht Schmerzen genau wie wir? Wie kann es also sein, dass diesen Kreaturen oft so viel Leid angetan wird? Menschen quälen und foltern unschuldige Tiere in zahllosen Laboratorien für pharmazeutische und kosmetische Forschungen – Menschen pferchen Tiere zu Tausenden in enge Käfige, die schlimmer sind als die schlimmsten Folterkeller, nur um den großen Hunger nach billigem Fleisch und die unstillbare Gier nach noch mehr Profit, nach noch mehr Gewinn zu befriedigen. Ich will hier gar nicht nur auf andere zeigen, bin ich doch auch einer der Zahllosen, die, obwohl sie es im Grund gar nicht sein wollen, Teil dieses verachtungswürdigen Systems sind.

Wie konnte es nur dazu kommen? Lag es etwa daran, dass man meiner Generation in der Schule noch beigebracht hatte, Tiere besäßen keine Gefühle? Tiere seien immer nur instinktgesteuert? Oder lag es etwa daran, dass die Bibel im 1. Buch Mose, 9. Vers

2+3 schreibt: *Furcht und Schrecken vor euch sei über allen Tieren auf Erden und über allen Vögeln unter dem Himmel, über allem, was auf dem Erdboden wimmelt, und über allen Fischen im Meer; in eure Hände seien sie gegeben. Alles, was sich regt und lebt, das sei eure Speise; wie das grüne Kraut habe ich's euch alles gegeben. Allein esset das Fleisch nicht mit seinem Blut, in dem sein Leben ist.*

Nun, diese einfache Lösung, so sie denn eine einfache wäre, käme wohl eher einer billigen Ausrede gleich, denn selbst wenn Tiere nur instinktgesteuert wären, so blieben sie dennoch lebende Wesen. Und will jemand wirklich ernsthaft aus den oben zitierten Worten des 1. Buches Mose ableiten, Gott hätte uns als Herr über die Tiere gesetzt, um sie zu quälen!?

Ja, wir essen deren Fleisch, entwicklungsgeschichtlich besitzen wir ja auch ein entsprechendes Gebiss, aber von Massentierhaltung und dem Verfüttern von tonnenweise Antibiotika und Klärschlamm war nie die Rede. Aber all das tun wir. Und als wäre dies noch nicht schlimm genug, gibt es Menschen, die ihre (jetzt auf einmal doch nicht mehr geliebten) Haustiere zur Urlaubszeit an der Autobahn aussetzen oder sich nachts auf Weiden und Koppeln schleichen, um mit Messern und Äxten ihre krankhaft perversen Gelüste an den unschuldigen Kreaturen auszulassen.

*

Die Grundausbildung für Feuerwehrmannanwärter, die bis dato an der Feuerwache 2 in Oberkassel stattfand, wurde inzwischen an der neu gebauten Feuerwache 6 im Stadtteil Garath an der ebenfalls neu errichteten Feuerwehrschule durchgeführt. Es war daher nur eine logische Konsequenz, dass auch ich, der ich nach wie vor als Ausbilder im Rettungsdienst tätig war, dorthin versetzt wurde. Wenngleich ich als Gastlehrer inzwischen durch die umfangreichere Ausbildung wesentlich öfter aus dem Alarmdienst in den Schultrakt wechselte als früher, blieb mein Hauptaufgabenbereich dennoch der Einsatz im klassischen 24-Stunden-Dienst der Feuerwehr. So wurden wir eines Tages mit der Löschgruppe zu einer Tierrettung alarmiert, bei der wir, um es vorweg zu sagen, leider zu spät kamen.

Das Pferd, eine trächtige Stute, lag verblutet auf der Weide. Die tiefen Schnittwunden, die das bedauernswerte Tier an mehreren Stellen seines Körpers aufwies, konnten ihm nur von einem Menschen zugefügt worden sein, einem, der sich in den frühen Morgenstunden auf die Weide geschlichen haben musste, wo er sein grausiges Werk mit einem langen scharfen Messer oder einem ähnlich scharfen Gegenstand ausgeführt hat. Das arme Pferd muss grauenvolle Schmerzen verspürt haben, denn der- oder diejenige, der/die das getan hat, hatte der trächtigen Stute sogar tief in die Genitalien geschnitten. Als wir dort ankamen, war das Pferd bereits tot. Fassungslos standen wir vor dem in seiner eigenen Blutlache liegenden Tier, dessen Besitzerin von Weinkrämpfen geschüttelt wurde und die sich von unseren aufrichtig mitfühlenden Worten kaum trösten ließ. Ein ebenfalls herbeigerufener Veterinär erklärte uns später, dass er das Pferd nicht mehr hätte retten können, selbst wenn er unmittelbar nach der Bluttat vor Ort gewesen wäre. Die beigefügten Verletzungen wären einfach zu schlimm gewesen. Für das ungeborene Fohlen in ihrem Leib gab es leider ebenfalls keine Hoffnung mehr. Den massigen Pferdekörper auf einen eigens dafür angeforderten Pritschenwagen zu heben, erforderte jede Menge Muskelkraft. Diese traurige Arbeit verrichteten wir in bedrückendem Schweigen.

Nachtrag

An diesen Jahre zurückliegenden Einsatz musste ich denken, als in der Umgebung von Düsseldorf erneut mehrere ähnliche Fälle von Tierquälerei auftraten. Meist traf es Pferde oder andere Tiere, die die Nacht draußen auf der Weide oder in einer Koppel verbrachten.

Einige starben, andere wurden wie damals mit Schnitten arg verletzt oder verstümmelt.

Nach langer Zeit überführte die Justiz eine Jugendliche, von der in den Medien berichtet wurde, dass sie lediglich eine Bewährungsstrafe erhalten habe. Diese Jugendliche stand zwei Jahre später als Wiederholungstäterin wegen gleicher Vergehen erneut vor Gericht. Wie das Gericht diesmal urteilte, ist für dieses Buch nicht von Belang. Festzuhalten sei aber, dass Tiere vor dem Gesetz als Sache behandelt werden. Tierquälerei gilt demnach nur als Sachbeschädigung, entsprechend fallen diese Urteile auch nicht so aus, wie manche Tierfreunde (und nicht nur Tierfreunde) es sich wünschten.

S-BAHN, ICH HASSE DICH!

Mit öffentlichen Nahverkehrsmitteln meine damalige Feuerwache in Düsseldorf-Oberkassel von meinem Wohnort Ratingen aus zu erreichen, wäre zwar möglich, aber mit mehrmaligen Umsteigen ziemlich kompliziert und zeitaufwendig gewesen, weshalb ich dorthin lieber immer mit dem Auto gefahren war. Zuerst mit einem VW-Käfer, und später, nachdem das gute Stück durch einen selbst verschuldeten Unfall leider nur noch Schrottwert besaß, mit einem VW-Golf. Diesen Golf hatte ich auch noch, als ich an die Feuerwache 6 nach Düsseldorf-Garath versetzt wurde. Von da an fuhr ich meist nur noch an den Wochenenden mit dem Auto zur Wache. Unsere Wohnung befand sich nämlich im Stadtteil Hösel, der einen eigenen S-Bahnhof besaß. Die S6, die von Essen kam und im 20-Minuten-Takt fuhr, hielt dort und fuhr dann über Ratingen bis Düsseldorf Hauptbahnhof, dann weiter nach Köln. Optimal für mich, da die S6 auch in Garath Station machte, von wo meine jetzige Feuerwache nur drei Minuten zu Fuß entfernt lag.

Ich wohnte also mit meiner Frau in Hösel, dieser ehemals eigenständigen Gemeinde mit dörflichem Charakter, und, so konnte man es irgendwann in einer großen Boulevardzeitung lesen, dem Ort in NRW mit den meisten Millionären. Nicht dass jetzt jemand die falschen Schlüsse zieht, die Mehrzahl der damals circa 30.000 Einwohner waren immer noch Normalos, und einer von denen war auch ich, denn wenngleich das Gehalt eines Feuerwehrmannes auch recht ordentlich war, so konnte man davon auf keinen Fall Millionär werden. Während die Normalos in gewöhnlichen Wohnhäusern wohnten – wir hatten zum Beispiel eine Dachgeschosswohnung über der Konditorei Müller, dem Haus, in dem mein Schwiegervater als Konditormeister arbeitete –, »verschanzten« sich die Superreichen, die bei Müllers übrigens sehr gerne ihre Kuchen und Torten kauften, in Villen mit parkähnlichen Grundstücken von teils gigantischen Ausmaßen. In solche Villen, die es natürlich nicht nur in Hösel gab, kam man als Feuerwehrmann nur sehr selten. In die Wohnungen der Normalos wurde man hingegen fast täglich gerufen. An dem heutigen Tag sollte das jedoch anders sein. Überhaupt schien an diesem Donnerstag alles anders zu sein als sonst. Das begann schon, als ich früh am Morgen dick vermummt auf dem Bahnsteig stehend auf die S-Bahn wartete. Wir hatten Mitte Januar, und in der Nacht war Neuschnee gefallen. Nicht übermäßig viel, aber genug, um den Individualverkehr auf den spiegelglatt vereisten Straßen mächtig zu stressen. Wie gut, dachte ich mir noch, dass ich diese S-Bahn-Verbindung hatte und mich nicht wie die anderen im Schneckentempo durch den wetterbedingt schleppenden, frühmorgendlichen Verkehr quälen musste.

Nachdem die S-Bahn zu der fahrplanmäßig vorgegebenen Zeit jedoch nicht erschien und sich nach mehreren Minuten des ungeduldigen Wartens noch immer nicht blicken ließ, wurde ich zunehmend nervöser. Also wenn die jetzt nicht bald kommt, dann …

Da ertönte vom gegenüberliegenden Bahnsteig die Lautsprecherdurchsage: »Aufgrund einer technischen Störung fällt die S6 von Essen nach Düsseldorf leider aus.«

Na toll, das hieße also, entweder noch eine weitere viertel Stunde hier in der Kälte frieren und warten, bis der nächste Zug kommt, falls er überhaupt kommt, oder zurück nach Hause laufen und mit dem Wagen fahren. Eines war mir schon jetzt klar, egal wie ich mich auch entschied, ich würde auf jeden Fall zu spät kommen. Was also tun? Nach Hause gehen und mich mit dem Auto durch den dichten Verkehr quälen oder doch lieber warten? Und wenn die nächste Bahn auch ausfiele? Wäre schließlich nichts Ungewöhnliches, war alles schon vorgekommen. Andererseits, ob ich nun eine viertel oder eine halbe Stunde zu spät käme, zu spät war zu spät, da kam es auf die eine viertel Stunde mehr auch nicht an. Ich entschied mich daher für Warten und Frieren. Einige Fahrgäste, die zuvor hier ebenfalls gestanden hatten, hatten sich offensichtlich anders entschieden. So wartete ich hier nur noch mit einer Frau, die wie ich den Kragen ihres Mantels hochgeschlagen hatte sowie mit verschränkten Armen und von einem Fuß auf den anderen tretend gegen die Kälte ankämpfte. Auf der uns gegenüberliegenden Seite starteten zwei Taxen, die von dem Ausfall der Bahn profitierten. Ich schaute hinüber, die Frau auch, dann sahen wir uns an.

»Zu teuer«, sagte ich mit einem schiefen Lächeln.

»Für mich auch«, erwiderte die Frau, danach verfielen wir wieder in Schweigen. Zehn Minuten später kam die Bahn. Zwischen ihrem Stromabnehmer und der vereisten Oberleitung zuckten knisternd kleine weißblaue Blitze.

Auf der Fahrt saß ich wie auf heißen Kohlen, schaute immer wieder auf die Uhr. Mit etwas Glück könnte ich es noch schaffen. Ja, es könnte reichen, aber es würde verdammt eng werden. Wenn die Bahn doch nur ein wenig schneller fahren würde, nur ein ganz klein wenig. Aber die Bahn fuhr nicht schneller, und es gab einfach zu viele Haltestellen, an denen jetzt zu viele Menschen einstiegen. War ja auch kein Wunder, da die vorherige Bahn ausgefallen war. Ich sah erneut auf die Uhr, und mir war klar, das würde nicht mehr reichen, ich käme definitiv zu spät, und das nur, weil die bescheuerte S-Bahn wieder mal nicht pünktlich gekommen war. Während ich mich gedanklich in meinem nicht völlig grundlosen Groll über die Bahn hineinsteigerte, verringerte sich plötzlich die Geschwindigkeit, dann stoppte die Bahn kurz vor dem Hauptbahnhof auf freier Strecke. Oh nein! Auch das noch. Was war denn jetzt schon wieder los? Mein Frustpegel kletterte um einige weitere Prozentpunkte in die Höhe. Nach gefühlten zwanzig Minuten nervtötenden Wartens (es waren wahrscheinlich nur drei oder vier Minuten gewesen), in denen ich mich fragte, warum die (wer auch immer) nicht wenigstens eine erklärende Durchsage zu diesem außerplanmäßigen Halt machten, kam sie endlich, die Durchsage: »Verehrte Fahrgäste, aufgrund der Wetterlage gibt es leider einige verkehrsbedingte Störungen. Wir müssen deshalb einen anderen Zug vorfahren lassen und erreichen Düsseldorf Hauptbahnhof in wenigen Minuten. Vielen Dank für Ihr Verständnis.«

Na super. Hatte ich insgeheim noch einen Funken Hoffnung gehabt, meine Wache doch noch rechtzeitig zu erreichen, so war diese Hoffnung jetzt endgültig gestorben. Und was hieß hier »Vielen Dank für Ihr Verständnis«?

Ich habe kein Verständnis! Habe ich schon lange nicht mehr, da ihr mich schon zu oft hängen gelassen habt. Wie wurde uns Bahnreisenden doch erst letztens in den Medien bestätigt – die S6 sei von allen S-Bahnen in NRW die mit den häufigsten Ausfällen und den meisten Verspätungen. Wie wahr, wie wahr.

S-Bahn, ich hasse dich!

Okay, nicht immer, aber immer öfter.

KUCHEN FÜR ALLE

Bei Feuerwehrs zu spät kommen, hat nicht nur für den unangenehme Folgen, der bei der morgendlichen Wachablösung fehlt, es ist auch ärgerlich für den Kollegen, den man ablösen soll. Denn der würde seine 24-stündige Schicht gerne beenden, darf aber nicht, solange sein Ablöser noch nicht da ist. Im Klartext bedeutet das: Falls es alarmiert, muss er noch einmal mit rausfahren. Und genau das passierte an diesem Morgen.

Leicht gehetzt (ich hatte die Entfernung vom S-Bahnhof zur Feuerwache im verschärften Dauerlauf zurückgelegt) erschien ich im Büro des Dienstgruppenleiters.

»Tut mir leid«, erklärte ich mit einem zerknirschten Gesichtsausdruck, »aber die S-Bahn war wieder mal ausgefallen.«

»Interessiert mich nicht«, knurrte mein Chef, ohne von seinem Schreibtisch aufzusehen.

»Aber ich …«

»Ja?«, jetzt sah er mich doch an. »Was wolltest du sagen? Etwa, dass du doch nichts dafür kannst, hm?!«

»Na ja, schließlich …«

»Vergiss es«, sagte er unwirsch. »Du bist heute schon der Zweite, der mir mit der Bahn kommt, du und der Frank. Also ganz ehrlich … ich kann das schon nicht mehr hören. Und ich will es auch nicht. Verstanden?«

»Ja, aber wenn die Bahn doch …«

»Wenn die Bahn doch, wenn die Bahn doch! Mensch Martin, wenn die Bahn so unpünktlich ist, musst du eben eine früher fahren, kapiert?«

Ich nickte.

»So, und jetzt ab.«

Als ich das Büro fast verlassen hatte und schon die Türklinke in der Hand hielt, rief er mir schadenfroh hinterher: »Ach ja, und den Kuchen nicht vergessen!«

Nein, den Kuchen, den man als wachinterne Strafe der gesamten Mannschaft auszugeben hatte (im Sommer durfte es auch gerne Eis sein), hatte ich natürlich nicht vergessen, und wenn doch, so würde mich die Mannschaft mit hundertprozentiger Sicherheit nicht nur einmal daran erinnern. Kuchen für immerhin 19 Mann ausgeben konnte ganz schön ins Geld gehen, da sich die Kollegen nicht mit irgend so 'nem billigen Trockenkram abspeisen ließen. Und wenn Trockenkuchen, dann musste *der* mindestens vom richtigen Bäcker oder Konditor sein. Zulässig war aber auch ein selbst gebackener, vorausgesetzt er war so gut wie der von meiner Frau, die das Back-Gen von ihrem Vater (ich erinnere: dem Konditormeister) geerbt haben musste. Möglicherweise, und ich betone: möglicherweise, kam ich bei meinen (ehrlich!) wenigen Verspätungen auch nur so gut weg, weil die verfressene Bande nur zu gerne die Kuchen meiner Frau verputzte. Aber wie gesagt, das ist reine Spekulation, alles andere käme ja sonst auch beinahe einer Vorteilsnahme im Amt gleich.

Unser Löschgruppenfahrzeug, auf dem sich auch jener Kollege befand, den ich ablösen musste, kam kurz vor acht Uhr von seinem Einsatz zurück. Dumm war in diesem Fall, dass er einer Fahrgemeinschaft angehörte und die anderen beiden Kollegen wegen meiner Verspätung ebenfalls hatten warten müssen.

»Na gut, Männer, einverstanden«, stöhnte ich. »Meine Frau backt für eure Tour auch einen Kuchen.«

Die drei schamlosen Erpresser grinsten sich zufrieden an.

Nachtrag

Ich habe in meinem Vorwort zwar davon gesprochen, über meine psychisch belastenden Einsätze zu schreiben, also über die, über die ich bisher noch nie geschrieben habe, aber mal ehrlich: Wer will schon ein Buch lesen, in dem es nur um zerstückelte Leichen, um verbrannte und erhängte Menschen geht? Reicht es nicht, wenn wir Feuerwehrmänner so etwas live erleben müssen? Gut, ich hab's so angekündigt, aber jetzt, wo ich hier sitze und schreibe, fällt mir das doch viel schwerer als vermutet. Deshalb musste auch einfach Mal so 'ne Geschichte wie die mit den Kuchen rein. Im Übrigen hatte mir meine liebe Frau nicht nur Kuchen fürs Zuspätkommen gebacken, sondern sehr oft auch einfach nur so, weil wir Feuerwehrmänner nette Kerle und überaus dankbare Abnehmer waren und sie eben eine besonders begnadete Kuchenbäckerin.

190 DEZIBEL

Den ganzen Vormittag war es, bis auf den einen Einsatz, den ich wegen meines Zuspätkommens ja verpasst hatte, ruhig geblieben, und das trotz Schnee und vereister Straßen. Uns konnte das nur recht sein, denn bei den frostigen Temperaturen und zumal bei dem stürmischen Wind, der jetzt noch dazugekommen war, sind Außeneinsätze wahrlich kein Zuckerschlecken.

Nachdem wir, oh Wunder, sogar unsere heilige Mittagsruhe ohne Alarmunterbrechung genießen durften, flauten die stürmischen Winde ab. Dafür schneite es jetzt erneut aus den tief hängenden dunklen Wolken, die sie herangeführt hatten. Zehn Minuten darauf hieß es: Alle Mann raus und Schnee räumen. Mit Schiebern und Besen ausgestattet, rückten wir der weißen Pracht auf den Leib, wobei es schwerpunktmäßig darum ging, den Gehweg hinter und die Ausfahrten vor dem Wachgebäude frei zu machen.

Der Alarm erwischte uns mitten in einer wild um sich greifenden Schneeballschlacht. »Feuer einstellen! Feuer einstellen!«, brüllte unser Drehleiterführer, der heute Tagesdienst hatte und somit auch für die Einteilung der Arbeiten auf der Wache zuständig war.

Wenn es wie jetzt alarmierte, bedeutete das automatisch das Ende sämtlicher anderer Tätigkeiten, da ab sofort die bekannten neunzig Sekunden liefen. Ja, Sie haben richtig gelesen, es waren jetzt neunzig und nicht mehr nur sechzig. Aber das lag daran, dass wir inzwischen eine neue Schutzbekleidung erhalten hatten – die sogenannte HuPF-Bekleidung, eine nach der Europäischen Norm EN469. So etwas Gutes hatten wir vorher nie getragen – hatte es ja auch zuvor noch nicht gegeben. Der alte »Konfirmationsanzug« war also out, und die neue HuPF-Bekleidung, bestehend aus einer dicken Überhose mit Hosenträgern und Kniepolstern nebst einer dreiviertellangen Überjacke, alles in Feuerwehrblau, versteht sich, und mit diversen Reflexstreifen ausgestattet, war jetzt in. Und weil das Anziehen dieser dicken Schutzbekleidung wesentlich aufwendiger war als das unserer alten Uniform, hatte man uns von der Alarmierung bis zum Ausrücken dreißig Sekunden mehr, also neunzig Sekunden, zugestanden.

Den Namen des Kollegen, der mir, ich betone, nach dem Ruf unseres Tagesdienstes, das Feuer einzustellen, den hinterhältigen Schneeball in den Nacken geworfen hatte, werde ich hier nicht nennen. Man ist ja schließlich nicht nachtragend. Aber eine Sauerei war es trotzdem, zumal eine, die mir auf der Fahrt zur Einsatzstelle nasskalt den Rücken runterlief!

Unsere noch recht neue Feuerwache befand sich an der Frankfurter Straße, einer vierspurig ausgebauten Schnellstraße, die den ebenfalls noch recht jungen Stadtteil Garath mit dem »Rest« der Stadt verband. Garath selbst könnte man auch als eine Art Trabantenstadt bezeichnen, ein am Reißbrett entworfenes Viertel mit vielen Hochhäusern und ringförmigen Straßen, von denen etliche von der eben erwähnten Frankfurter abgingen und wieder in sie einmündeten – und wir saßen mittendrin, eingezwängt zwischen dieser Hauptverkehrsader und der hinter dem lang gestreckten Wachkomplex höher gelegenen zweigleisigen Bahndamm, jener Strecke, an der sich über einer Unterführung der S-Bahnhof erhob. Garath zählte beileibe nicht zu den exklusiven Stadtteilen, hier wohnte eher die arbeitende Bevölkerung, die sich die luxuriöseren Wohngegenden der Wohlhabenden nicht leisten konnte, wovon Düsseldorf einige aufzuweisen hatte. Umso erstaunter war ich, als wir unsere Einsatzstelle erreichten – eine prächtige Villa aus der Gründerzeit, am südlichen Stadtrand hinter hochstämmigen Buchen gelegen, von denen einige sicher schon an die zweihundert Jahre alt sein mochten. Obwohl ich mit dem RTW hier garantiert schon mehr als einmal vorbeigefahren war, war mir dieses Haus vorher nie aufgefallen. Vielleicht weil es, da ich erst in diesem Sommer hierher versetzt worden war, von dem dichten Grün der belaubten Bäume verdeckt wurde. Aber jetzt hatten wir Winter und die Bäume, deren Äste kahl in die Höhe ragten, gaben den Blick auf das repräsentative Gebäude frei.

Angeblich sollte hinter dem Haus ein Schuppen brennen, das Haus selber sei jedoch nicht betroffen. So oder so ähnlich hatte sich der Anrufer ausgedrückt, der den Notruf zu unserer Leitstelle auf der Hüttenstraße getätigt hatte. Der Mann hatte sich als Verwalter dieses Anwesens ausgegeben und gesagt, dass sich der Besitzer, ein Düsseldorfer Geschäftsmann, mit seiner Familie im Urlaub befände. Das Haus stünde deshalb momentan leer, er selbst würde uns aber vor der Einfahrt erwarten, um uns das Tor zu öffnen.

Da wir mit eingeschalteten Martinshörnern anrückten, konnte er uns schon frühzeitig hören. Als wir in die Straße einbogen, hatte er die beiden hohen Torflügel zur Einfahrt bereits geöffnet. »Sie müssen hinten ums Haus!«, rief er aufgeregt und winkte uns hektisch, durchzufahren. »Haben Sie verstanden? Ganz nach hinten durchfahren!«

»Alles klar«, signalisierte unser Einsatzleiter, der seine Seitenscheibe hinuntergekurbelt hatte und halb aus dem Fenster hing. »Und lassen Sie das Tor auf, falls noch weitere Einsatzkräfte kommen müssen!«

Ob der Mann das Tor wirklich offen ließ, konnten wir nicht mehr sehen, da wir bereits um die rechte Hausseite bogen, von wo wir einen ersten Blick auf die hintere Gebäudehälfte werfen konnten, zumindest diejenigen von uns, die in Fahrtrichtung saßen. Da ich heute im Angriffstrupp war, war ich einer von denen, die das, was die anderen schon sahen, noch nicht sehen konnten. Trotzdem wusste ich sofort Bescheid, da mein Gruppenführer soeben eine Rückmeldung an die Leitstelle funkte.

»Florian Düsseldorf für 6-46-1, kommen.«

»Hört, kommen.«

»6-46 und 6-44-1, Einsatzstelle an. Brennender Gartenschuppen, zwei Cäsar, zwei PA.«

Zwei Cäsar und zwei PA bedeuteten, dass wir zwei C-Rohre vornehmen sollten, wobei zwei Mann Pressluftatmer tragen würden. Diese zwei waren mein Kollege Bernd und ich, denn wie bei fast allen Brandeinsätzen zog sich der Angriffstrupp seine Atemschutzgeräte schon auf der Fahrt zur Einsatzstelle an. Dazu gehörte es auch, dass wir uns die schwarze, das gesamte Gesicht bedeckende Atemschutzmaske ebenfalls angezogen hatten, sodass wir, vorausgesetzt, die Einsatzstelle lag nicht zu nah, beim Eintreffen sofort einsatzbereit waren. Hier war das der Fall, und damit wir die Brandbekämpfung noch schneller aufnehmen konnten, befahl unser Gruppenführer: »Angriffstrupp, Schnellangriff vornehmen!«

Als Angriffstrupp sitzt man im Mannschaftsraum immer gegen die Fahrtrichtung und zwar auf den Plätzen rechts und links der Tür, sodass wir als Erste aussteigen konnten. Wir sprangen also aus dem Fahrzeug und eilten zu dem rechten hinteren Fach, wo sich die Schnellangriffseinrichtung mit dem flexiblen Hochdruckschlauch befindet. Der dreißig Meter lange formstabile Schlauch ist auf einer Haspel aufgerollt und besitzt eine ständige Verbindung zu der im Heck eingebauten Feuerwehrkreiselpumpe und ist mit dem angeschlossenen Hohlstrahlrohr auf jeder beliebig lang abgerollten Länge, sobald die Pumpe läuft, sofort einsatzbereit.

Ich schob das Rollo in die Höhe, und Bernd zog das Strahlrohr aus seiner Halterung. Dann liefen wir, den Schlauch hinter uns abrollend, auf den im Vollbrand stehenden Gartenschuppen zu. Der Schuppen war etwa dreimal so groß wie eine Garage. Er bestand vollständig aus Holz, von dem, so viel stand jetzt schon fest, nicht mehr viel übrig bleiben würde. Rund um den Schuppen war der Schnee auf einer Breite von mehreren Metern geschmolzen. Eine der Längswände hatten die Flammen bereits völlig zerstört, sodass wir in sein Inneres sehen konnten. Wirklich erkennen, was darin brannte, konnten wir jedoch nicht, dafür loderten die Flammen einfach noch zu mächtig, dennoch glaubte ich, neben Gartenmöbeln auch einen Strandkorb ausmachen zu können.

Stan, unser Maschinist, hatte inzwischen die Pumpe eingeschaltet. Bernd riss den Bügel des Hohlstrahlrohres nach hinten und richtete den breit gefächerten Sprühstrahl mitten in die bis unter die Decke schlagenden Flammen. Es zischte und prasselte, als das Wasser sein Ziel erreichte. Sofort bildeten sich Mengen an hellem Wasserdampf, die uns komplett die Sicht versperrten. »Schwenk auch mal zu den Seiten«, forderte ich ihn auf, als plötzlich jemand laut »Deckung! Gasflasche!« rief.

Jeder Feuerwehrmann ist gut beraten, auf diesen Warnruf sofort zu reagieren, denn wer das nicht tut, der tut danach im schlimmsten Fall überhaupt nichts mehr. Nur, wo sollten wir hier Deckung finden? Der Schuppen stand vollkommen frei, und es gab nichts, hinter dem wir uns in Sicherheit bringen konnten. Klar, wir hätten natürlich einfach wegrennen und das Strahlrohr fallen lassen können, aber möglicherweise war es dafür schon zu spät, also ließen wir uns kurzerhand auf die mit Schnee bedeckte Rasenfläche fallen. Dort lagen wir flach wie die Flundern und warteten mit angehaltenem Atem auf den großen Knall. Nachdem einige Sekunden verstrichen und nichts geschah, hob ich ein wenig den Kopf und schaute zu dem Schuppen, wo das Feuer munter weiterbrannte. Bernd stieß mich an.

»Was ist, Rückzug?«

»Nee, halt noch mal drauf.«

Aber ehe mein Kollege, der das Strahlrohr griffbereit neben sich liegen hatte, es erneut auf die lodernden Flammen richten konnte, gab es einen ohrenbetäubenden Knall. Erschreckt zuckten wir zusammen und pressten die Köpfe tief in den Schnee. Hatte der Holzschuppen vorher schon wie eine hell erleuchtete Fackel gebrannt, so verwandelte er sich in diesem Moment in einen gigantischen Feuerball. Wir lagen nur circa acht Meter entfernt am Boden, als die heiße Druckwelle über uns hinwegfegte. Im Nachhinein mag ich gar nicht daran denken, wie wir ausgesehen hätten, wenn wir immer noch die alte, völlig unzureichende Uniform getragen hätten! Aber so, mit der neuen Flammschutzhaube, dem dicht schließenden Hollandtuch über dem hochgeschlossenen Kragen, der eingebauten Hitzeschutzmembran und all dem textilen Hightech, die unsere neue HupF-Bekleidung zu bieten hatte, waren wir optimal geschützt. Angeblich sollte sie ja sogar einer kurzzeitigen Vollbeflammung standhalten, aber darauf hatten wir gerne verzichten können. Das, was gerade über uns hinweggefegt war, hatte uns vollkommen gereicht.

Der gigantische Feuerball hatte sich maximal ein, zwei Sekunden gehalten und war dann in sich zusammengefallen, der Gartenschuppen auch. Dem gewaltigen Druckgefäßzerknall der Propangasflasche hatte er nicht standhalten können, zumal seine Holzkonstruktion durch das Feuer schon schwer angegriffen war. Ich drehte meinen Kopf nach rechts, wo Bernd jetzt sein Strahlrohr auf den brennenden Berg aus Brettern richtete, auf den das mit Dachpfannen belegte Satteldach hinuntergekracht war. Von der ehemaligen Konstruktion standen nur noch die vier Stützbalken und der Türrahmen, alles andere war eingestürzt. Unweit neben uns sah ich den Teil eines Fensterrahmens im Schnee liegen, einige hölzerne Bruchstücke waren sogar noch weiter in den Garten geschleudert worden. Gut, dass wir uns sofort an den Boden geworfen hatten, denn wenn die uns getroffen hätten …

Bernd tobte sich mit dem Strahlrohr aus. Auf der anderen Seite sah ich durch den aufsteigenden Qualm zwei meiner Kollegen, die ebenfalls ihr Strahlrohr auf die brennenden Trümmer hielten. Im Gegensatz zu uns standen sie aufrecht. Egal, mir war immer noch nach liegen bleiben, und mein Angriffstruppmann schien Ähnliches zu denken, deshalb machte auch keiner von uns Anstalten, sich wieder zu erheben. Plötzlich stieß jemand mit dem Fuß gegen meinen Oberschenkel. Ich drehte das Gesicht zur Seite und sah zunächst nur zwei Hosenbeine – Feuerwehrhosenbeine. Als ich daran hochsah, erkannte ich unseren Gruppenführer, der neben mir stand und irgendetwas sagte, was ich aber nicht hören konnte, denn ich sah nur, wie sich seine Lippen bewegten.

»Was?« Aber selbst mein laut gerufenes *Was* konnte ich kaum hören. Nachdem der Gruppenführer weiter auf mich einredete, wovon ich immer noch nichts mitbekam, hob er resigniert die Arme.

»Ich hör nix!«, rief ich.

Da beugte er sich zu mir hinunter und rief mir ins Ohr. »Ihr könnt wieder aufstehen! Die Gefahr ist vorbei!«

Ah, wir sollten also wieder aufstehen. Na gut. »He, Bernd, hast du mitbekommen? Wir können wieder aufstehen.«

Bernd reagierte nicht, er durchwühlte den inzwischen nur noch kokelnden Bretterberg mit seinem Vollstrahl, und ich glaube, er hatte nicht einmal mitbekommen, dass unser Gruppenführer neben uns stand. Bestimmt war er von dem scharfen Knall noch genauso taub wie ich, deshalb stieß ich ihn jetzt ebenfalls, allerdings mit der Hand, an und forderte ihn mit einer eindeutigen Geste zum Aufstehen auf.

»Mitkommen!«, brüllte mir unser Gruppenführer ins Ohr. »Das Strahlrohr könnt ihr liegen lassen!«

»Alles klar, wir kommen!«, schrie ich in gleicher Lautstärke zurück. War wohl etwas zu laut, denn sofort wich er zurück, riss seine Augen weit auf und tippte in eindeutiger Geste mit dem Zeigefinger gegen die Stirn. »Mann, brüll mich nicht so an! Ich bin schließlich nicht taub, sondern du!«

Ja ja, verstanden. Ich nickte unschuldig und musste trotz meiner Taubheit grinsen, denn wann bekommt man als Feuerwehrmann schon mal die Gelegenheit, seinen Gruppenführer und Einsatzleiter so anzubrüllen?! Wohlgemerkt anzubrüllen, ohne Repressalien befürchten zu müssen. Wieso er uns übrigens von der Einsatzstelle abzog, ja sogar persönlich abholte, war mir in diesem Moment allerdings unklar. Immerhin brannte der Schuppen ja noch, auch wenn man von einem Schuppen jetzt nicht mehr sprechen konnte. Und dass wir, also Bernd und ich, nach dem Knall der Propangasflasche fast taub waren, hatte er ja auch nicht wissen können. Oder doch? Egal, auf jeden Fall tigerten wir jetzt im Gänsemarsch hinter ihm bis zu unserem Löschgruppenfahrzeug. Als er unserem Maschinisten etwas zurief, was ich natürlich wieder nicht verstehen konnte, drehte ich mich noch einmal um und sah, wie meine beiden anderen Kollegen mit ihrem Strahlrohr jetzt ganz dicht vor den nur noch schwach brennenden Resten des eingekrachten Schuppens standen. Okay, um das jetzt noch abzulöschen, dafür reichten tatsächlich zwei Mann, aber was hatte er mit uns vor?

Die Antwort erhielten wir, nachdem wir am LF zunächst unsere inzwischen abgezogenen Atemschutzmasken und Pressluftatmer ablegten und auf seinen erneuten Wink hin zu dem etwas weiter stehenden RTW folgten. Vor der geöffneten Schiebetür stand unser Kollege Udo, der bereitwillig einen Schritt zur Seite trat und uns mit einer einladenden Geste und breitem Grinsen zum Eintreten aufforderte. Seinen Lippen nach zu urteilen, formte er dazu einige Worte. Ich glaube, er sagte: »Bitte eintreten Jungs.«

»Was soll das?«, fragte ich, aber statt einer Antwort schob mich Udo einfach in den RTW und deutete auf den an der Wand montierten Sitz neben der Trage. Dann holte er Bernd ebenfalls herein und wies ihn an, sich auf die Patientenliege zu legen. Ich kann mich noch sehr gut an Bernds verdutzten Gesichtsausdruck erinnern, so nach dem Motto: Spinnst du? Ich bin doch nicht krank, Mann!

»Hinlegen!«, befahl Udo, wobei sein Grinsen noch breiter wurde. Bernd drehte sich Hilfe suchend nach unserem Gruppenführer um, aber von ihm war keine Hilfe zu erwarten. Im Gegenteil, unser Gruppenführer zeigte mit dem ausgestreckten Zeigefinger ebenfalls auf die Patientenliege. Bernds Widerstand war gebrochen. Mit einer Miene aus Ergebenheit und Resignation ließ er sich von Udo auf der Liege anschnallen. »Du auch!«, forderte der mich auf, was ich zwar wieder nicht verstand, aber weil er dabei auf den Sicherheitsgurt zeigte, war mir klar, was er wollte. Ich schnallte mich also an, und er setzte sich auf den am Kopfende der Patientenliege befindlichen Klappsitz, von wo er gegen die Scheibe zur Fahrerkabine klopfte. Dabei hob er den Daumen und rief vermutlich so was wie: »Kann losgehen!«

Nachdem er sich ebenfalls angegurtet hatte, setzte sich der RTW in Bewegung. Na toll, dachte ich, jetzt fahren die uns bestimmt ins Benrather. Als ob unser Gehör nicht von selbst wieder zurückkäme. Brauchte bestimmt nur ein wenig Zeit.

Aber damit lag ich völlig falsch. Erstens ging es nicht ins Benrather Krankenhaus, sondern zur HNO-Klinik in der Uni, und zweitens ist ein Knalltrauma, wie wir es erlitten hatten, keinesfalls auf die leichte Schulter zu nehmen. Hätte ich als ausgebildeter Rettungssanitäter eigentlich wissen müssen. Aber so ist das nun mal, als selbst Betroffener ist man ja bekanntlich oft betriebsblind. Von daher hatte unser Gruppenführer völlig richtig entschieden, uns zu einer gründlichen Untersuchung in die Uni zu schicken, wo uns ein Facharzt untersuchen würde.

Es blieb nicht bei der Untersuchung. Wir erhielten beide auch noch eine Infusion mit HAAES und Procain. Im Nachhinein muss ich zugeben, dass wir wieder mal verdammt viel Glück gehabt hatten. Ohne die schnelle Infusionstherapie kann ein Knalltrauma leicht zu Gehörverlust, Tinnitus und Schwindel mit Gleichgewichtsstörungen führen. Noch schlimmer ist es bei einem Explosionstrauma, weil dabei die Organe des Innenohrs unwiederbringlich geschädigt werden. Das war bei uns Gott sei Dank nicht der Fall, aber, und das war die weniger gute Nachricht – so ein Knalltrauma kann sechs Wochen anhalten.

Bis dahin waren wir krankgeschrieben, da ein Feuerwehrmann, dessen Gehör nicht einwandfrei funktioniert, nicht alarmdiensttauglich ist. Während dieser Zeit ging ich meiner Frau allerdings mächtig auf den Geist, wobei sie nicht die Einzige war, denn meine Nerven wurden schließlich ebenfalls strapaziert. Zum Beispiel nach dem Frühstück. Meine Frau rief aus der Küche:

»Schaaatz, ich gehe mal eben was einkaufen!«

»Was hast du gesagt?«

»ICH gehe einkaufen!«

»Ich verstehe dich nicht, red doch mal lauter!«

»ICH GEHE EINKAUFEN!«

»Schrei doch nicht so!«

»Rrrrrrrr!«

*

Oder beim Fernsehen. Ich habe die Fernbedienung, und sie sagt:

»Äh … muss das so laut sein?«

»Was hast du gesagt?«

»Ich sagte, MUSS DAS SO LAUT SEIN!«

»Ist doch nicht laut.«

»Neeeein, überhaupt nicht.«

»Was!?«

»Nix, vergiss es.« Sie steht auf.

»Was ist, gefällt dir der Film nicht?«

»Ach, ich gehe lieber ins Bett und lese ein Buch!«

»Was meinst du!?«

»ICH GEHE INS BETT UND LESE NOCH WAS!«

Hm … habe ich etwas was Falsches gesagt?

*

Und am nächsten Morgen. Sie fragt: »Sag mal, wie lange bist du eigentlich noch krankgeschrieben?«

»Hä!?«

»WIE LANGE DU NOCH KRANKGESCHRIEBEN BIST?«

»Wieso, nerve ich dich?«

»Neeeeein! Überhaupt nicht!«

»Was meintest du?«

»VERGISS ES. IST ALLES IN ORDNUNG!«

Hm … und wieso fragt sie mich dann?

EIN VERHÄNGNISVOLLER CONTAINERBRAND

Schlecht hören können ist nicht nur nervig, es ist, das können mir andere Betroffene sicherlich bestätigen, auch gefährlich. Wie sehr, das hatte ich beinahe am eigenen Leib zu spüren bekommen, nachdem ich einige Tage nach dem Ereignis zur Überprüfung meines Gehörs bei einem niedergelassenen HNO-Arzt vorstellig werden sollte. Die Diagnose nach dem ersten Besuch war niederschmetternd: »Tja, junger Mann, das kann dauern. Da hilft nur Geduld.«

Oh oh, Geduld, das war genau das, was ich nicht hatte. Heute stand also die zweite Kontrolluntersuchung an. Nach einer längeren Inspektion meiner Gehörgänge, die dem Mediziner eigentlich schon bestens vertraut sein mussten, und einigen mir schon vertrauten Tests fiel seine Prognose zu meiner Erleichterung diesmal positiv aus. Offensichtlich zufrieden, erklärte der Arzt mir, dass ich wohl noch einmal richtig Glück gehabt hätte, worauf ich ihm ein fragendes »Ah ja?« entgegnete.

»Allerdings«, nickte er. »Vereinfacht lautet meine Diagnose: Das wird wieder. Zumindest werden Sie keinen dauernden Schaden davontragen.«

»Puuh.« Ich atmete erleichtert aus. »Und wie lange dauert es, bis ich wieder vollständig hören kann?«

»Hmmmm«, brummte er und kratzte sich die grauen Stoppeln am Kinn seines Dreitagebarts. »Schwer zu sagen. Schwer zu sagen. Das hängt von, na ja … von verschiedenen Faktoren ab.«

»Und von welchen?«

»Tjaaa …« Weiteres Kratzen. »Wie gesagt, schwer zu sagen. Aber, und das sagte ich Ihnen ja bereits bei Ihrem ersten Besuch, Geduld müssen Sie schon noch aufbringen. Na, schau'n wir mal, wie es nächste Woche ist, dann sehen wir uns ja wieder.«

Mit einem neuen Termin in der Jackentasche und dem unbestimmten Gefühl im Kopf, dass dieser weitere Termin nicht der letzte sein würde, was meiner subjektiven und unmaßgeblichen Meinung mehr seinem als meinem Geldbeutel nützlich war, verließ ich die Praxis.

Als ich an der nächsten Kreuzung gedankenversunken die Straße überqueren wollte, passierte es. Ich überhörte ein schnell heran kommendes Motorrad. Nachdem das Gefährt nur wenige Zentimeter an meiner Nase vorüberschoss, zuckte ich erschreckt zusammen. Schätze, ich durfte meinem Schöpfer danken, dass da ein versierter Fahrer drauf gesessen hatte und kein blutiger Fahranfänger, denn der hätte wohl kaum einen so reaktionsschnellen Haken um mich geschlagen und mich vermutlich glatt über den Haufen gefahren.

Während ich noch mit einem mittelschweren neurogenen Schock auf der Fahrbahn verharrte, schrie hinter mir jemand: »Ey, du Spacko! Bisse lebensmüde oder wat!?«

Ich drehte mich um. Auf dem Gehweg stand ein junger Bursche, der mich ungläubig ansah. »Ja hallo! Wat kuckse so? Du ticks wohl nich janz richtig, wie!«

Verlegen setzte ich meinen Weg fort, ab jetzt aber mit erhöhter Aufmerksamkeit. Zu Hause erzählte ich meiner Frau von meinem Beinaheunfall nichts. Schien mir besser so, sonst hätte sie mir womöglich noch mit Hausarrest gedroht.

*

Mein nächster Besuch bei dem HNO-Arzt endete wie mein vorheriger. Ich müsse weiter Geduld haben. Hatte ich aber nicht, zumal ich fand, dass ich schon fast wieder normal hören konnte. Ich beschloss daher, mich selbst für gesund und somit arbeitsfähig zu erklären. Kaum zu Hause, rief ich auch schon auf der Wache an und verkündete vollmundig: »Bin wieder fit, Chef. Du kannst mich für die nächste Schicht wieder einteilen.«

»Schön zu hören, Martin. Aber ehe du hier erscheinst, musst du erst noch zum Gesundheitsamt und dich dem Amtsarzt vorstellen.«

»Äh … Amtsarzt, wieso? Ich komme doch gerade vom Arzt.«

»Spielt keine Rolle. So sind nun mal die Vorschriften. Schließlich war das ein Arbeitsunfall.«

»Ja, aber ich …«

»Mach den Termin, Martin. Und wenn der Amtsarzt dir die Tauglichkeit bescheinigt, ruf wieder an. Alles klar?«

»Hmmm.«

»Was sagtest du?«

»Jaaaa, alles klar. Mach ich.«

Einige Tage später wurde mir meine Alarmdiensttauglichkeit amtsärztlich bestätigt, und schon zur nächsten Schicht befand ich mich wieder auf meiner geliebten Feuerwache, worüber sich meine ebenfalls geliebte Frau mindestens so freute wie ich, wenngleich ihre Motivation eine völlig andere war. Endlich ging der nervige Mann wieder zur Arbeit. Aber das sagte sie mir natürlich nicht, zumindest nicht so drastisch, dafür war sie viel zu lieb.

*

Mein Kollege Bernd hatte übrigens schon zwei (!) Schichten vor mir seinen Dienst wieder aufgenommen. Nach der morgendlichen Überprüfung der Fahrzeuge sowie aller darauf befindlichen Geräte traf sich die gesamte Wachmannschaft wie gewöhnlich gegen neun Uhr zum gemeinschaftlichen Frühstück im Tagesraum. Bernd saß mir am Tisch gegenüber. Nachdem ich herzhaft in mein erstes Mettbrötchen biss, fragte ich ihn, mit vollen Backen kauend: »Sag mal, wie hast du *das* denn hinbekommen?«

»Was?«

Ich nahm einen Schluck Kaffee, natürlich einen mit viel Milch und Zucker, und würgte den Brocken hinunter. »Na, schon zwei Tage vor mir hier zu sein.«

Die Frage hätte ich besser nicht stellen sollen, denn prompt kamen von den anderen Tischen Antworten wie: »Tja, Junge, der Mann ist eben härter als du.« Oder: »Mach dir nix draus. Weicheier brauchen eben immer länger.« Bernd hingegen sah mich unschuldig an und zuckte mit den Schultern. Kollegen, ich hasse euch!

Etwas später wurde das Gespräch auf ein anderes Thema gelenkt.

»He Bernd, erzähl dem Martin doch mal, wo wir letzte Schicht waren!«

»Und«, fragte ich, »wo wart ihr?«

»Dreimal darfst du raten.«

»Na sag schon?«

»In der Villa«, betonte er

»Welche Villa?«

»Na, *die* Villa. Klingelt da nicht was bei dir?«

»Etwa die Villa, wo wir …?« Ich zeigte mit den Zeigefingern auf beide Ohren.

»Jau, genau die. Diesmal hat's im Keller gebrannt.«

»Hmmm …«

»Ist doch schon merkwürdig, findest du nicht? Erst fliegt uns dieser Gartenschuppen um die Ohren, und nur wenige Tage später brennt es dort im Keller.«

»Könnte aber auch Zufall sein.«

»Könnte, ja, glaube ich aber nicht«, sagte Bernd und betonte: »Ich vermute, da zündelt einer, und wer weiß …«

»Mensch Bernd, mal den Teufel nicht an die Wand«, unterbrach ich seinen Gedankengang. Mein Kollege wollte gerade etwas erwidern, da knackte der Lautsprecher. Sofort verstummten alle Gespräche. Der Vierfachgong ertönte – Feueralarm. Gespannt lauschten wir auf die Durchsage der Rettungsleitstelle.

»Einsatz für das TLF. Brennender Papiercontainer, Erich-Franken-Straße in Höhe 47.«

»Bhhh! 'n blöder Papiercontainer. Und ich hab noch nicht mal mein erstes Brötchen auf.«

»Komm trotzdem mit!«, rief Bernd, der aufgesprungen war und schon zur Tür lief. Klar kam ich mit, war ja schließlich mein Job, und außerdem … hatte ich mich nicht nach diesem Tag gesehnt? Dem Tag, an dem ich endlich wieder auf der Wache mit meinen Kameraden zusammen sein durfte, dem Tag, an dem ich wieder mit Blaulicht und Martinshorn in den Einsatz fuhr? Jaaa, schon, aber 'n blöder Papiercontainer? Also das war nun wirklich nicht meine Traumvorstellung von einem Einsatz.

Bernd erreichte die Fahrzeughalle einige Meter vor mir. Als ich die Leine zog, die das Rolltor für uns in die Höhe fahren ließ, startete er den Dieselmotor. Rasch schwang ich mich ebenfalls hinauf und ließ mich neben ihn auf den Beifahrersitz plumpsen.

»Was?«, fragte er.

»Wie, was?«, gab ich zurück.

»Du guckst so.«

»Wie gucke ich denn?«

»Na, irgendwie knatschig.«

»Ich bin nicht knatschig, ich finde es nur nicht gut, dass wir mit dem TLF zu 'nem Containerbrand fahren müssen. Mit dem LF und der gesamten Gruppe fände ich das besser.«

Bernd schaltete die Sondersignale ein und lenkte das Tanklöschfahrzeug aus der Fahrzeughalle. »Wieso?«

»Weil wir beide den allein nicht gekippt kriegen.«

»Aber nur falls er ganz voll ist.«

»Halb voll reicht auch.«

»Und wenn schon, dann lassen wir die anderen eben nachkommen.«

»Genau das meine ich. Besser wäre es doch gleich, mit dem LF zu fahren.«

»Oder erst gar nicht.«

»Was soll das denn?«

»Jaaa«, dehnte Bernd und überholte einen Taxifahrer, der im Gegensatz zu vielen anderen rechtzeitig auf unsere Sondersignale reagiert hatte und hart am Fahrbahnrand anhielt. »Na ja, ich hab irgendwie den Eindruck, du bist noch nicht richtig angekommen.«

»Hä?«

»Okay, angekommen schon, aber …«, er lachte, » zumindest zwei Tage später als ich.«

»Du Blödmann!« Aber dann sah ich seinen verschmitzten Gesichtsausdruck und musste selber lachen.

Bernd bog nach rechts in die Erich-Franken-Straße. Weit voraus sahen wir eine dunkle Rauchwolke in den frostigen Himmel steigen. Als wir näher kamen, unkte er: »Ohhh! Siehst du auch, was ich sehe? Ich glaube, du hast Glück. Wirst die Gruppe wohl tatsächlich nachfordern müssen.«

»Du meinst den Pkw?«

»Genau. Die Karre steht verdammt nah am Container. Wenn du mich fragst, etwas zu nah.«

»Stimmt. Gib Gas, Junge«

Bernd beschleunigte, musste aber direkt wieder hart abbremsen, weil ein Fahrradfahrer unbedingt vor uns abrupt die Fahrbahn überquerte. »Idiot!«, schrie Bernd und starrte dem leichtsinnigen Burschen wütend hinterher. Der schien mit seinem Kopfhörer auf den Ohren gar nicht mitbekommen zu haben, wie knapp er gerade einem Unfall entkommen war, und strampelte auf seinem Rad unbekümmert davon. Fünfzig Meter weiter erreichten wir die Einsatzstelle und sahen unsere Vermutung bestätigt. Ein schwarzer 7er-BMW parkte so dicht neben dem brennenden Container, dass der Lack auf der Fahrerseite aufgrund der Strahlungswärme schon Blasen bildete. Während ich die Leitstelle anfunkte, um die Gruppe zur Verstärkung nachzufordern, eilte Bernd zum Heck unseres TLF und startete die Feuerlöschkreiselpumpe.

»Martin! Beeil dich!«, hörte ich ihn rufen. »Der Wagen wird jeden Moment abfackeln!«

Ach du Scheiße! Mit einem Satz war ich aus dem Führerhaus und rannte zu dem Fach, hinter dem sich unsere Schnellangriffseinrichtung befand. Das Rollo hochschieben und den formstabilen Hochdruckschlauch mit dem angeschlossenen Hohlstrahlrohr greifen, war wie eine einzige fließende Bewegung. Da höchste Eile geboten war, rollte ich nur so viele Meter von der Haspel, dass es für den ersten Löschangriff reichte. Die Pumpe lief. Ich hatte auf Sprühstrahl gestellt und riss den Bügel des Hohlstrahlrohrs nach hinten. Der breit gefächerte Wasserstrahl klatschte gegen die Seitenwand des BMW. Zu spät. Sein Inneres war bereits vollständig mit dunklen Brandgasen gefüllt. Ich schwenkte zu dem Container. Aus dessen Einwurföffnungen wälzte sich dichter schwarzer Qualm, und gelbrote Flammen loderten auf. Auf der heißen Blechwand verdampfte das Löschwasser laut zischend zu hellem Wasserdampf, der sich mit dem Brandrauch sekundenschnell zu einer riesigen Wolke ausbreitete, die mir die Sicht raubte und mich, da ich kein Atemschutzgerät trug, zu einem größeren Abstand zwang. Als ich zwei, drei Meter zurückwich, zerbarst die Windschutzscheibe des Pkw mit einem lauten Knall und zerbröselte in Tausende kleiner Splitter. Für einen Moment wurde die Sicht auf den Wagen frei. Fauchend und zischend schlugen lange Flammen aus dem Fensterloch. Das Schicksal der teuren Nobelkarosse war besiegelt. Ich hielt wieder drauf, aber der Wagen stand bereits im Vollbrand und war somit unrettbar verloren.

»Du musst näher ran!«, rief mir Bernd zu.

Ich drehte mich kurz zu ihm. »Wie denn? Ohne PA auf dem Rücken. Ich bin doch nicht lebensmüde!«

Aufgrund des dichten schmutzig braunen Brandrauchs, der den Pkw und den Container jetzt wieder vollständig einhüllte, war ich sogar gezwungen, mich noch einige Meter weiter zurückzuziehen. Wäre ich an derselben Stelle stehen geblieben oder leichtsinnigerweise noch näher herangegangen, hätte ich mir mit Sicherheit nicht nur einige schmerzhafte Verbrühungen, sondern auch eine gefährliche Rauchgasvergiftung eingehandelt. Genau das ist der Grund, warum wir als Feuerwehr die Bevölkerung immer davor warnen, eigene, zum Teil lebensgefährliche Löschversuche zu unternehmen. Die traurige Statistik von etwa 600 Toten jährlich, wobei die meisten durch Rauchgasvergiftungen sterben, macht nur allzu deutlich, wie gefährlich Brandrauch sein kann. Ich war also gut beraten, meinen Sicherheitsabstand zu vergrößern.

»Soll *ich* mir 'nen PA anziehen?«, rief Bernd.

Ich schüttelte den Kopf. »Lohnt nicht mehr! Ich kann das Martinshorn unseres LF schon hören. Die Kollegen müssen jeden Moment hier sein!«

So war es. Und da sich der Angriffstrupp im Löschgruppenfahrzeug immer schon während der Anfahrt zur Einsatzstelle vollständig ausrüstet, würden gleich zwei unserer Kollegen unter Atemschutz die weiteren Löscharbeiten übernehmen. Das durchdringende Heulen ihrer eingeschalteten Martinshörner wurde lauter. Dann waren sie da. Der Maschinist lenkte das Löschfahrzeug noch an unserem TLF vorbei, dann verstummten die Martinshörner. Er stoppte und ließ nur noch die Blaulichter laufen. Ein Kollege vom Angriffstrupp kam sofort auf mich zugelaufen, übernahm mein Strahlrohr und rückte unter Atemschutz gesichert durch den dichten Qualm auf den brennenden Wagen vor. Der zweite Angriffstruppmann bekam den Schnellangriff des LF in die behandschuhten Hände gedrückt und nahm sich den brennenden Container vor.

»Wassertrupp! Hydrant anschließen! Schlauchtrupp! Ebenfalls PA anlegen und drittes C-Rohr vornehmen!«, hörte ich unseren DGL rufen. Ich ging zu ihm.

»Ah, da ist ja der Mann, der dieses kleine Feuerchen alleine nicht in den Griff bekommt«, empfing er mich grimmig.

»Äh … ja … also …«

»He, das war 'n Scherz, Martin.« Dann warf er einen kritischen Blick auf die Einsatzstelle, die unmittelbar an der viel befahrenen Straße lag, und sagte: »Schnapp dir mal die Verkehrsleitkegel und sicher uns lieber nach hinten ab. Schätze, wir werden hier noch etwas länger stehen.«

»Alles klar, Chef.«

Als ich mit den Verkehrsleitkegeln hinter unserem TLF erschien, hielt dort ein Polizeifahrzeug mit laufenden Blaulichtern. Die Beamten hatten ihr Fahrzeug in einigen Metern Entfernung so postiert, dass die rechte Fahrspur komplett gesperrt war.

»Soll ich trotzdem?«, fragte ich die beiden, die gerade ausstiegen.

»Auf jeden Fall. Es sei denn, ihr fahrt in den nächsten Minuten wieder weg.«

»Wohl kaum«, erwiderte ich, »diesmal hat nämlich nicht nur ein Papiercontainer gebrannt, sondern auch 'n 7er-BMW.« Ich stellte den ersten Verkehrsleitkegel neben die gestrichelte Linie der Überholspur.

»Oh, ein 7er. Kleiner ging's wohl nicht!«

Ich zuckte mit den Schultern. »Hat ein wenig zu dicht neben dem Container geparkt.«

»Tja, so was nennt man wohl Pech, würde ich sagen«, meinte der Ältere.

»Oder einfach nur dumm gelaufen«, sagte der Jüngere.

Mag sein, dachte ich und stellte die restlichen Verkehrsleitkegel in einem spitz zulaufenden Winkel zum Fahrbahnrand auf. Der vor mir ankommende Verkehr stockte bereits, da alle Autofahrer auf die einzig verbleibende linke Fahrspur wechseln mussten. Im Schneckentempo quälten sie sich an unserer Einsatzstelle vorbei. Bei Maßnahmen wie diesen sind Folgeunfälle mit Gaffern leider an der Tagesordnung, denn es gibt immer wieder Menschen, die ihr Augenmerk mehr auf den Unfall und unser Einsatzgeschehen richten, anstatt sich auf den Verkehr zu konzentrieren. Für uns als Einsatzkräfte heißt das: immer höllisch aufpassen, um nicht von einem unaufmerksamen Fahrer erfasst zu werden. Hier und heute galt das besonders für mich. Ich musste also hoch konzentriert sein und den Verkehr vor mir immer im Auge behalten. Das Gleiche gilt, wenn man später die Verkehrssicherungen wieder abbaut. Wer da nicht hundertprozentig auf sich achtgibt, landet schneller auf Wolke sieben, als ihm lieb ist. Besonders kritisch ist es auf Autobahnen und Schnellstraßen, wo Bleifuß und Rücksichtslosigkeit an der Tagesordnung sind. Jedenfalls kam ich unbeschadet wieder zurück und meldete mich erneut bei unserem DGL.

»Und, Absicherung fertig?«

»Ja.«

»Gut. Wir haben die Lage hier inzwischen unter Kontrolle und werden das ohne euch zu Ende bringen. Die Jungs sind schon bei den Nachlöscharbeiten. Ihr könnt mit dem TLF einrücken.«

»Und was ist mit unserem Schnellangriff?«

»Kannst du zurücknehmen. Wir haben zwei Rohre von unserem LF vorgenommen. Ich hab deinem Maschinisten übrigens schon Bescheid gegeben.«

»Alles klar. Dann sind wir also gleich weg.«

Ich ging zu Bernd, der die Feuerlöschkreiselpumpe schon ausgeschaltet hatte und bereit stand, den Schnellangriffsschlauch wieder aufzurollen. Als er mich kommen sah, rief er: »Wir sollen abbauen und wieder einrücken!«

»Hab's schon gehört«, entgegnete ich und half ihm bei der Arbeit.

Ich hatte das Rollo gerade wieder zugezogen und wollte schon in die Fahrerkabine steigen, da kam unser DGL angelaufen und hielt mich am Arm zurück. »Tut mir leid, Martin, aber ihr müsst doch noch bleiben.«

»Ah, wie das?«

» Es hat sich eine neue Situation ergeben«, betonte er, wobei sein Gesicht nichts Gutes versprach. »Am besten, ihr kommt beide mal mit.« Ohne ein weiteres Wort drehte er sich um und ging los. Wortlos folgten wir ihm und sahen uns verwundert an, dabei hätte ich nur zu gerne erfahren, was genau er meinte mit – es habe sich eine neue Situation ergeben.

Der inzwischen umgekippte und abgelöschte Papiercontainer, dessen kokelnden Inhalt unsere Kollegen mit Dungharken auseinanderzogen, um auch noch die letzten Glutnester abzulöschen, konnte ja wohl kaum der Anlass sein. Blieb also nur der BMW. Aber was sollte es damit auf sich haben? Ich war mir jedenfalls keines Fehlers bewusst. Ich wurde leicht nervös. Wir hatten schließlich alles richtig gemacht, oder etwa nicht? Bestimmt ging es ja auch um etwas ganz anderes, versuchte ich mich zu beruhigen, aber um was? Was auch immer es war, wir würden es gleich erfahren.

Der DGL hielt direkt auf den BMW zu. Von der einzigen Nobelkarosse war nicht mehr viel übrig geblieben. Der ehemals schwarze Metalliclack war bis auf wenige kleine Areale fast vollständig verbrannt, Windschutzscheibe und Seitenscheiben waren zerborsten, das Armaturenbrett weggeschmolzen und die superbreiten Niederquerschnittsreifen waren jetzt noch niedriger. Der ausgebrannte Wagen dampfte immer noch, obwohl das Feuer gelöscht war. Alle vier Türen standen offen, ebenso die Motorhaube und der Kofferraumdeckel. Neben der hinteren Tür auf der Fahrerseite stand der jüngere der beiden Polizisten, mit denen ich gesprochen hatte, als ich die Verkehrsleitkegel aufstellte.

»Ist er das?«, fragte er und zeigte auf Bernd.

»Nein, der andere«, antwortete mein DGL und wies auf mich. »Das ist der Mann, der als Erster am Wagen war.« Dabei wandte er sich mir zu und fragte: »War doch so, oder?«

»Ja, das stimmt«, bestätigte ich, immer noch nicht wissend, um was es hier überhaupt ging.

»Okay«, sagte der Polizist. »Dann habe ich zunächst nur eine Frage: War diese Tür zu oder auf, als Sie hier ankamen?«

»Wie, zu oder auf? Ich verstehe die Frage nicht.«

»Na, war sie verschlossen oder …?«

»Phhh!« Ich stieß geräuschvoll die Luft aus. »Keine Ahnung. Wie soll ich das wissen? Ich bin ja gar nicht bis an den Wagen herangekommen.«

»Moment, Moment«, warf der Polizist ein. »Ich denke, *Sie* haben den Wagen gelöscht. Dann müssen Sie doch auch hier hineingesehen haben.«

»Eben nicht.«

»Wie, eben nicht?«

»Weil ich ohne einen PA nicht nah genug an den Wagen herankommen konnte, deshalb«, sagte ich etwas ungehalten.

»PA? Was ist das?«

»So nennen wir unsere Atemschutzgeräte«, erklärte Bernd an meiner Stelle, und unser DGL ergänzte: »PA ist das Kürzel für Pressluftatmer.«

»Ah, ich verstehe. Sie konnten also nicht näher an den Wagen, weil er bereits zu heftig brannte, richtig?«

»Ja genau. Aber könnte mir vielleicht jemand auch einmal sagen, um was es hier überhaupt geht? War da etwa 'n Koffer voll Geld drin, der jetzt verschwunden ist, oder was?«, sagte ich gereizt.

»Ganz ruhig, Kollege«, beschwichtigte der Polizist, der merkte, dass ich keineswegs ruhig war. »Ich hab nur eine einfache Frage gestellt und wollte auch nur eine ganz einfache Antwort.«

»Ich auch. Ich möchte auch nur eine ganz einfache Antwort.«

Mein DGL fasste mich am Arm.

»Was!?«, fuhr ich ihn an. »Das darf ich doch wohl noch erfahren. Oder ist das etwa zu viel verlangt?«

»Jetzt komm mal wieder runter. Du hast nichts verkehrt gemacht, und dir macht hier auch niemand einen Vorwurf.«

»Hört sich aber nicht so an.«

Er schob mich vor die hintere Seitentür, sodass ich in den Wagen hineinsehen konnte. »Dann guck mal da hinten rein. Aber nichts anfassen.«

Auf der Rückbank, deren Polsterung fast vollständig verbrannt war, lag die verkohlte Leiche eines Kindes. Bei ihrem Anblick zuckte ich unwillkürlich zusammen. Ein paar Sekunden hielt ich meine Augen auf den grausigen Fund gerichtet, dann drehte ich mich wie in Zeitlupe um und sah meinem DGL entsetzt an.

»Und du hast vorher wirklich nichts bemerkt?«

Ich schüttelte stumm den Kopf.

»Auch nichts gehört? Keinen Hilferuf, kein winkendes Händchen? Nein … nichts?«

»Chef, bei allem, was mir heilig ist, ich habe nichts bemerkt, absolut nicht. Weder gesehen noch gehört. Glaub mir, wenn ich auch nur geahnt hätte, dass da drin noch ein Kind …« Ich fühlte mich wie betäubt. Ein Kind … elendig verbrannt, und ich war nur wenige Meter entfernt gewesen. Vielleicht hätte ich es retten können. Es schnürte mir fast die Kehle zu. – »Ich hätte doch alles riskiert«, hörte ich mich sagen, »verstehst du … alles.«

»Ist schon okay.« Er legte einen Arm auf meine Schulter und zog mich zur Seite. Bernd folgte tief betroffen.

»Aber Ihr Mann bleibt bitte noch so lange hier, bis die Kripo hier eintrifft!«, rief der Polizist.

»Ja ja!«

Der DGL hatte immer noch den Arm auf meiner Schulter und winkte mit der freien Hand ab. »So, ihr beide setzt euch jetzt ins LF und wartet da, bis die Kripo hier ist.«

»Und was ist mit unserem TLF?«

»Das lasse ich durch zwei andere Kollegen besetzen. Ihr seid ab jetzt mit auf dem LF. Alles klar so weit?«

Ich atmete tief durch. »Ja sicher, alles klar.«

»Gut«, sagte er, und bevor er wieder ging, sagte er auch noch: »Und nachher auf der Wache reden wir darüber, verstanden?«

»Brauchen wir nicht. Ich komme schon klar.«

»Ja ja. Das sagt ihr alle, aber reden werden wir später trotzdem. Jetzt lasse ich erst mal den B-Dienst kommen, und dann sehen wir weiter.«

*

Die Beamten von der Kripo waren sehr kompetent, und die Fragen, die sie im Beisein des B-Dienstes an uns richteten, enthielten nicht den leisesten Unterton eines Vorwurfs bezüglich unserer

Vorgehensweise. Dennoch nagten die Vorwürfe in mir. Schmerz und Trauer über den tragischen Tod dieses Kindes beherrschten meine Gefühle, und wenngleich mir mein Verstand und meine Logik (und später auch die meiner Kollegen) sagten, keinen Fehler begangen zu haben, quälte mich den ganzen Tag der Gedanke, was gewesen wäre, wenn ich etwas mehr riskiert hätte. Hätte ich dann vielleicht ein Leben retten können? Hätte ... hätte! Zwei Tage ging das so, zwei Tage, in denen sich der grausige Anblick der verkohlten Kinderleiche tief in mein Gehirn eingebrannt hatte. Dann kam die erlösende Nachricht von der Branddirektion: Bei der Obduktion in der Rechtsmedizin war festgestellt worden, dass das Kind (es handelte sich um ein Mädchen) keinerlei Brandrauch in seinen Lungen hatte. Es war laut Obduktionsbericht also nicht im Brandrauch erstickt, sondern war bereits vorher tot gewesen. Höchstwahrscheinlich war sie erdrosselt worden, wie ihr eingedrückter Kehlkopf schließen ließ. Das etwa neunjährige Mädchen war also Opfer eines Gewaltverbrechens, eines, über dessen Ursache ich jedoch nie etwas erfahren hatte. Geblieben sind mir lediglich die schlimmen Erinnerungen und ein grausiges Bild, das ich wohl nie mehr vergessen werde.

»HAMSE MA 'N EURO?«

Einige Monate waren vergangen, und das Thermometer zeigte ungewöhnlich hohe, fast schon sommerliche Temperaturen, obwohl wir erst Frühlingsanfang hatten. Während es vornehmlich älteren Menschen schwerfiel, sich den rasant veränderten Wetterverhältnissen anzupassen, sie hüllten sich weiterhin in wollene Schals und dicke Wintermäntel, trugen andere bereits Sandalen und leichte Sommerkleidung. Und statt monatelangen Schneematschs mit vereisten Straßen und die Umwelt verpestenden Autoschlangen bildeten sich nun Menschenschlangen vor wieder geöffneten Eisdielen, an denen Sonnenhungrige für Eis im Becher oder im Waffelhörnchen anstanden. Natürlich hatten auch die Supermärkte und Discounter der veränderten Wetterlage entsprechend reagiert und ihre Kühlregale mit diversen Vorräten an Speiseeis aufgefüllt. Ein Discounter im Süden, der zum Einzugsgebiet unserer Feuerwache gehörte, bildete da keine Ausnahme. Dort ereignete sich an diesem warmen Frühlingstag ein Verbrechen, das sich ziemlich genau so abgespielt haben musste.

Eine der Kundinnen, die in diesem Discounter einkaufte, war Gabriele Rodenbach. Die preisgünstigen 1-Liter-Container mit Erdbeere, Vanille und Schokolade waren der Renner und nicht nur die Lieblingssorten ihrer Kinder, sondern auch ihre eigenen. Die dreifache Mutter hatte gleich mehrmals zugegriffen. Nachdem sie ihren umfangreichen Kauf an der Kasse bezahlt hatte, schob sie ihren Einkaufswagen über den Parkplatz, wo sich ihr Pkw zwischen vielen anderen auf einer der markierten Stellflächen in der stechenden Sonne schon ziemlich aufgeheizt hatte.

Gut, dass sie eine Kühltasche mitgenommen hatte, denn das Eis würde in ihrem aufgeheizten Wagen sonst sicherlich sehr schnell schmelzen. Aber auch mit Kühltasche drängte es sie, zügig nach Hause zu kommen. Aus diesem Grund war es ihr gar nicht recht, als sie von einem Mann angesprochen wurde, dessen Äußeres nicht gerade vertrauenswürdig aussah.

»Tach, junge Frau«, sprach er sie plump an. »Hamse ma 'n Euro?«

Gabriele schüttelte den Kopf. »Tut mir leid, aber ich habe es gerade sehr eilig.« Sie versuchte, an dem Mann vorbeizukommen, aber der versperrte ihr frech den Weg und hielt ihren Einkaufswagen fest.

»Ach komm, Schätzchen«, grinste er, »'n Euro wirst du doch noch bestimmt übrig haben.« Sein Grinsen und der Ton seiner Stimme hatten etwas Bedrohliches und wiesen nicht die geringste Spur von Freundlichkeit auf. Gabriele nahm all ihren Mut zusammen und forderte den Mann auf, den Einkaufswagen loszulassen, dabei spürte sie, wie ihre eigene Stimme zitterte.

»Weißt du was, Schätzchen, ich komme einfach mit zu deinem Auto, und dann kannse mir ja die Einkaufskarre geben. Da is doch 'n Euro drin, oder hasse etwa nur so'n blöden Plastikchip da reingesteckt?«

Gabriele überkam es siedend heiß. Ängstlich sah sie sich nach anderen Kunden um, die ihr vielleicht zu Hilfe kommen könnten, aber bis auf eine alte Frau, die nur wenige Waren in ihrem Rollator vor sich her schob, war in diesem Moment niemand zu sehen. Der freche junge Mann schien das ebenfalls bemerkt zu haben und wurde fordernder. Lüstern starrte er auf den Ausschnitt ihres Sommerkleids, unter dessen dünnem Stoff sich ihre Brüste abzeichneten. »Ohhh, ich sehe da gerade was, was mir viel mehr als dein blöder Euro gefallen würde. Was meinst du, sollen wir beide nicht ein wenig Spaß miteinander haben?« Ehe Gabriele es verhindern konnte, wurde sie von ihm gepackt und herumgerissen. Während er einen Arm brutal um ihren Hals legte und sie festhielt, fuhr seine andere Hand schamlos in ihren Ausschnitt und grapschte nach ihren Brüsten. Als Gabriele vor Angst aufschrie, drückte der Mann den Arm fester um ihren Hals. Wie durch einen Nebelschleier glaubte sie, vor sich einige Menschen zu erkennen, und würgte einen heiseren Schrei aus ihrer zusammengepressten Kehle. Sofort verstärkte der Mann den Druck, und Gabrieles verzweifelter Hilferuf erstickte in einem gurgelnden Geräusch. Für einen Moment verlor sie das Bewusstsein, und ihr knickten die Beine weg. Als sie die Augen wieder aufschlug, lag sie zwischen parkenden Autos am Boden. Der Mann kniete auf ihr, sein unrasiertes Gesicht ganz dicht über dem ihren. Gabriele roch seinen nach Bier und Zigaretten stinkenden Atem und spürte Todesangst.

»Du dreckige kleine Nutte«, zischte der Mann. »Denkst wohl, du bist was Besseres, wie?«

Gabriele wollte wieder schreien, aber die Angst schnürte ihr die Kehle zu. Der Mann griff hinter sich und schob seine Hand zwischen ihre Schenkel. Gabriele bäumte sich verzweifelt auf. »Vergiss es, Schätzchen«, grinste er böse. Dann hatte er in der anderen Hand plötzlich ein Messer. Der erste Stich brannte wie Feuer und traf sie mitten ins Leben, die weiteren spürte sie schon kaum mehr.

Das diese grausam brutale Tat auf diesem stark frequentierten Parkplatz fast unbemerkt geschehen konnte ist keine Seltenheit in unserer heutigen Zeit, in der zu viele Menschen bewusst wegsehen und sich nur wenige, in für ihre Mitmenschen bedrohlichen Situationen, einmischen. Die Gründe dafür sind vielfältig. Einer liegt in der Anonymität unserer Massengesellschaft, aber auch in der (leider nicht unbegründeten) Angst selber beim Einmischen und Helfen Schaden nehmen zu können.

*

»Und bringt von jeder Sorte drei Container mit.«

»Geht klar«, nickte ich. »Also drei Mal Vanille, drei Mal Schoko und drei Mal Erdbeere.«

»Und das Lutscheis nicht vergessen.«

»Lutscheis nicht vergessen, geht klar. Was ist mit Geld?«

»Hab ich dem Wolle schon gegeben«, sagte unser Küchenchef und drängte endlich loszufahren. Kurz darauf verließen wir mit unserem VW-Bus die Feuerwache und steuerten den Parkplatz des Discounters an. Offiziell waren solche Einkaufsfahrten zwar nicht, aber unsere Direktion drückte da schon mal ein Auge zu. Schließlich wusste man ja, dass alle Feuerwachen Selbstversorger waren, und wenn man während seiner 24-Stunden-Schicht etwas zu beißen haben wollte, musste man notgedrungen irgendwann auch einmal einkaufen. Natürlich durfte der Alarmbetrieb darunter nicht leiden. Das war auch der Grund, weshalb Wolle weit vorfuhr und in der Nähe des Eingangs stoppte.

»Äh … das Schild da?« Ich deutete auf ein Schild mit der Aufschrift »Feuerwehr Bewegungszone – Parken verboten«.

»Na und? Sind wir doch, oder?«

Stimmt.

»Mach trotzdem schnell«, sagte ich.

»Ich versuch's, aber mich an der Kasse vordrängeln werde ich nicht. Und wenn was kommt, schalt kurz die Blaulichter ein, das kann ich von drinnen aus sehen.«

»Geht klar.«

Wolle zog also ab, und ich blieb im Wagen und überwachte den Funk. Falls jetzt etwas kommen sollte, zudem unsere Wache alarmiert würde, bei dem wir dringend gebraucht würden, müssten wir unseren Einkauf sofort abbrechen und von hier zur Einsatzstelle fahren.

So etwas ist keine Seltenheit und schon mehrmals vorgekommen. Aus diesem Grund mussten wir auch immer unsere gesamte persönliche Schutzausrüstung mitschleppen. Wobei schleppen … na ja, unsere dicken Einsatzklamotten wie Jacken, Hosen, Stiefel, Helme und Handschuhe lagen hinter mir im Geräteraum. Aufgrund der hohen Temperaturen trugen wir nur die sogenannte HuPF-Bekleidung leicht, also eine dünne Hose, Polohemd und Halbschuhe. Im Einsatz werden die dicken Sachen einfach darüber getragen. Ich hoffte natürlich, dass es dazu, zumindest in der nächsten halben Stunde, nicht kommen würde, und sah durch die riesigen Scheiben des Discounters, wie mein Kollege Wolle mit seinem Einkaufswagen zügig durch die parallel verlaufenden Gänge eilte. Etwas später erschien er an Kasse 3 und hatte Glück. Zwei Frauen ließen ihn vor. Manchmal ist es eben von Vorteil, bei der Feuerwehr zu sein.

Wolle kam. Ich war ausgestiegen und hatte die seitliche Schiebetür schon geöffnet.

»Und, alles bekommen?«

»Klar.«

Nachdem wir die Kartons mit den Waren und die Kühltaschen mit den Eiscontainern in unseren Kombi gestellt hatten, setzte er sich hinters Steuer, und ich schob mit dem Einkaufswagen ab.

»Kannst schon mal starten!«, rief ich. »Ich hol uns nur den Euro zurück.«

»Den bekomme ich aber. War nämlich meiner.«

»Ach … deiner«, lachte ich. »Na dann. Und ich wollte damit schon nach Südamerika durchbrennen.«

*

Wolle lenkte den Kombi im Schritttempo über den Parkplatz in Richtung Straße. Wir hatten die Ausfahrt schon fast erreicht, da glaubte ich zwischen den parkenden Fahrzeugen eine Person am Boden liegen gesehen zu haben.

»Halt mal an!«, rief ich. »Ich glaube, da hinten lag jemand.«

»Wo?«

»Hinten rechts zwischen den parkenden Autos.«

»Echt?«

»Jaaa. Jetzt halt schon an.«

Wolle stoppte, und ich lief die wenigen Meter zurück zu der Reihe, wo ich die Person gesehen zu haben glaubte. Als ich neben ihr stand, stockte mir der Atem. Die Frau war tot, das konnte ich sofort erkennen, dazu musste ich nicht erst ihre Vitalfunktionen überprüfen. Dennoch bückte ich mich zu ihr und legte meine Finger an die Stelle, wo gewöhnlich der Halspuls der Karotisschlagader zu ertasten ist. Nichts. Die weit geöffneten Augen der Toten blickten starr ohne jegliches Leben. Dass diese Frau keines natürlichen Todes gestorben war, sondern dass hier ein Gewaltverbrechen vorlag, war offensichtlich. Im Halsbereich und im Bauchraum wies ihr Körper mehrere Messerstiche auf. Vermutlich waren dabei innere Organe so massiv verletzt worden, dass sie daran innerlich verblutet war. Um sie herum hatte sich eine riesige Blutlache gebildet. Möglicherweise war sie sexuell missbraucht worden, denn ihr dünnes Sommerkleid war hochgeschoben und zerrissen.

Ich hatte in meinen Jahren bei der Feuerwehr schon einige Leichen gesehen, aber das hier war irgendwie anders. Das hier war ein Tatort, an dem ein Mord geschehen war, und zwar einer, der noch nicht lange her sein konnte, denn der Körper der Frau war noch warm, und ihr ausgetretenes Blut war noch nicht geronnen. Ich war zutiefst erschüttert, hatte mich aber schnell wieder im Griff. War der Mörder möglicherweise noch in der Nähe? Ich richtete mich auf und schaute zu den umliegenden Fahrzeugen, konnte aber niemand Verdächtigen sehen. In dem Moment kam Wolle angelaufen.

»Ach du Scheiße! Notarzt oder …?«

Ich schüttelte den Kopf. »Besser den Polizeiarzt und die Kripo. Machst du das? Ich bleibe so lange hier und passe auf, dass hier niemand durchläuft und noch irgendwelche Spuren zertrampelt.«

»Okay. Ich gebe der Leitstelle Bescheid und komm dann wieder zu dir.«

Wolle rannte los.

»Und bring Flatterband mit!«, rief ich ihm nach. Er hob zustimmend die Hand.

Zwei Minuten später kam er zurück – mit dem Flatterband. Auf unserem steht zwar nicht »Polizei«, sondern »Feuerwehr«, und es ist auch nicht blau-weiß sondern rot-weiß, aber das war jetzt nicht von Bedeutung. Wichtig war mir nur, dass wir den Tatort damit großzügig eingrenzen und absperren konnten – eine Maßnahme, für die uns die Beamten der Kripo später ausdrücklich lobten. »Sehr umsichtig Männer. Ihr seht bestimmt sonntags den Tatort, wie?«

Bevor es hier vor Polizei nur so wimmelte, kam zunächst eine Kundin aus dem Discounter, die vermutlich ihren Wagen hier stehen hatten. Als sie die Tote in ihrem Blut liegen sah, ließ sie vor Schreck ihren gut gefüllten Einkaufswagen stehen und rannte laut schreiend davon. Obwohl ich als Feuerwehrmann schon oft erlebt hatte wie merkwürdig manche Menschen in Situationen reagieren nachdem sie Schreckliches gesehen hatten, sah ich der Frau kopfschüttelnd hinterher. Wolle folgte ihr und nahm den Einkaufswagen mit. Etwas später kam er ohne die Frau und ohne den Einkaufswagen zurück.

»Und?«

Er zuckte mit den Schultern. »Keine Ahnung. Ich hab die Frau verloren. Mit der Einkaufskarre konnte ich ihr nicht so schnell folgen, und dann hab ich die irgendwann nicht mehr sehen können.«

»Und der Einkaufswagen?«

Den hab ich drinnen an einer der Kassen abgegeben und gesagt, die sollen uns den Filialleiter herausschicken. War doch richtig so, oder?«

»Ich denk schon.«

»Und jetzt?«

»Wir warten. Schätze, dass die Polizei jeden Moment kommen wird.«

»Hoffentlich.«

»Ich schlage vor, du setzt dich wieder in den Wagen und bleibst am Funk.«

»Und du?«

»Ich bleibe hier.«

»Ich kann aber auch.«

Ich schüttelte den Kopf. »Nee, geh ruhig. Nicht dass die uns anfunken und wir noch einen Einsatz verpassen.«

Wolle ging und ich war wieder mit der Toten alleine. Komisch, dachte ich mir, da steht der halbe Parkplatz voller Autos, aber in unserer Ecke war kaum jemand zu sehen. Niemand kommt hierher. Na ja, bis auf die hysterische Tante von vorhin. Aber eigentlich konnte mir das nur lieb sein, denn wer weiß mit welchen Problemen ich sonst zu kämpfen gehabt hätte, wenn diejenigen von ihren Einkäufen zurückkehrten, die genau hier ihren Autos stehen hatten.

So kreisten meine Gedanken um die Ermordete. Ob sie wohl gerade aus ihrem Wagen ausgestiegen war, als ihr Mörder sie erstochen hatte? Wahrscheinlich, denn einen Einkaufswagen sah ich hier nirgends.

Während mir all diese Gedanken durch den Kopf gingen, traf der erste Streifenwagen ein. Kurz danach folgten weitere Polizisten. Allen mussten wir zahllose Fragen beantworten. Irgendwann hatte ich nur noch den Wunsch, diesen grauenvollen Ort hinter mir zu lassen und endlich zur Wache fahren zu dürfen, aber dem war nicht so. Im Gegenteil, ich hatte den Eindruck, als würde man uns hier noch verdammt lange festhalten. Wolle ging es genauso. Er stieß mich an und flüsterte: »Wenn wir hier noch länger stehen, war's das wohl mit unserem Eis.«

Unser Eis. Mist. Daran hatte ich gar nicht mehr gedacht. Jetzt nachdem mich Wolle darauf aufmerksam machte aber schon. Und ich glaube, wir waren beide froh, unsere bedrückenden Gedanken auf das völlig unbedeutende Eis ablenken zu können.

»Vielleicht sollte ich die Leitstelle anfunken, dass die uns den C-Dienst schicken.«

»Oder noch besser gleich den B-Dienst«, schlug ich vor.

»Meinetwegen auch den. Also, was ist, soll ich?«

»Ja mach.«

∗

Der B-Dienst, ein Beamter des gehobenen feuerwehrtechnischen Dienstes, kam von der Hauptwache. Es genügten einige freundlich geführte Gespräche auf höherer Ebene, verbunden mit dem Hinweis, dass wir für die Beantwortung weiterer Fragen auf der Wache zur Verfügung stünden, aber für speziellere Auskünfte unter Umständen zunächst eine Aussagegenehmigung unserer Dienststelle benötigten. Dann durften wir zurück zur Wache fahren. Dort angekommen, wurden wir schon sehnsüchtig von unserem Küchenchef erwartet.

»Habt ihr das Eis?«

»Ja, ist hinten bei den anderen Sachen.«

Als er die Schiebetür aufzog, schlug ihm stickig warme Luft entgegen. Er stöhnte auf. »Na, hoffentlich ist da drin nicht schon alles geschmolzen.«

»Da können wir aber dann nix für«, verteidigte sich Wolle. »Ist nicht unsere Schuld.«

»Nein, natürlich nicht«, beeilte sich unser Küchenchef zu sagen und betonte: »Ich mache euch ja auch gar keinen Vorwurf. Es ist nur … ach Scheiße, Mann. Das ist einfach dumm gelaufen, stimmt's?«

Ich sagte nichts dazu. Offen gestanden war mir das blöde Eis in diesem Moment vollkommen egal. Ich hatte immer noch das grausige Bild von der erstochenen Frau vor Augen. Zwei weitere Kollegen kamen.

»Ihr sollt euch umgehend beim Dienstgruppenleiter melden.«

Wolle stöhnte auf. »Bhhh … kann mir schon denken, was der von uns will.«

»Ich auch. Garantiert dürfen wir dem jetzt alles schon wieder haarklein erzählen.«

So war es, und als eine halbe Stunde später auch noch der B-Dienst auf der Wache erschien, wurden wir noch einmal ins Büro zitiert. Der B-Dienst hatte sich einen Bürostuhl herangezogen und saß neben unserem Dienstgruppenleiter hinter dessen Schreibtisch.

Bei unserem Eintreten sahen uns beide so eindringlich an, dass ich fast das Gefühl hatte, vor einem Tribunal zu stehen. Aber als der B-Dienst sagte: »Jungs, ich weiß, dass ihr das bestimmt alles schon zig Mal berichten musstet, aber trotzdem – ihr müsst darüber auch noch einen Bericht verfassen«, entspannten sich meine verkrampften Gesichtsmuskeln.

»Muss das wirklich sein?«, fragte Wolle ergeben.

»Ja, tut mir leid, das muss sein. Und am besten schreibt ihr das gleich jetzt auf, solange eure Gedanken daran noch frisch sind.«

*

Meine Gedanken sind heute, wo ich hier sitze und dieses Erlebnis niederschreibe, immer noch frisch. Vielleicht nicht ganz so frisch wie damals, aber irgendwie beängstigend real, so real, wie sie mich in zahllosen Träumen um so manche Stunde Schlaf gebracht haben. Vielleicht hätte ich dieses Ereignis, wie auch einige andere sehr harte Einsätze, die ich im Laufe meiner bisherigen Feuerwehrjahre erlebt hatte, in einem Gespräch besser verarbeitet. Aber mit wem? Mit meinen Vorgesetzten etwa? Dazu war die Zeit noch nicht reif. Es galt immer noch das Image des harten Feuerwehrmannes, und niemand hatte Lust, sich als Weichei zu outen – auch ich nicht. Und zu Hause? Sollte ich wirklich meine Frau mit solchen Grausamkeiten konfrontieren? Nein, auf keinen Fall! Ich erzählte ja schon verdammt viel, möglicherweise sogar mehr als gut war, aber die ganz harten Sachen verschloss ich dann doch lieber in meinem Inneren. Nicht gut, wie sich einige Jahre später herausstellen sollte, aber dazu komme ich noch.

*

Zunächst sei noch festzuhalten, dass wir später noch einmal zu diesem Discounter fuhren, diesmal allerdings nicht nur zu zweit im

Kombi, sondern mit dem LF und der kompletten Besatzung. Aber diesmal waren wir nicht zum Einkaufen da, sondern um die Blutlache mit dem Wasser aus unserem 1.800 Liter fassenden Tank und einem C-Rohr vom Parkplatz wegzuspülen. Ob dies nun eine Bitte des Filialleiters war oder auf Anfrage der Polizei geschah, vermag ich nicht mehr zu sagen. Fakt war jedenfalls, dass wir als Feuerwehr auch solche Arbeiten übernehmen. Natürlich nicht immer und überall, sondern für gewöhnlich nur da, wo es sich um einen öffentlichen Bereich handelt, und dazu zählte in diesem Fall auch der Parkplatz des Discounters.

Eigentlich wäre diese Arbeit heute die meine gewesen, denn ich gehörte zum Angriffstrupp, aber meine Kollegen waren sensibel genug, mir das zu ersparen, und so blieb ich alleine im Mannschaftsraum unseres LF sitzen. Die Leiche der ermordeten Frau war schon längst abtransportiert worden, und vermutlich lag ihr erstarrter Körper inzwischen in der Pathologie, wo ihre Todesursache, obwohl sie ziemlich eindeutig war, noch einmal akribisch bis ins kleinste Detail ermittelt und dokumentiert wurde. An ihrem gewaltsamen Tod konnte das jedoch nichts mehr ändern, und so verfolgte ich traurig, wie der scharfe Wasserstrahl aus unserem C-Rohr ihr vergossenes Blut zu einem mehrere Meter entfernten Gully spülte, wo es, genau wie ihr Leben, unwiederbringlich im Orkus einer unterirdischen Dunkelheit verschwand.

Nachtrag

Über einige unserer Einsätze wird in den Medien berichtet, besonders, wenn es sich um so spektakuläre Fälle handelt, wie der zuvor geschilderte. Manchmal interessiert es uns als beteiligte Einsatzkräfte auch zu erfahren, wie es den Betroffenen im weiteren Verlauf ergangen ist. Ob ein Straftäter gefasst oder verurteilt wurde. Aber nur selten erfahren wir darüber mehr als die Zeitungen und die Nachrichtensender berichten. Meist möchten wir das aber auch gar nicht wissen, denn dann identifiziert man sich nur noch tiefer mit den traumatischen Geschehnissen und büßt wieder einen Teil jener Distanz ein, die auch der verletzlichen Psyche eines Feuerwehrmannes Schutz bieten soll.

Möglicherweise wird jetzt der eine oder die andere von Ihnen denken: Hallo, was ist denn mit dem Schriftsteller Martin Meyer-Pyritz los, dem ehemaligen Feuerwehrmann, der bisher immer so von seinem Beruf geschwärmte hat ja, der sogar ein Buch geschrieben hat, in dem er 112 Gründe anführt, Feuerwehrmann zu werden?

Und jetzt beschreibt er fast nur noch Einsätze, in denen er traumatisiert scheint und scheinbar nicht mehr weitermachen wollte oder konnte? Da fragt man sich doch: Waren seine vorherigen Geschichten etwa nur Makulatur? Nur ein schöner Schein mit dem Nimbus des heroisch Verklärten?

Nein, keineswegs! Ich habe meinen Beruf als Feuerwehrmann immer geliebt. Und wenn Sie mich jetzt fragten, so würde ich aus voller Überzeugung sagen, dass ich ihn jederzeit wieder ergreifen würde, denn neben all den schweren und zugegeben oft sehr belastenden Einsätzen erlebte ich doch weit mehr Positives, was mir eine große Befriedigung gab und die Bestätigung, dass das, was ich tat – was wir taten –, gut und wichtig war.

Davon abgesehen, gestehe ich frank und frei, dass ich mich, zumindest in meinen ersten Jahren, schon als so eine Art Held sah, Aber vielleicht gehörte dieses emotionale Empfinden als ein Bestandteil genauso zu mir wie mein rationales Denken, welches mir natürlich sagte, dass mein Heldendenken letztlich Quatsch war. Na ja, und spätestens nach solchen Einsätzen wie dem gerade geschilderten brachen jegliche meiner Heldengedanken sowieso wie ein Kartenhaus in sich zusammen. Im Übrigen sind wir ja auch keine Helden, sondern nur Menschen, die ausgebildet wurden, in extremen Situationen das Richtige und Notwendige zu tun. Aber das sind halt Situationen, die jenseits des normalen Lebensalltags liegen – und oft genug werden wir dabei mit Gefahren konfrontiert, die von allen anderen (zu Recht) gemieden werden.

Um genau diesen Gefahren vorzubeugen (Stichwort vorbeugender Brandschutz), sie zu bekämpfen, zu entschärfen und zu beseitigen, dafür gibt es uns ja, die Feuerwehrmänner. Nur manchmal stoßen auch wir dabei an unsere Grenzen. Dabei denke ich hauptsächlich an die Grenzen, die uns als Menschen gesetzt sind, wobei die psychischen meist viel schwerer wiegen als die physischen. Eine Erkenntnis und eine Lektion, mit denen umzugehen ich als Feuerwehrmann immer wieder lernen musste und die Sie anhand dieser geschilderten, für mich überaus belastenden Einsätze dadurch vielleicht besser nachvollziehen können.

Im Übrigen ist ja alles relativ, so auch meine hier beschriebenen Einsätze. Was auf mich hart und deprimierend wirkte, musste bei meinen Kameraden noch lange nicht dieselbe Wirkung zeigen. So kann ich mich an Situationen erinnern, in denen Kollegen schwer gezeichnet kaum mehr weiterarbeiten konnten, während andere, wie auch ich, davon unberührt blieben. Wie gesagt, es ist alles relativ, auch das menschlich-subjektive Empfinden. Als höchst positiv zu bewerten ist in diesem Zusammenhang die Tatsache, dass sich innerhalb der Feuerwehren ein Wandel vollzogen hat. So gibt es zum Beispiel seit etlichen Jahren eine gute psychologische Betreuung nicht nur für traumatisierte Angehörige von Betroffenen, sondern auch für Feuerwehrmänner und Feuerwehrfrauen, die unter schwersten Bedingungen und höchsten Belastungen oft bis weit an ihre eigenen physischen und psychischen Grenzen gehen und manchmal sogar darüber hinaus. Aber wie gesagt – es ist alles relativ.

POISON / GIFTIG!

Wir saßen in den aufsteigenden Stuhlreihen des Digistoriums der Düsseldorfer Feuerwehrschule und schauten auf das unten stehende Pult hinunter. Dort stand Dr. Keller, einer der Kinderärzte der damaligen Kinderintensivstation K12 der Düsseldorfer Uniklinik, heute als Gastdozent vor uns. Wir, das waren die Teilnehmer eines Fortbildungsseminars im Bereich Rettungsdienst – allesamt erfahrene Feuerwehrmänner und Rettungsassistenten, die wie ich als Teamführer auf einem Notarztwagen eingesetzt waren. Entsprechend hoch waren die Erwartungen auf beiden Seiten. Von Dr. Keller, der davon ausgehen durfte, dass wir über genügend Vorbildung verfügten, um seinen Ausführungen folgen zu können, und wir, die wir trotz all unserer Vorkenntnisse darauf hofften, dass uns sein Unterricht etwas Neues und für die Praxis Verwertbares brächte – und nicht so viel Fachchinesisch enthielt wie der des Arztes, der tags zuvor bei uns unterrichtet hatte. Letztere Bedenken hegte ich jedoch nicht, da ich Dr. Keller bereits von einem Praktikum kannte, das ich aufgrund meiner Tätigkeit als Ausbilder im Rettungsdienst bei ihm auf der Kinderintensivstation gemacht hatte.

Nun also hielt Dr. Keller seinen Vortrag. Lässig gegen das Pult gelehnt erklärte er: »Ein kluger Kopf hat einmal gesagt: ›Alles ist giftig, es kommt nur auf die Dosis an.‹ Denken Sie zum Beispiel an Digitalis, das Gift des Fingerhuts. Zu viel davon, und man hat sein Leben ausgehaucht. In der richtigen Dosierung als Herzpräparat eingesetzt, wirkt es jedoch heilend. Selbst der lebensnotwendige Sauerstoff, den wir mit jedem Atemzug einatmen, kann bei künstlicher Beatmung und längerer Überdosierung, zu schweren gesundheitlichen Schäden wie Blindheit und anderem führen. Besonders gefährdet sind Neugeborene und Säuglinge, wobei wir beim Kern unseres heutigen Unterrichts angelangt sind.«

Dr. Keller wechselte seine Position und ging zur Tafel. »Denn«, fuhr er fort, »das Thema des heutigen Tages lautet: Vergiftungen im Kleinkind- und Säuglingsalter.« Während er sprach, schrieb er das Thema in großen Druckbuchstaben an die Tafel. »Weiß vielleicht jemand von Ihnen, wer diesen Ausspruch geprägt hat? … ja bitte, Herr Schneider.«

»Ich glaube, das war Paracelsus.«

»Exakt. Genauer gesagt war es der 1493 in der Schweiz geborene Arzt, Alchemist, Philosoph und Astrologe Philippus Theophrastus Aureolus Bombastus von Hohenheim. Bombastischer Name, was? Aber keine Sorge, den Namen dürfen Sie getrost wieder vergessen, denn ich habe nicht vor, Sie hier mit theoretischem Ballast zu überfrachten.«

Er lächelte in die Runde. »Allerdings sehe ich da immer noch einige besorgte Gesichter. Nun, zu Ihrer Beruhigung kann ich Ihnen versichern, dass das Wissen, das ich Ihnen heute mit auf den Weg geben werde, sehr praxisbezogen ist. Schließlich sind Sie Männer der Tat. Schön, die ersten Mienen entspannen sich wieder. Kommen wir also, wenn Ihnen das recht ist, gleich zu den handfesten Dingen. Zunächst eine Frage: Wer von Ihnen hatte schon einmal einen Giftnotfall mit einem Kleinkind oder einem Säugling gehabt? Ja, Herr Meyer-Pyritz.«

»Ich kann mich sehr gut an einen sehr tragischen Einsatz erinnern. Zwei Geschwister im Alter von, ich glaube, drei und vier Jahren hatten sich mit Maiglöckchen vergiftet. Das Mädchen ist durchgekommen, aber der Junge hatte nicht überlebt.«

»Oh! Das ist allerdings überaus tragisch. Aus medizinischer Sicht allerdings auch höchst interessant, da Todesfälle selbst nach dem Verzehr von Maiglöckchen überaus selten vorkommen. Schwere Komplikationen mit Todesfolge gibt es eher bei der wesentlich giftigeren Herbstzeitlosen. Die Pflanze enthält das hochtoxische

Colchicin. Ein Milligramm pro Kilogramm Körpergewicht wirkt bereits lebensgefährlich. Da reicht schon der Verzehr von wenigen Blättern. Übrigens auch im gekochten Zustand.«

»Äh, dazu hätte ich gleich eine Frage«, meldete sich ein Kollege.

»Ja bitte.«

»Na, wer ist denn so blöd und kocht sich aus diesen Giftpflanzen ein Süppchen?«

»Tja«, Dr. Keller lehnte sich wieder gegen das Pult, »leider wird die Herbstzeitlose leicht mit dem ähnlich aussehenden Bärlauch verwechselt, und der ist bekanntermaßen essbar. Aus diesem Grund kommt es immer wieder zu tragischen Todesfällen. Aber Tod nach dem Verzehr von Maiglöckchen?« Dr. Keller rieb nachdenklich sein Kinn. »Das ist ungewöhnlich, wirklich ungewöhnlich, wenn auch nicht unmöglich. Herr Meyer-Pyritz, können Sie uns den Hergang einmal kurz schildern?«

»Dazu müsste ich allerdings etwas ausholen. Darf ich?«

»Bitte, gerne.«

*

Es war gegen 11:30 Uhr, als Christiane Lingen mit dem Fahrrad ihre Kinder Max und Paula vom Kindergarten abholte. Normalerweise holte sie die beiden erst wesentlich später, aber heute war ihr Geburtstag, und deshalb kam Tante Roswitha zu Besuch. Ein seltenes Ereignis, denn Tante Roswitha wohnte schon seit mehreren Jahren in ihrer Wahlheimat Frankreich. Nachdem ihr Mann, Onkel Bernhard, vor einigen Jahren gestorben war, waren ihre eh schon seltenen Besuche bei den Lingens noch seltener geworden. Ein weiterer Grund, wie Christiane fand, die Kinder heute früher aus dem Kindergarten zu holen. Ihr Mann Peter hatte versprochen, sich einige Stunden früher frei zu nehmen und zum Kaffeetrinken zu Hause zu sein.

Da das Ehepaar Lingen ein ausgeprägtes Öko-Bewusstsein hatte, gingen ihre Kinder in einen Waldkindergarten. Sie spielten also, anders als andere Kindergartenkinder, selbst bei kühleren Temperaturen und regnerischem Wetter fast immer draußen im Wald und nicht in wohltemperierten Räumen oder in den kindgerecht angelegten Außengeländen der meisten anderen Kindergärten. Besonders wussten die Lingens zu schätzen, dass ihre Kinder auf diese Weise spielerisch die Natur mit ihrer heimischen Flora und Fauna kennenlernten. Die Gruppe winkte Max und Paula zum Abschied, dann stapften die restlichen in ihrer regenfesten Kleidung wie Zwerge wirkenden Kinder weiter durch das raschelnde Laub. Eine der Kindergärtnerinnen begleitete die Geschwister zurück zum Kindergarten, wo ihre Mutter schon auf sie wartete.

»Na, ihr zwei? Freut ihr euch schon, Tante Roswitha zu sehen?«

Die Freude der Geschwister darüber hielt sich jedoch in Grenzen, schließlich kannten sie ihre Tante ja kaum. Dafür stiegen sie umso freudiger in den Fahrradanhänger ihrer Mutter, denn darin herumgefahren zu werden, bereitete den beiden immer einen Heidenspaß. Unterwegs tuschelten sie aufgeregt miteinander. Jedes von ihnen hatte für ihre Mutter zum Geburtstag schon ein Bild gemalt. Und jetzt planten sie, ihr im heimischen Garten auch noch einen Blumenstrauß zu pflücken.

»Vielleicht sollten wir Tante Roswitha auch einen Blumenstrauß schenken«, schlug Paula leise vor.

»Aber nur wenn die nett ist«, flüsterte Max zurück. Doch darüber waren sich die beiden Kinder noch nicht einig.

*

Für meinen Kollegen Hans und mich, die wir diese Woche ein Team bildeten, blieb der Vormittag erstaunlich ruhig, was ziemlich ungewöhnlich für die Besatzung eines Rettungswagens war, denn meist erhielten die Rettungswagen schon vor dem Frühstück ihren ersten Einsatz. Nun, uns konnte das nur recht sein, hatten wir dadurch doch in aller Ruhe die morgendliche Desinfektion des

Patientenraums vornehmen können. Diese Ruhe ging allerdings zu Lasten der anderen RTW-Besatzung, die bereits zum wiederholten Male einen Einsatz bekam. Normalerweise wechseln die Einsätze zwischen uns ab, es sei denn, wir bekommen gleich zwei Einsätze zeitgleich oder kurz hintereinander. Genau das war gegen 14 Uhr der Fall. Jochen, unser Koch, hatte zum Mittag Grünkohl mit Mettwürstchen serviert, und da er wusste, dass (alle?) Feuerwehrmänner (Entschuldigung) verfressene Kerle sind, gab es für jeden von uns mindestens drei Würstchen. Anschließend verzogen sich einige mit ihren gut gefüllten Bäuchen in die Schlafräume, um der dringend gebotenen Verdauung die notwendige Ruhe zu verschaffen. Ich hatte mich natürlich auch wieder einmal nicht zurückhalten können und ebenfalls gnadenlos zugeschlagen, das heißt zwei Mal nachgenommen! Die Strafe folgte auf dem Fuße, denn nur wenige Minuten nachdem ich mich angezogen rücklings mit über dem Wanst gefalteten Händen auf mein Bett gelegt hatte (als RTW-Besatzung empfiehlt es sich nicht, sich zu entkleiden, zumindest nicht in der Mittagspause), riss mich der Einsatzgong in die Höhe. Den Oberkörper auf die Ellenbogen abgestützt, lauschte ich der Durchsage der Leitstelle. Dabei hegte ich die schwache Hoffnung, der Alarm könnte ja auch den Kollegen des anderen RTW gelten. Mein Wunschdenken erfüllte sich jedoch nicht. Die Kollegen des anderen RTW, die ebenfalls vollgefressen auf ihren Betten liegend vom Einsatzgong hochgeschossen waren, hegten den gleichen Gedanken – ebenfalls vergeblich.

Nachdem der Leitstellendisponent seine Durchsage beendet hatte, stürmten wir alle aus unseren Zimmern in den davor verlaufenden Flur und rannten in die kleine Fahrzeughalle, wo unsere beiden RTW einträchtig nebeneinanderstanden. Es ging zu einem Verkehrsunfall mit mehreren Verletzten, zu dem auch der Notarzt von Feuerwache 1 sowie deren Löschzug alarmiert worden war.

»Boah, da muss es ja mächtig gekracht haben, wenn wir mit beiden RTW auch noch dorthin müssen«, sagte ich zu meinem

Kollegen. Hans nickte, lenkte den RTW hinter den als Erste aus dem Hoftor fahrenden Kollegen auf die Straße und schaltete die Sondersignale ein. Nachdem wir die ersten Kreuzungen hinter uns gelassen hatten und uns bereits auf der innerstädtischen Schnellstraße befanden, rief uns die Leitstelle über Funk. Ich zog den Hörer aus der Halterung und meldete mich sofort.

»Zu Ihrer Information. Es handelt sich um einen Fehlalarm. Sie können Ihren Einsatz abbrechen und wieder einrücken«, lautete die Nachricht.

»Na toll!«, schimpfte Hans und schaltete die Sondersignale aus. »Der Anrufer war bestimmt wieder so ein Irrer. Ich möchte nur mal wissen, was in den Köpfen solcher Spinner vorgeht.«

»Tja«, sagte ich und verzog säuerlich das Gesicht. »Diese Typen gibt es leider immer wieder. Damit werden wir uns wohl abfinden müssen.«

»Werd ich nie«, entgegnete Hans grimmig. »Zu schade, dass die nicht alle gefasst werden.«

»Na ja, einige schon, und für die wird das dann richtig teuer.«

Die uns vorausfahrenden Kollegen hatten ebenfalls ihre Sondersignale ausgeschaltet und nahmen die nächste Ausfahrt. Dort wendeten sie um 360 Grad und fuhren in umgekehrter Richtung wieder auf die Schnellstraße. Wir folgten. Kurz vor der Wache rief uns die Leitstelle erneut: »Sie übernehmen neuen Einsatz, Ottmar-Paulsen-Straße 27 bei Familie Lingen. Vermutlich Fieberkrampf bei Kleinkind.«

»Verstanden. Ottmar-Paulsen-Straße 27 bei Lingen.«

Hans warf mir einen besorgten Blick zu. Wir waren beide noch junge Väter, und Notfälle mit Kleinkindern ... also irgendwie war das immer noch etwas anderes als bei Erwachsenen, zumindest vom subjektiven Empfinden her. Ich sagte nichts. Unsere Kollegen im vorausfahrenden RTW, die den Funkspruch ebenfalls mit anhören konnten, fuhren hart rechts, setzten den Blinker und verringerten ihre Geschwindigkeit. Hans schaltete die Sondersignale wieder ein, gab Gas und zog an ihnen vorbei.

Die Ottmar-Paulsen-Straße lag am südlichen Stadtrand. Nummer 27 war ein bereits in die Jahre gekommenes Einfamilienhaus, von denen es hier noch etliche gab, da dies ein älteres Wohngebiet war. Unmittelbar hinter den Wohnhäusern, die durchweg über große Gärten verfügten, begann ein Naturschutzgebiet, welches durch die Nähe zum Rhein bei Hochwasser in Teilen überflutet wurde, in dem sich zahllose Wildpflanzen angesiedelt hatten, die sonst nur sehr selten zu finden waren. Der Vorgarten der Lingens stach mir sofort ins Auge, weil er sich durch seinen unverkennbaren Ökotouch und die begrünte Doppelgarage maßgeblich von den Nachbargrundstücken abhob.

»Einsatzstelle an«, gab ich der Leitstelle über Funk durch, dann eilten wir mit zwei Aluminiumkoffern auf den Hauseingang zu. Der eine Koffer, getragen von Hans, enthielt das notwendige internistische Equipment mit der Aufschrift »Atmung Kreislauf«, der andere, den ich mir geschnappt hatte, die Aufschrift »Kindernotfall«. Bevor ich den Klingelknopf betätigen konnte, wurde die Tür von einer älteren Frau geöffnet.

Offensichtlich hatte man uns schon dringend erwartet, und sie hatte sich vermutlich deshalb an der Tür postiert, wo sie uns nicht nur gehört, sondern auch kommen gesehen hatte. Sichtlich aufgeregt forderte sie uns auf, ihr zu folgen. Mit eiligen Schritten führte die Frau uns durch einen lichtdurchfluteten Vorraum zu einer nach oben führenden Treppe aus hellem Holz. Mir fiel sofort auf, dass das von außen alt wirkende Haus von innen vollkommen kernsaniert und modernisiert war.

»Roswitha, ist das der Notarzt?!«, ertönte eine erregte Frauenstimme von oben.

Daraufhin stoppte die vor uns gehende Frau, drehte sich zu uns um und fragte skeptisch: »Sie sind doch der Notarzt, oder?«

»Nein, Notärzte sind wir nicht, aber bestens ausgebildete Rettungsassistenten«, antwortete ich, wobei ich mir Mühe gab, ihren besorgten Blick möglichst souverän zu entkräften.

»Oh!«, stieß sie sichtlich enttäuscht – ja, fast möchte ich sagen: schockiert – hervor, ließ sich ansonsten aber nichts anmerken und stieg schweigend die Treppe hinauf. Wir folgten. Ich wusste ja nicht, ob sie selbst diejenige gewesen war, die den Notruf getätigt hatte, aber solche Reaktionen wie gerade erleben wir relativ oft. Da wählen Menschen die 112, schildern verständlicherweise aufgeregt, was passiert ist, und sind dann erstaunt, ja, manchmal sogar erbost, wenn kein Notarzt kommt, sondern »nur« ein Rettungswagen mit zwei Feuerwehrmännern. Dass wir gleichzeitig hervorragend ausgebildete Rettungsassistenten sind und zudem über ein erstklassiges medizinisches Equipment samt umfangreichen Notfallmedikamenten verfügen, ist dabei vielen gänzlich unbekannt.

Die Frau führte uns in ein Zimmer, dessen Tür weit offen stand. Wie unschwer an den Comicfiguren zu erkennen, handelte es sich eindeutig um das Kinderzimmer eines Jungen. Wahrscheinlich des kleinen Kerlchens, das völlig apathisch auf dem unter dem Fenster stehenden Bett lag. In der Frau, die neben ihm auf der Bettkante saß und mir bei unserem Eintreten einen flehenden Blick zuwarf, vermutete ich seine Mutter.

»Gott sei Dank, dass Sie endlich da sind, Herr Doktor. Meinem Max geht es immer schlechter.«

»Und sag auch, dass er sich vorhin mehrmals erbrochen hat«, forderte sie die andere Frau auf.

Der eingetrocknete Fleck auf dem Teppich und der neben dem Bett stehende Eimer sprachen für sich. Ohne auf die Anrede mit dem Doktor erneut einzugehen, ging ich direkt zu dem Jungen und tastete seinen Puls – er war stark erhöht, also Tachycard. Das war kein Fieberkrampf, so viel stand jetzt schon für mich fest.

»Seit wann geht es ihm so?«, fragte ich.

»Vielleicht seit einer Stunde? Ich weiß es nicht so genau. Zuerst war ihm nur etwas übel, aber dann hatte er Durchfall bekommen und klagte über krampfartige Schmerzen im Magen und musste sich übergeben.« Die Mutter blickte von mir zu der anderen Frau.

»Stimmt doch so, oder, Roswitha? Roswitha, das ist meine Schwägerin.«

»Hm«, sagte ich nur und legte dem Jungen die Blutdruckmanschette an, die mir Hans aus dem Kindernotfallkoffer anreichte.

»Wie alt ist Ihr Sohn?«

»Nächsten Monat wird er drei.«

»Und hat er irgendeine Vorerkrankung, oder muss er Medikamente einnehmen?«

»Nein, nichts, unser Max war immer kerngesund. Bis auf heute. Ich verstehe das überhaupt nicht.«

»Kann es vielleicht sein, dass Ihr Sohn etwas gegessen hat, was ihm nicht bekommen ist?«

»Neiiiin! Was denn auch? Außerdem müsste es dann ja uns allen schlecht gehen.«

»Hans, gib mir mal das Fieberthermometer.«

Als ich die Temperatur des Kleinen im Ohr maß, rief von nebenan eine klagende Kinderstimme: »Mama! Ich muss brechen!«

Hans und ich sahen uns an. »Sie haben noch ein Kind?«

»Ja, meine Tochter Paula. Der geht es auch nicht gut. Roswitha, ich muss rüber. Bleibst du bitte hier?«

»Natürlich.«

»Mama!«, hörten wir das Mädchen wieder rufen.

»Ich gehe mal besser mit«, sagte Hans.

Ich nickte. Also noch eine Tochter, und sie muss auch brechen. Zufall? Wohl kaum, sagte ich mir. Da stimmt was nicht. Mit einem Blick auf Max fragte ich die Tante: »Wie alt ist denn seine Schwester?«

»Die Paula ist ein Jahr älter. Nein, eineinhalb. Was hat der Junge denn nun?«

»Ich befürchte, es ist eine Vergiftung.«

»Eine Vergiftung!? Aber womit denn nur?«

»Tut mir leid, das kann ich Ihnen im Moment auch nicht sagen. Auf jeden Fall werden wir Ihren Neffen und am besten auch gleich

Ihre Nichte mit in die Klinik nehmen. Und dazu sollten wir uns beeilen.«

»Um Gottes willen! So schlimm?!« Die Tante sprang auf. »Ich muss sofort Christiane Bescheid geben.« Sie rannte aus dem Zimmer, und Hans kam zurück.

»Die Tochter hat garantiert das Gleiche«, sagte er, »nur noch nicht so schlimm wie er. Sieht verdammt nach 'ner Vergiftung aus. Was denkst du?«

»Ja, glaube ich auch. Wir sollten zur Sicherheit etwas von dem Erbrochenen mit in die Klinik nehmen.«

»Hab ich schon.« Hans hielt eine durchsichtige Plastiktüte hoch.

»Sehr gut. Aber sieh vorsichtshalber auch noch in die Papierkörbe der Kinder.«

»Du denkst an Medikamente?«

»Könnte immerhin sein. Wäre ja schließlich nicht das erste Mal, dass bunte Pillen wie Smarties aussehen.«

»Alles klar. Aber willst du wirklich selbst fahren? Mit zwei Kindern? Sollten wir nicht besser den Notarzt kommen lassen?«

»Ja, hast recht, aber nicht den Notarzt, sonder lieber gleich K 12. Ich befürchte nämlich, das kann hier noch ganz eng werden.«

»Okay, dann kümmere ich mich darum als Erstes.«

*

Die Kinderintensivstation K 12 der Düsseldorfer Uniklinik genießt einen hervorragenden Ruf. Viel dazu beigetragen hat die Tatsache, dass ein Team von Spezialisten auch zu weiter entlegenen Krankenhäusern gefahren wird, falls es dort zu schwerwiegenden Komplikationen vor oder nach der Geburt von Neugeborenen kommt, wenn Reanimationen von Säuglingen und Kleinkindern anstehen oder wenn lebensbedrohliche Akuterkrankungen drohen. Ins solchen und weiteren Fällen werden die Mediziner von K 12 von der Düsseldorfer Feuerwehr abgeholt und von zwei ausgebildeten Rettungsassistenten dorthin gefahren, wo sie benötigt werden, dabei reicht ihr Einzugsgebiet in manchen Fällen sogar über Nordrhein-Westfalen hinaus. Einsatzort kann eine Klinik oder eine Unfallstelle sein. In unserem Fall war es nun das Privathaus der Familie Lingen.

*

Mein Kollege Hans hatte unsere Leitstelle auf der Feuerwache 1 an der Hüttenstraße angerufen und das K 12-Team angefordert. Noch während er telefonierte, alarmierte der Leitstellendisponent einen für diese Aufgabe ständig bereitgehaltenen Rettungswagen, dessen Besatzung schon Sekunden später mit Blaulicht und Martinshorn unterwegs zur Uni war. Parallel dazu informierte die Rettungsleitstelle der Düsseldorfer Feuerwehr K 12 darüber, dass ein RTW zu ihnen unterwegs sei.

Das nach einem vorgegebenen Plan eingeteilte Ärzteteam, bestehend aus einem Kinderintensivmediziner und einem Anästhesisten, bereitete sich unverzüglich vor. Viel Zeit für Vorbereitungen bedurfte es nicht, da solche Einsätze minutiös durchgeplant und schon zig Mal erfolgreich durchgeführt worden waren. So standen unter anderem mehrere Transportinkubatoren für Neugeborene und Frühchen bereit, die, auf Tragenuntergestelle montiert, exakt in die Schienenführungen der LABE-Tische unserer RTW passten. Für diesen bevorstehenden Einsatz konnten die Kinderintensivärztin Frau Prof. Dr. Johanna Holland und ihr begleitender Anästhesist Dr. Frank W. Rudolf jedoch auf den Transportinkubator verzichten und sich auf ihr anderes Equipment beschränken, welches in unterschiedlich beschrifteten Alukoffern untergebracht war und ausschließlich für Notfalleinsätze außerhalb der Klinik griffbereit stand.

Als der Rettungswagen, der die Ärzte abholen sollte, vorfuhr, standen die beiden mit ihren Koffern bereits wartend vor dem Eingang der Kinderintensivstation. Mit routinierten Handgriffen wurde das medizinische Equipment verladen, und nach nicht einmal einer Minute verließ der RTW mit Frau Prof. Dr. Holland und Dr. Rudolf an Bord wieder das Gelände der Universitätsklinik. Mit eingeschalteten Blaulichtern und heulenden Martinshörnern führte sie der Weg quer durch die Stadt zu ihrem neuen Einsatz, von dem sie noch nicht viel mehr wussten, als dass sich eines von zwei Kindern im Alter zwischen drei und vier Jahren mit der Verdachtsdiagnose einer noch nicht gesicherten Vergiftung in einem lebensbedrohlichen Zustand befand.

»Wenn sich das mit der Vergiftung bewahrheiten sollte«, sagte Frau Prof. Dr. Holland zu ihrem Kollegen von der Anästhesie, »wäre es natürlich von enormem Vorteil zu wissen, um welche Substanz es sich dabei handelt.«

»Und auch wann und wie die Kinder das Gift aufgenommen haben?«

»Ja, die Zeit!«, stöhnte die versierte Kinderärztin auf. »Die Zeit ist allerdings von größter Wichtigkeit. Was das andere betrifft, so vermute ich eine orale Giftaufnahme.«

»Sie meinen wegen der Krämpfe und des Erbrechens?«

Frau Prof. Dr. Holland nickte: »Genau. Ich möchte sogar so weit gehen und vermute, dass wir es höchstwahrscheinlich mit einer Giftpflanze zu tun haben.«

Dr. Rudolf sah sein Gegenüber fragend an. »Und was veranlasst Sie zu dieser Vermutung?« – »Nun, dafür spricht vieles, Herr Kollege. Zum einen haben wir die Aussage der Feuerwehrmänner vor Ort, dass keiner der Erwachsenen ähnliche Anzeichen hat …«

»Die können aber auch noch verzögert auftreten«, warf Dr. Rudolf ein. »Immerhin sind das Erwachsene.«

»Schon, aber wenn alle das Gleiche gegessen haben? Außerdem … eine klassische Lebensmittelvergiftung über den Magen-Darm-Trakt. Also ich weiß nicht … das dauert für gewöhnlich schon einige Zeit länger.«

»Aber wir kennen die Zeit der Giftaufnahme doch gar nicht.«

»Eben. Die der Giftaufnahme«, betonte die Professorin. »Die der Mittagsmahlzeit schon, und von daher …«

»Verstehe. Darin stimme ich Ihnen zu. Trotzdem, solange wir die Substanz nicht einwandfrei lokalisieren können, bleibt es weiterhin ein Rätselraten.«

»Da muss ich Ihnen leider beipflichten. Hoffen wir also, dass die Feuerwehrmänner vor Ort noch etwas herausfinden werden, ehe wir dort ankommen.«

Inzwischen befand sich der RTW auf der innerstädtischen Schnellstraße.

»Hoffen wir, dass wir überhaupt noch rechtzeitig ankommen«, sagte Dr. Rudolf und zeigte durch die Zwischenscheibe auf einen Stau, der sich vor ihnen gebildet hatte und ihren Fahrer zum Abbremsen zwang.

»Was ist los?«, rief Frau Prof. Dr. Holland nach vorne. »Ein Unfall?«

»Keine Ahnung!«, rief der fahrende Feuerwehrmann nach hinten. »Ich hoffe nur, dass die Autofahrer für uns eine Rettungsgasse bilden.«

Leider erfüllte sich seine Hoffnung nicht. Wie so oft entstand unter den vorausfahrenden Autofahrern ein heilloses Durcheinander. Die hintersten hörten zwar die Sirenen des herannahenden RTW, waren aber bereits so dicht auf ihren Vordermann aufgefahren, dass sie nicht mehr rechtzeitig nach rechts und links hinüberfahren konnten. Andere wiederum sahen erschreckt in ihren Rückspiegel und versuchten, was völlig verkehrt war, mit hektischen Lenkbewegungen die Fahrbahn zu wechseln. Natürlich gab es auch einige Vernünftige, deren vorbildliches Verhalten angesichts der vielen Unvernünftigen jedoch nicht ins Gewicht fiel, sodass der dringend von uns erwartete RTW sich seinen Weg zeitaufwendig durch die immer wieder stockende Schlange der Autofahrer bahnen musste.

Frau Prof. Dr. Holland sah besorgt auf ihre Armbanduhr und dachte: Mein Gott! Das darf doch wohl nicht wahr sein. Wieso geht das denn nicht schneller?

Ihr Kollege schien ähnliche Gedanken zu hegen, denn jetzt rief er nervös nach vorne: »Müssen wir wirklich so schleichen? Sie haben doch immer noch die Sirene an!«

»Tut mir leid!«, rief der Feuerwehrmann zurück. »Aber in dem Fall nutzt uns die Sirene auch nicht viel. Die Fahrbahn ist komplett dicht!«

»Und wenn Sie einen anderen Weg fahren?«

»Geht leider auch nicht! Das hier ist die innerstädtische Schnellstraße. Abbiegen geht erst bei der nächsten Kreuzung, und die kommt erst in etwa einem Kilometer!«

»Und wenn Sie hier einfach wenden!?«, meldete sich die Kinderärztin.

»Geht leider auch nicht, Frau Professor! Das ist hier wie eine Autobahn, da ist Wenden absolut tabu!«

»Aber wir fahren doch mit Blaulicht!«

»Ja!«, lachte der Feuerwehrmann trocken. »Und ich möchte, dass Sie lebend ankommen!«

*

Der Zustand des Jungen verschlechterte sich weiter. Hatte ich bei unserem Eintreffen noch einen Blutdruckanstieg gemessen, so stellte ich jetzt einen Blutdruckabfall fest, der mir größte Sorge bereitete. Einen Moment dachte ich, dass es vielleicht doch besser gewesen wäre, wenn wir selbst mit dem Jungen in die Klinik gefahren wären, denn falls die angeforderten Ärzte von K 12 nicht in den nächsten Minuten hier eintreffen würden, befürchtete ich, dass wir nicht umhinkämen, den Jungen zu beatmen.

Hans kam zurück.

»K 12 steckt im Stau«, verkündete er mit düsterer Miene. »Wird also noch einige Zeit dauern.«

»Scheiße«, entfuhr es mir, was ich, kaum gesagt, sofort bereute, da die Tante des Jungen immer noch mit im Zimmer war. Sie hatte die schlechte Nachricht und meine Reaktion darauf natürlich mitbekommen und rief schockiert: »Und was bedeutet das jetzt!?«

»Das bedeutet, dass wir natürlich alles unternehmen werden, was uns in unserer Macht steht«, erwiderte ich mit möglichst ruhiger Stimme.

»Aber Sie sind doch keine Ärzte!«, rief die Tante mit tränenerstickter Stimme. »Und dem Max geht es doch schlechter. Das sehe ich doch!«

Ich warf Hans einen bittenden Blick zu. Er verstand sofort.

»Kommen Sie«, sagte er und fasste die Tante behutsam am Arm, »ich denke, es ist besser, wenn Sie Ihrer Schwägerin bei der Versorgung ihrer Tochter jetzt beiseite stehen.«

»Nein, ich bleibe hier!«, beharrte die Tante.

»Aber jemand sollte draußen auf der Straße stehen und den Rettungswagen mit den Kinderärzten empfangen«, warf ich ein. »Bitte machen Sie das. Ihrem Max können Sie so am besten helfen.«

»Das stimmt«, betonte Hans und versicherte: »Vertrauen Sie uns, bitte.«

»Na gut«, sagte die Tante widerstrebend, »aber zuerst gehe ich noch zu meiner Schwägerin.«

»Tun Sie das«, sagte ich erleichtert, »und dann warten Sie bitte unten vor dem Haus auf den Rettungswagen. Danke.«

Hans zog die Tür hinter der Tante zu und atmete ebenfalls erleichtert auf. Mit Angehörigen in einem Raum arbeiten zu müssen, ist viel belastender, als wenn man mit dem Patienten alleine ist, besonders wenn es sich wie hier um einen erst dreijährigen Jungen handelt.

»EKG?«, fragte Hans.

Ich nickte.

Während Hans den Brustkorb des Jungen freilegte und die EKG-Elektroden aufklebte, maß ich erneut den Blutdruck und beobachtete seine Atmung.

»Weniger als zehn Atemzüge pro Minute. Ich denke, wir müssen intubieren.«

»Oder wir beatmen mit Rendell-Baker-Maske und Guedeltubus.«

»Und falls er wieder erbricht?«, gab ich zu bedenken.

»Also gut, dann eben intubieren. Machst du?«

»Ja.«

»Gut, dann assistiere ich.«

Wir hatten den inzwischen bewusstlosen Jungen vom Bett gehoben und auf den Teppichboden gelegt. Ich kniete vor seinem Kopf, sodass ich den Körper mit seiner Längsachse vor mir liegen hatte. Hans hockte vor dem geöffneten Notfallkoffer »Atmung Kreislauf«.

»Welche Tubusgröße willst du haben?«

»Gib mir 'n Vierundzwanziger.«

»Ist der nicht etwas groß?«

»Hm.«

Ich schaute nach dem kleinen Finger des Jungen. Laut gängiger Notfallpraxis entspricht dessen Größe in etwa der zu verwendenden Tubusgrößc.«

»Hast recht, ich nehm 'nen Zweiundzwanziger.«

Hans reichte mir den Zweiundzwanziger-Endotrachealtubus mit Führungsstab, aber ohne die bei Jugendlichen und Erwachsenen übliche Blockerspritze, dazu das Laringoskop mit einem für den kleinen Kehlkopf eines erst Dreijährigen passenden Spatel.

»Höchste Zeit«, sagte ich mit einem Blick auf die immer schwächer werdenden Atemzüge. Vorsichtig überstreckte ich den Kopf des Jungen in den Nacken. Durch das integrierte Kaltlicht des Spatels war seine Epiglottis deutlich zu erkennen. Nachdem ich den Endotrachealtubus hindurchgeschoben hatte, atmete ich erst einmal tief durch, aber noch konnte ich nicht sicher sein, dass der Tubus auch richtig lag. Gewissheit würde ich erst nach den ersten Beatmungsstößen erhalten, deshalb verband ich rasch den Beatmungsbeutel mit dem Konnektor des eingeführten Tubus und presste den Beutel zwei Mal zusammen. Dabei horchte Hans den kleinen Brustkorb mit dem Stethoskop ab.

»Alles klar«, sagte er nickend und hob den Daumen. Der Tubus blähte nicht, was ohne Weiteres passieren konnte, den Magen auf, sondern belüftete beide Lungenflügel. Da wir als Rettungsassistenten nicht oft in die Situation kommen, intubieren zu müssen, zumal bei einem Kind in diesem Alter, war ich erleichtert, dass die Intubation so problemlos vonstattengegangen war.

Hans fixierte den Tubus mit Leukosilk in der vorgegebenen Position, und ich warf einen erneuten Blick auf das hell erleuchtete EKG-Bild unseres Monitors.

»Oh nein!«, stöhnte ich auf.

»Was ist?«

»Der Kleine hat Herzrhythmusstörungen bekommen. Hoffentlich sind die von K 12 bald hier. Stau hin oder her, so lange können die doch gar nicht brauchen.«

»Ach was. Das meinst du nur. Ist doch immer so, wenn man darauf wartet.«

»Hm … trotzdem. Ich hab irgendwie ein Scheißgefühl.«

*

Nach mehreren Minuten zermürbendem Stop-and-go hinter tierisch genervten Autofahrern, die dem RTW mit dem K 12-Team an Bord nur sehr schleppend eine Gasse bildeten, erreichten unsere Kollegen die Kreuzung, wo sie die Ursache des Staus sahen. Ein von rechts kommender Lkw war mit einem zweiten zusammengestoßen. Der von rechts kommende war, durch sein Handy abgelenkt, bei Rot in die Kreuzung eingefahren und dem vorfahrtsberechtigten ungebremst gegen die Hinterachse gekracht. Zum Glück nur gegen die Hinterachse, denn hätte er dessen Führerhaus getroffen und wäre der Fahrer nicht angeschnallt gewesen, dann hätte dieser Unfall wesentlich schlimmer ausgehen können. So hatte es nur »Blechschaden« gegeben, und keiner der Fahrer war, abgesehen von einigen schmerzhaften Blessuren, ernsthaft verletzt worden. Die

Kreuzung war nach der Kollision allerdings komplett dicht, sodass sich der Verkehr aus allen vier Richtungen staute. Das änderte sich auch nicht nach dem Eintreffen eines Polizeiwagens. Die beiden Verkehrspolizisten mühten sich zwar redlich, den Verkehr wieder in Gang zu bringen, aber solange die Kreuzung noch durch die fahruntüchtigen Lkw blockiert war, konnten sie die anderen Autofahrer nur einzeln an den beiden Unfallfahrzeugen vorbeilotsen. Bei dem hohen Verkehrsaufkommen brachte das natürlich keine wirkliche Entlastung, und so glich ihr Bemühen mehr dem berühmten Tropfen auf den heißen Stein.

*

Hans führte die extrakorporale Herzdruckmassage durch, indem er den Brustkorb des bewusstlosen Max mit nur einer Hand, aber einer höheren Frequenz als bei einem Erwachsenen kontinuierlich zusammenpresste. Gleichzeitig beatmete ich den Kleinen mit einem speziell für Kinder volumenverkleinerten Beatmungsbeutel. Dabei wechselte mein sorgenvoller Blick ständig zwischen dem grünlich schimmernden Monitorbild unseres EKG-Geräts und dem sich hebenden und senkenden Brustkorb des Jungen hin und her. Gut zehn Minuten ging das jetzt schon so, und jeder von uns wusste genau, dass wir diese lebenserhaltenden Maßnahmen so lange weiter durchführen mussten, bis die Ärzte von K 12 hier einträfen, entweder um uns abzulösen oder aber ... das wagte keiner von uns beiden auszusprechen ... den kleinen Max für tot erklärten. Dass die letztere, die schlimmste aller Optionen eintreten könnte, ja sogar wahrscheinlich war, verdrängte ich mit Gewalt aus meinen Gedanken.

Wahrscheinlich ging es meinem Kollegen Hans genauso, denn ab und zu warfen wir uns kurze besorgte Blicke zu. Blicke, die Bände sprachen und alles beinhalteten, was keiner von uns sich auszusprechen getraute. Wenn man ein Kind reanimiert, mag man nicht über die mögliche Vergeblichkeit seiner Bemühungen reden, zumindest nicht in den ersten zwanzig, dreißig Minuten. Die schlimmen Gedanken kursieren zwar schon in deinem Kopf, aber davon unbeeinflusst ziehst du die lebenserhaltenden Maßnahmen weiter durch – musst du auch, denn alles andere wäre strafbar. Aber daran denkst du in der Situation eh nicht. Du bist nur auf deine Arbeit fixiert, machst die Herzmassage, beatmest, hoffst und bangst und redest dir ein, dass es funktioniert, funktionieren muss, selbst wenn dir alle deine Bemühungen längst hoffnungslos erscheinen. Schließlich handelt es sich hier um das Leben eines Menschen und zudem noch um das eines Kindes!

Ein Kinderleben in deinen Händen – eines, das mit Beendigung der Reanimationsmaßnahmen unweigerlich sterben würde.

In unserem Beruf als Feuerwehrmann und Rettungssanitäter erlebt man weiß Gott viele schlimme Dinge, aber ein totes Kind ist so ziemlich das Schlimmste, was einem passieren kann. Doch der Tod ist ein nicht zu unterschätzender Gegner, das hatte ich zu meinem Leidwesen schon mehrere Male erfahren müssen, darum stemmte ich mich mit aller Gewalt dagegen und betete flehendlich, dass unsere Kollegen mit dem Ärzteteam von K 12 endlich kämen.

Bis dahin sollten jedoch noch einige Minuten vergehen – Minuten, in denen Hans und ich durch ein Wechselbad der Gefühle schritten. Einmal glaubten wir schon, der Junge habe wieder einen eigenen Sinusrhythmus bekommen. Freudig erregt starrten wir gebannt auf den Monitor. Doch dann die Ernüchterung. Was auch immer wir auf dem EKG-Bild zu sehen geglaubt hatten, es war genauso schnell verschwunden, wie es gekommen war. Nichts war es mit dem Sinusrhythmus. Hans war total frustriert. »Das wird nichts mehr«, flüsterte er mehr zu sich selbst, setzte die Herzmassage aber trotzdem unermüdlich weiter fort.

Jetzt nur nicht aufgeben, dachte ich und presste den Beatmungsbeutel zum zigsten Mal zusammen. Die ausströmende Luft, angereichert mit medizinischem Sauerstoff aus unserer 3-Liter-Sauerstoffflasche füllte die Lungen des kleinen Max. Es folgten weitere endlos lang erscheinende Minuten, dann kamen unsere Kollegen mit den beiden Ärzten von K 12 samt dem ganzen Equipment die Treppe hinaufgestürmt. Frau Prof. Dr. Holland und Dr. Rudolf brauchten keine langen Erklärungen, was hätten wir ihnen auch groß sagen können? Die Situation sprach schließlich für sich. Während unsere Kollegen Hans und mich sofort bei den Reanimationsmaßnahmen ablösten, berichtete ich natürlich dennoch, wie wir den kleinen Max vorgefunden hatten, wie sich sein Zustand verschlechtert hatte und seit wann wir die künstliche Beatmung und die Herzmassage durchführten. Hans ergänzte meinen rasch zusammengefassten Bericht mit der Erklärung, dass wir bisher leider nicht in Erfahrung bringen konnten, was diesen Zustand (wir gingen beide nach wie vor von einer Vergiftung aus) hervorgerufen hatte. »Aber«, sagte er, »ich habe etwas von dem Erbrochenen in diesem Beutel aufgehoben.« Er hielt den durchsichtigen Kunststoffbeutel hoch.

»Das war sehr gut«, lobte Frau Prof. Dr. Holland. »Lassen Sie mal sehen.«

Hans reichte ihr den Beutel, dessen Inhalt sie genau betrachtete. Anschließend legte sie Max einen venösen Zugang und fragte: »Und wie ist der Zustand der Schwester des Jungen? Können Sie uns dazu etwas sagen?«

Ich schüttelte den Kopf. »Tut mir leid, aber dazu kann ich gar nichts sagen. Ich weiß nur, dass es dem Mädchen auch nicht gut gehen soll und dass sie erbrochen hat. Sie muss irgendwo hier oben in einem anderen Zimmer sein. Die Mutter ist bei ihr.« Während ich das erklärte, überkam mich ein heftiges Schuldgefühl, weil wir uns um das Mädel bislang noch gar nicht gekümmert hatten. Dr. Rudolf sah mir das an, sonst hätte er wohl kaum gesagt: »Ist schon in Ordnung. Schließlich waren Sie ja beide hier gebunden und konnten den Jungen unmöglich alleine lassen.«

Trotz seiner beschwichtigenden Worte hätten wir uns aufteilen müssen, sagte mir meine innere Stimme. Und wenn es nur für einen kurzen Zeitraum gewesen wäre, um nachzusehen, wie es um die Gesundheit des Mädchens stand. Aber für diese Erkenntnis war es jetzt zu spät. Ich konnte nur hoffen, dass wir diesen Fehler nicht bereuen mussten.

»Dr. Rudolf, wenn Sie einmal nach dem Mädchen sehen könnten?«

»Natürlich, Frau Kollegin. Wer von Ihnen begleitet mich?« Er sah Hans und mich an.

»Wir kommen beide mit«, sagte ich spontan, aber Dr. Rudolf schüttelte den Kopf. »Nein, nur einer. Sie kommen mit.« Er zeigte auf Hans. »Und Sie«, jetzt sah er mich an, »versuchen herauszufinden, was die Vergiftung der Kinder verursacht haben kann.«

»Sie gehen also auch von einer Vergiftung aus?«, sagte ich.

Die beiden Ärzte tauschten daraufhin einen kurzen Blick miteinander, was die Professorin zu der Aussage verleitete: »Wir gehen zumindest davon aus, da einiges darauf hindeutet. Es wäre deshalb sehr wichtig, die Giftquelle zu kennen, verstehen Sie?«

Klar verstand ich, und bevor ich ging, fügte sie noch eindringlich hinzu: »Suchen Sie besonders nach giftigen Pflanzen. Und zwar so schnell wie möglich. Ich habe da so einen Verdacht.«

Nach Medikamenten und leeren oder angebrochenen Medikamentenverpackungen hatte mein Kollege Hans schon erfolglos gesucht, darauf brauchte ich also keine Zeit mehr zu verschwenden, und die klassischen Essensreste der gemeinsamen Mittagsmahlzeit schieden ebenfalls aus, darüber waren wir beide uns ja schon einig gewesen. Aber Giftpflanzen … das war nicht schlecht. Ich beschloss daher, mich als Erstes im Garten der Lingens umzusehen. Über einige botanische Kenntnisse verfügte ich ja, und so klassische Giftpflanzen wie den Roten Fingerhut, den Rittersporn und die Engelstrompete, um nur einige Blumen zu nennen, finden sich in vielen Gärten, ebenso wie die giftigen Eiben, der Buchsbaum und der Kirschlorbeer.

Unten begegnete ich der Tante von Max und Paula. Sie saß, den Kopf in die Hände gestützt, auf der untersten Stufe und schluchzte. Als sie mich die Treppe herabkommen hörte, sah sie mich mit tränengeröteten Augen an.

»Was ist mit Max? Was ist mit meinem Neffen? Ich trau mich nicht da rein.«

Sie zeigte die Treppe hinauf zum Kinderzimmer des Jungen.

Es schnürte mir die Kehle zu. Was sollte ich dieser armen Frau sagen? Etwa, dass wir ihren Neffen reanimierten und dass es sehr schlecht um ihn stand? Auf keinen Fall! Mir graut es eh davor, was geschehen würde, wenn die Ärzte von K 12 den Kampf um den Jungen verloren und wir ein totes Kind im Haus zurücklassen müssten. Ich blickte in das bittend verzweifelte Gesicht der Tante, und der Kloß in meinem Hals wurde immer größer. Schließlich rang ich mir ein »Wir tun alles, was menschenmöglich ist« ab und bat sie, mir den Weg in den Garten zu zeigen.

»Was wollen Sie denn im Garten?«, fragte sie erstaunt.

Nachdem ich ihr schnell erklärte, dass die Kinder sich möglicherweise durch Pflanzen vergiftet haben könnten, zuckte sie erschreckt zusammen.

»Oh Gott! Dann glaube ich zu wissen, was …«, sie stockte.

»Ja, was?«, drängte ich.

»Nun, meine Schwägerin hat doch heute Geburtstag, und die Kinder …«

Erneut brach sie ab und schlug die Hände vors Gesicht.

»Ich mag gar nicht daran denken, wenn …«

»Jetzt sagen Sie es schon!«, rief ich und fasste sie bei den Schultern.

»Die beiden haben Maiglöckchen für uns gepflückt. Einen Strauß für ihre Mutter und einen auch für mich.«

Nachdem das endlich raus war, sagte sie zwar noch Weiteres, aber das ging in einem erneuten Schluchzen unter. Ich hatte genug gehört, eilte zurück und riss die Tür zum Kinderzimmer auf.

»Maiglöckchen! Die Kinder haben Maiglöckchen gepflückt!«

»Ist das sicher?«

»Ich denke schon. Wenigstens hat mir die Tante der Kinder gerade gesagt, dass sie für sie und für die Mutter Maiglöckchensträuße gepflückt haben.«

»Okay!«, rief Frau Prof. Dr. Holland. »Dr. Rudolf, ich brauche sofort ein Digitalis-Antidot*.«

*

Nach zwei Stunden hatten wir den Kampf um das Leben des kleinen Max verloren. Wir mussten aufgeben. Max war uns buchstäblich unter unseren Händen weggestorben, das hatten selbst die Kinderärzte von K 12 nicht verhindern können, und sie, das vermag ich hier mit Fug und Recht zu sagen, zählten damals zu den Besten ihres Fachs. Wo andere längst mit ihrem Latein am Ende gewesen wären, hielten sie immer noch einen Trumpf im Ärmel, doch selbst der stach nicht mehr.

Zutiefst erschüttert blickten wir auf den Leichnam des toten Jungen.

»Vielleicht sollten wir noch ein Gebet für den Max sprechen?«, sagte Frau Professor Dr. Holland leise. Wir nickten stumm, und nachdem wir den Jungen extubiert und wieder vom Boden auf sein Bett zurückgelegt hatten, falteten wir unsere Hände. So standen wir eine Weile schweigend, bis sich Dr. Rudolf dezent räusperte.

»Ich denke, es ist Zeit.« Er schaute seine Kollegin an. »Sollen wir?«

Sie nickte und hauchte ein kaum hörbares Ja, atmete einmal tief durch und sagte dann: »Bringen wir es hinter uns.«

Mir war sofort klar, was sie damit meinte. Die beiden Mediziner würden jetzt die Mutter und die Tante aufsuchen und ihnen die grausame Nachricht vom Tod ihres Sohnes und Neffen überbringen. Und höchstwahrscheinlich würde die Schwester die schlimme Nachricht vom Tod ihres Bruders ebenfalls erfahren.

---

* *siehe Glossar am Ende des Buches*

Was für eine ungeheuer schwere Bürde für die beiden Kinderärzte. Und dennoch war ich heilfroh, dass sie hier waren, da sonst ich der Überbringer hätte sein müssen.

Kurz nachdem die Ärzte das Zimmer verlassen hatten, hörten wir einen lauten Aufschrei tiefster Verzweiflung und herzzerreißenden Schmerzes. Wenn ich, während ich das hier aufschreibe, daran denke, habe ich Tränen in den Augen.

Hans ging die Treppe hinunter an unseren RTW und holte ein Einmallaken, mit dem er den Leichnam des kleinen Max zudeckte. Dann brachten Frau Prof. Dr. Holland und Dr. Rudolf die Mutter hinein. Die Szene, die sich danach abspielte, möchte ich nicht beschreiben. Es reicht, dass sie sich unauslöschlich in mein Gehirn eingebrannt hatte.

ZUFALL ODER AUCH NICHT?

»Moment mal!« Angestrengt starrte ich aus dem Seitenfenster des Mannschaftsraums in die dunkle Nacht. »Wir fahren doch nicht etwa zu der Villa, in deren Garten der Schuppen gebrannt hatte?«

»Wohin?«

»Na, zu *der* Villa!«

»Hä? Ich versteh immer nur Tilla«, brüllte Bernd, dabei drehte er den Kopf zur Seite und hielt seine wie einen Trichter geformte Hand ans Ohr. »Red doch mal lauter, Mann, so kann dich ja keiner verstehen!«

»Ey Bernd, du bist wohl immer noch taub! *Die* Villa, wo wir, du und ich, unser Knalltrauma bekommen haben!«

»Ach, die meint der!«, rief Bernd vergnügt und warf den anderen eindeutige Blicke zu.

»Ach so, diiie!«, tönte mein Sitznachbar Rudi jetzt ebenfalls und verkündete spitzbübisch: »Er meint wahrscheinlich mehr den Schuppen, wo es damals gerumst hatte.« Die anderen quittierten seine Äußerung mit brüllendem Gelächter. Nachdem ich kapiert hatte, dass die mich nur verarschen wollten, klopfte Rudi mir auf die Schulter: »Aber Martin, jetzt mal ganz ehrlich … wir fahren da wirklich nur hin, damit du dein Trauma verarbeiten kannst.«

Ich spielte den Entrüsteten: »Ihr könnt mich mal!«, konnte mir das Lachen aber ebenfalls nicht verkneifen.

»Habt ihr's bald!«, rief unser DGL von vorne. »Das ist hier schließlich keine Kaffeefahrt, sondern ein Einsatz!«

»Ja, aber wenn der Martin doch …!«

»Bernd! Es reicht!«

»Ouh. Der Alte ist wohl mit dem falschen Bein aus dem Bett gestiegen«, raunte Bernd uns zu.

»Nachtalarm«, flüsterte Rudi und feixte, »ist nix mehr für alte Säcke.«

»Hey! Das hab ich gehört, Rudi!«

Kollege Rudi biss sich auf die Lippe.

*

Unser Einsatzziel war tatsächlich die besagte Villa. Als die Alarmdurchsage kurz vor Mitternacht aus sämtlichen Lautsprechern ertönte, lagen die meisten von uns in ihren Betten. Zimmerbrand mit Menschenleben in Gefahr, hatte es geheißen. Der Einsatz gab also eigentlich keinen Grund zu Scherzen, dennoch wurden wir trotz aller gebotenen Eile nicht hektisch. Stressig, das weiß jeder erfahrene Feuerwehrmann nur zu gut, würde es möglicherweise noch früh genug werden, zumindest dann, wenn sich die Alarmdurchsage bewahrheiten sollte.

Inzwischen war ich ja nun auch schon einige Jährchen dabei und besaß ebenfalls diese Lockerheit, die man sich besser aneignet, weil sie Teil der lebenswichtigen Schutzfunktion ist, will man nicht all die schlimmen Dinge zu nahe an sich herankommen lassen. Was jedoch keineswegs bedeutet, dass man gegenüber dem oft harten und unbarmherzigen Schicksal derer, für die wir mit Sondersignalen unterwegs sind, abgestumpft ist.

Ich vergleiche uns Feuerwehrmänner (für Feuerwehrfrauen gilt das selbstverständlich auch!) daher gerne mit Chirurgen im Krankenhaus. Einer erzählte mir mal: Wenn sie am OP-Tisch stünden und mit dem Skalpell die Bauchdecke oder mit der Knochensäge den Brustkorb eines Menschen eröffnen, um eine lebensrettende Operation durchzuführen, hielten sie auch eine gewisse Distanz zu ihren Patienten. Denn sonst könnten weder er noch seine Kollegen diesen belastenden »Job« lange schadlos überstehen.

Wie wahr, wie wahr. Leider funktionieren diese Schutzmechanismen nicht immer, und so darf es nicht verwundern, wenn Feuerwehrmänner von manchen Einsätzen traumatisiert zurückkehren können. Im Moment waren wir davon jedoch meilenweit entfernt. Das einzige Trauma, von dem wir annehmen konnten, dass es uns drohte, saß vorne rechts neben dem Maschinisten in Gestalt unseres DGL. Zumindest Bernd sah so aus, als rechnete er aufgrund seiner Zurechtweisung noch mit einem späteren Rüffel. Seine Sorge war jedoch unbegründet, denn erstens war unser DGL nicht so einer, und zweitens war die Sache für ihn längst abgehakt.

*

Bei dem Stichwort »Menschenleben in Gefahr« alarmiert die Rettungsleitstelle je nach Gefahrenlage mindestens zwei Feuerwachen, wobei von der nächstgelegenen Wache in aller Regel der komplette Löschzug ausrückt, während von der weiter entfernten Wache oft nur ein Löschgruppenfahrzeug, das sogenannte Verstärkungs-LF, geschickt wird.

Da wir der Einsatzstelle näher waren, rückten wir mit dem kompletten Löschzug, bestehend aus zwei HLF, einer DLK 23.12 NB und einem unserer RTW aus.

Zusätzlich war ein Einsatzleiter samt seinem Fahrer in einem speziell als Einsatzleitstelle ausgestatteten C-Dienstfahrzeug zu uns unterwegs. Solche Einsatzleiter des gehobenen Dienstes kommen immer dann zum Einsatz, wenn besondere Schadenereignisse oder Gefahrenlagen die Koordination mehrerer Löschgruppen an der Einsatzstelle notwendig machen.

Natürlich gibt es auch Einsätze, bei denen sich im Nachhinein herausstellt, dass die Entsendung eines C-Dienstes nicht notwendig gewesen wäre. Das Gleiche trifft auch auf einige andere Feuerwehrfahrzeuge zu, aber das Sicherheitskonzept der Feuerwehr funktioniert nun mal nach dem Prinzip: »Lieber klotzen als kleckern.« Zurücknehmen kann man seine Einsatzkräfte immer noch, aber nachfordern, wenn es dafür vielleicht schon zu spät ist, kann fatale

Folgen haben und im schlimmsten Fall den Tod von Menschen bedeuten!

*

Bis zu unserer nächtlichen Einsatzstelle trennten uns jetzt nur noch wenige Meter. Der Angriffstrupp, der wie immer mit dem Rücken zur Fahrtrichtung saß, hatte sich inzwischen vollständig ausgerüstet. Hinter den schwarzen, das Gesicht vollständig bedeckenden Atemschutzmasken waren die Männer jetzt nur noch für eingeweihte Personen zu unterscheiden. Für jeden anderen sahen sie in der identischen Schutzbekleidung mit Feuerwehrhelm, Flammschutzhaube, Sicherheitsstiefeln und Handschuhen alle gleich aus. Das heißt, wenn man von gewissen Merkmalen wie körperliche Größe einmal absah. Michael, unser heutiger Angriffstruppmann, besaß so ein Merkmal. Ein sehr auffallendes sogar, denn mit seinen 1,92 Meter überragte er die meisten von uns, und Dieter, seinen Angriffstruppführer, sogar um einen ganzen Kopf.

Da ich den beiden gegenübersaß, also in Fahrtrichtung, versuchte ich vergeblich, durch das von meinem Platz aus einzige frei sichtbare Stückchen Windschutzscheibe einen frühen Blick auf die Villa zu erhaschen. Vergeblich, denn im Gegensatz zu unserem damaligen Einsatz, als die alten hohen Bäume ihre entlaubten Äste noch kahl in den Himmel ragten, wodurch die Sicht auf die Villa schon frühzeitig möglich gewesen war, standen dieselben Bäume jetzt im vollen Grün. Die Auffahrt säumende Büsche mit ihrem dichten Blätterdach schirmten die Sicht vollständig ab. Das war ja auch der Grund, weshalb ich damals immer angenommen hatte, dass dort gar kein Gebäude stünde. Nun, heute wusste ich es aus leidvoller Erfahrung besser, und als wir in die Einfahrt bogen – das Tor stand wieder offen, diesmal allerdings ohne den daneben hektisch winkenden Gärtner –, fragte ich mich, war das nun Zufall oder nicht? Seltsam fand ich das nämlich schon, also nicht dass der

Gärtner nicht dort stand, sondern dass wir jetzt schon zum dritten Mal innerhalb so kurzer Zeit die gleiche Einsatzstelle anfuhren. Wobei, beim zweiten Einsatz war ich ja nicht dabei gewesen. Aber spielte das eine Rolle? Mit Sicherheit nicht! Jedenfalls war ich gespannt, was uns hier diesmal erwarten würde. Angeblich sollte es in der Villa ja brennen, und es seien sogar Menschenleben in Gefahr.

Jetzt kam das Gebäude in mein Blickfeld. Groß, grau und irgendwie bedrohlich stand es da. Sämtliche Fenster lagen im Dunkeln, nirgendwo leuchtete Licht. Es schien, als sei die Villa verwaist, oder zumindest so, als befänden sich alle ihre Bewohner in nächtlicher Ruhe. Aber dieser erste Eindruck musste noch nichts besagen. Das gemeldete Feuer konnte ja auch auf der Rückseite ausgebrochen sein.

Mein Sitznachbar hatte das Seitenfenster hinuntergekurbelt, sodass die abgekühlte Nachtluft zu uns hereindrang. Wie zwei schnüffelnde Spürhunde sogen wir die Luft ein.

»Riechst du was?«, fragte ich.

»Nee, du?«

Ich schüttelte den Kopf und sog die Luft noch einmal prüfend ein. Nichts. In meine Nase drang kein verdächtiger Brandrauch.

»Hm … ich glaube nicht, dass es hier wirklich brennt. Wahrscheinlich hat sich nur wieder ein fragwürdiger Zeitgenosse einen dummen Scherz erlaubt.« Solche Falschmeldungen kommen öfter vor, als uns Feuerwehrmännern lieb ist, aber lachen können wir über so etwas nicht.

»Na, mal sehen«, sagte unser DGL, der meine Äußerung mitgehört hatte, und gab dem zweiten, uns nachfolgenden LF über Funk die Order, die rückwärtige Seite des Gebäudes anzufahren. In diesem Moment änderte sich die harmlos wirkende Szenerie schlagartig. Plötzlich gab es einen heftigen Knall, dabei zerbarsten auf der oberen Etage zwei dicht nebeneinanderliegende Fenster. Wie der Donner, der unmittelbar auf den grellen Blitz folgt, schlugen daraus hellgelbe lange Flammen in die dunkle Nacht. Es sah aus wie das Mündungsfeuer von Kanonen. Für ein, zwei Sekunden wurde der gesamten Vorplatz erhellt, dann war der Feuerspuk auch schon wieder vorüber. Dafür wälzte sich jetzt dunkler Brandrauch dichter schwarzer Watte gleich aus den Fensterlöchern, deren Fensterscheiben samt ihrer hölzernen Rahmen herausgefetzt in die Tiefe gestürzt und in Tausende winzige Splitter zersprungen waren, die sich über den ganzen gepflasterten Vorplatz verteilten. Meine Kollegen, die mit mir im LF saßen, waren genau wie ich bei diesem plötzlichen spektakulären Feuerwerk zusammengezuckt. Mit solch einem Empfang hatte keiner von uns gerechnet. Dennoch hielt unsere Schrecksekunde nicht lange an, denn schon erteilte unser DGL die ersten Einsatzbefehle:

»Angriffstrupp mit C-Rohr durch den Haupteingang zur Menschenrettung und Brandbekämpfung vor! Schlauchtrupp unterstützt! Wenn nötig Türe aufbrechen! Wassertrupp, zweites C-Rohr in Bereitstellung und PA anlegen!«

Während wir aus dem Fahrzeug stürzten, gab der Chef über Funk unserem zweiten LF sowie der Drehleiter ebenfalls seine Befehle. Danach funkte er die Rettungsleitstelle an:

»Rauchgasdurchzündung oder Explosion auf der zweiten Etage. Vornahme von zwei C-Rohren. Drei Trupps unter PA.«

»Frage. Menschenleben in Gefahr?«

»Unklar. Noch keine Feststellung. Wir erkunden.«

»Verstanden. Erhöhen auf Alarmstufe 3. Geben Sie umgehend Rückmeldung, wenn Sie nähere Erkenntnis haben.«

*

Alarmstufe 3 bedeutete, dass sofort ein dritter Löschzug alarmiert und zur Einsatzstelle geschickt wird. Außerdem informierte der Leitstellendisponent seinen Lagedienstleiter, der wiederum den B-Dienst in Kenntnis setzte. Der B-Dienst, ebenfalls ein Beamter des gehobenen Dienstes, der aber dem C-Dienst überstellt ist, zögerte nur einen kurzen Moment, dann entschied er, trotz der noch unklaren Lage ebenfalls zur Einsatzstelle zu fahren.

»Geben Sie meinem Fahrer Bescheid«, forderte er den Leitstellendisponenten auf, »und alarmieren Sie den Atemschutzgerätewagen.«

»Ist bereits geschehen«, antwortete der.

»Wie viele Rettungsmittel haben Sie vor Ort?«

»Bis jetzt nur einen RTW.«

»Wissen wir schon, wie viele Leute sich in dem Haus aufhalten?«

»Leider nein.«

»Schicken Sie sicherheitshalber noch zwei weitere Rettungswagen und einen NAW.«

»Geht klar.«

*

Der Maschinist hatte die Drehleiter in Stellung gebracht. Dazu hatte er sie so geschickt platziert, dass ihr Leiterpark nicht nur die Fenster der vorderen Brandetage erreichen konnte, sondern auch die an der rechten Giebelseite. Alle vier seitlichen Pratzen waren ausgefahren. Gerade stiegen zwei Feuerwehrmänner mit auf den Rücken geschnallten Atemschutzgeräten in den an der Leiterspitze befestigten Rettungskorb. Ich war einer von ihnen.

Unser Auftrag lautete, eines der Fenster anzusteuern, hinter denen die Flammen loderten, und von dort das Feuer mit einem weiteren C-Rohr anzugreifen. Parallel dazu versuchte unser Angriffstrupp, über die innen liegende Treppe ebenfalls nach oben zu gelangen. So hofften wir, das Feuer in die Zange nehmen zu können und, falls es nötig werden würde, gleichzeitig eine Menschenrettung durchzuführen. Dieses Vorgehen mit Wasser am Rohr ist zwar zeitaufwendiger als ein Eindringen ohne den sperrigen Schlauch, für uns Feuerwehrmänner aber oft überlebenswichtig. Die Gefahr, selber vom Feuer eingeschlossen zu werden, stellt bei solchen Bränden ein unkalkulierbares Risiko dar, bei dem wir trotz unserer hervorragenden Schutzausrüstung nicht nur leichte Beute der Flammen wären. Es bedeutete auch, dass unser Auftrag der Menschenrettung möglicherweise gefährdet oder gänzlich undurchführbar wäre, wenn wir in kritischen Situationen ohne das mitgeführte C-Rohr nicht über das überlebensnotwendige Löschwasser verfügten.

Rudi stand neben mir im Rettungskorb und bediente die Steuereinheit mit den beiden Joysticks. Über sie konnte er alle Fahrbewegungen wie Aufrichten, seitliches Schwenken und Ausfahren des gesamten Leiterparks steuern. Trotzdem saß der Leitermaschinist unten auf dem Podest auf seinem Maschinistensitz und überwachte seine Fahrbewegungen. Ein absolutes Muss, denn sollte uns hier oben irgendetwas zustoßen oder wir durch eine falsche Fahrbewegung in Gefahr geraten, konnte er von unten über eine Vorrangschaltung jederzeit in das Geschehen eingreifen und uns, wenn nötig, aus der Gefahrenzone in Sicherheit bringen. Aber noch lief alles nach Plan.

Rudi steuerte das uns am nächsten liegende Fenster an. Im Grunde war es ja kein Fenster mehr, sondern nur noch ein Loch, aus dem immer noch dichter dunkler Brandrauch quoll und uns die Sicht in die dahinter liegenden Räume verwehrte. Sicherheitshalber stoppte Rudi den Rettungskorb so, dass wir von etwaigen erneut herausschießenden Langflammen – damit musste man immer rechnen – nicht getroffen werden konnten. Unsere Feuerschutzbekleidung hielt zwar eine kurzfristige Vollbeflammung aus, aber man muss sein Schicksal ja nicht herausfordern. Gefährlich war unser Vorgehen auch so schon genug, denn wir sollten nicht aus dem Rettungskorb von außen löschen, sondern wir sollten in das brennende Gebäude einsteigen und zum Innenangriff übergehen. Das war aus zweierlei Gründen gefährlich. Zum einen weil wir immer noch nicht wussten, was die Explosion ausgelöst hatte, zum anderen weil die Sicht in dem Raum, in den wir einsteigen wollten, gleich null war. Ein Umstand, der darauf schließen ließ, dass es, obwohl durch die zerstörten Fenster ein Rauchabzug vorhanden war, keinen Durchzug gab. Eine Tür oder vielleicht auch mehrere, die in diesen Brandraum führten, waren demnach höchstwahrscheinlich noch geschlossen.

Rudi stieß mich an. »Da drin muss es aber noch mächtig brennen, ansonsten ist so eine extreme Rauchentwicklung nicht mehr möglich.«

»Sehe ich auch so. Schätze, es ist die Küche.«

»Wie kommst du darauf?«

»Na ja, tiefschwarzer Brandrauch. Das deutet auf 'ne extrem hohe Kunststoffbelastung hin. Eben wie in 'ner Küche.«

»Und wenn die 'ne Holzküche haben?«

»Dann gehen wir trotzdem rein.«

»Na, dann halt mal drauf. Wollen mal sehen, was deine Kunststoffbelastung dazu zu sagen hat.«

Ich riss den Bügel des Hohlstrahlrohrs auf und gab mehrere kurze Sprühstrahlstöße in den mit dunklen Rauchgasen gefüllten Raum. »Meine« Kunststoffbelastung reagierte mit fauchendem Zischen. Rudi drängte mich, schon jetzt einzusteigen, aber ich hielt ihn zurück und gab zunächst noch einige weitere Sprühstrahlstöße ab. Die Reaktion des Feuers, das wir durch die starke Verqualmung noch nicht erkennen konnten, kam prompt und erfolgte in einer gewaltigen Menge Wasserdampf, der jetzt mit dem dunklen Brandrauch vermischt aus beiden Fensterlöchern quoll. Zwei weitere Wasserstöße brachten den erwünschten Erfolg. Der Brandrauch wurde heller. Das war der Wasserdampf, vor dem man sich höllisch in Acht nehmen musste, da er im wahrsten Sinne des Wortes kochend heiß war. Früher, als wir noch nicht diese hochwertige Schutzbekleidung besaßen und unter unseren Feuerwehrhelmen auch keine Flammschutzhauben trugen, bekam man bei solchen Löscheinsätzen regelmäßig Brandblasen, vornehmlich an den Ohren. Um dem zu entgehen, duckte man sich schon ganz automatisch, da die größte Hitze sich immer unter der Decke staut.

Tief am Boden, im Extremfall sogar auf dem Bauch liegend, konnte man so der Gefahr entgehen und die hohen Temperaturen noch halbwegs aushalten, manchmal zumindest.

»Okay, jetzt rein, Rudi!«

Rudi fuhr den Rettungskorb noch einige Zentimeter weiter, dann kletterte er von Brandrauch umhüllt durch das Fensterloch. Ich reichte ihm das Hohlstrahlrohr mit dem angekuppelten C-Schlauch an und folgte ihm. Im Brandraum ging ich sofort tief in die Hocke. Ich hatte das C-Rohr wieder übernommen. Rudi kauerte neben mir. Angestrengt versuchten wir, die vor uns waberten rauchenden Schwaden zu durchdringen, dabei hielt ich den Verschlussbügel des Hohlstrahlrohrs fest im Anschlag, um bei einer Bedrohung durch ein Aufflammen des Feuers jederzeit einen schützenden Wasserstrahl abgeben zu können. Aber anscheinend hatten meine vorherigen Sprühstrahlstöße Wirkung gezeigt. Zwar brannte es hier immer noch, aber zumindest nicht mehr mit der Intensität wie noch vor Sekunden, als wir mit unserem Rettungskorb in Fensternähe stoppten.

»Drehleitertrupp für Gruppenführer! Kommen!«, dröhnte plötzlich die Stimme meines DGL über die Helmsprechgarnitur in mein Ohr.

»Drehleitertrupp hört. Kommen.«

»Wie sieht's aus bei euch? Kommen!«

»Wir sind jetzt drin.«

»Hab ich gesehen. Was ist, noch jemand im Raum? Kommen!«

»Kann ich nicht sagen. Die Sicht hier ist total beschissen.«

»Nett formuliert, Martin. Melde dich, wenn ihr jemanden finden solltet.«

»Geht klar. Ende.«

Rudi stieß mich an: »Nach rechts oder nach links?«

Wenn Feuerwehrmänner einen Raum vorfinden, der so voller Brandrauch ist, dass sie kaum die eigene Hand vor Augen beziehungsweise vor dem Sichtfenster ihrer Atemschutzmaske erkennen können, versuchen sie möglichst schnell, ein Fenster zu öffnen, damit der Brandrauch abziehen kann. In unserem Fall war das natürlich nicht mehr nötig, da wir ja genau durch eines dieser Fenster, genauer gesagt, durch deren Fensterloch eingestiegen waren. Für uns kam es nun darauf an, möglichst schnell die Tür zu diesem Raum zu finden. Wenn wir diese öffneten, so hofften wir, würden wir den nötigen Durchzug erhalten, der uns eine bessere Sicht verschaffen sollte. Durchzug birgt allerdings die Gefahr eines erneuten Aufflammens oder Verstärken des Brandes, weil dann vermehrt Sauerstoff zugeführt wird. Aber da wir hier mit Wasser am Rohr eingedrungen waren, musste uns diese Gefahr keine Sorge bereiten.

Rudis Frage nach rechts oder nach links zielte daher lediglich auf die Feuerwehrtaktik ab, einen unbekannten Raum nicht mittig zu durchqueren, sondern sich an einer Wandseite voranzutasten. Wir entschieden uns für rechts. Bereits nach zwei Metern stießen wir auf ein erstes Hindernis – vermutlich ein hier an der Wand stehender Schrank, beziehungsweise dessen Reste, die im Feuer in sich zusammengestürzt waren. Erkennen konnten wir das zwar nicht, aber vermuten. Über diesen kokelnden Bretterberg hinwegklettern war riskant, also tastete ich mich auf allen vieren kriechend um das Hindernis herum. Das Hohlstrahlrohr hatte ich mir dabei unter den Arm geklemmt. Rudi folgte und zerrte nicht nur den prall mit Wasser gefüllten C-Schlauch hinter sich her, sondern auch noch einen gerollten Schlauch, da wir uns bei unserem Eindringen in diesen Brandraum lediglich eine Schlauchreserve von zwei je 15 Meter langen C-Schläuchen ausgelegt hatten, was nach Adam Riese bedeutete, dass wir uns dreißig Meter weit bewegen konnten. Für eine durchschnittliche Wohnung würde das sicherlich reichen, aber bei solch einer großen Villa? Im Moment sah es jedoch nicht danach aus, als ob wir den zusätzlichen Rollschlauch auch noch benötigten, da wir nur sehr langsam vorankamen und ich immer wieder vor mir aufflackernde Flammen ablöschen musste. Und gerade zwang uns ein weiteres Hindernis schon wieder zu einem Umweg.

Nachdem wir das ebenfalls kriechend umgangen hatten, wurde es Zeit, einen Blick auf unsere Druckmanometer zu werfen, denn der Luftvorrat unserer Pressluftatmer ist auf dreißig Minuten begrenzt. Sah nicht gut aus. Unser gezwungenermaßen langsames Vorankommen hatte uns mehr Zeit gekostet, als uns lieb sein konnte, und das erste Drittel Atemluft aus den mitgeführten Stahlflaschen hatten wir schon verbraucht. Viel Zeit, hier oben noch jemanden zu finden, blieb uns nicht mehr, da wir ja auch noch genügend Luft für den Rückweg nach draußen einplanen mussten. Im Übrigen gab ich mich längst nicht mehr der Illusion hin, hier noch jemanden lebend zu finden, zumindest nicht in diesem Raum. In solch einer extremen Verqualmung gibt es keine Überlebenschance. Ohne ein Atemschutzgerät würde jeder Mensch schon nach wenigen Atemzügen bewusstlos zusammenbrechen und elendig ersticken. Sollten wir in diesem Raum tatsächlich jemanden finden, dann wäre dieser Jemand mit Sicherheit schon tot. Aber dazu mussten wir zunächst für bessere Sicht sorgen, und dafür mussten wir wiederum die Tür öffnen, die wir aber auch nicht sehen konnten, weil alles um uns herum nur schwarz war. Also weiter.

Immer noch auf allen vieren tastete ich mich Zentimeter um Zentimeter voran. Plötzlich krachte etwas Brennendes vor mir auf den Boden. Erschreckt zuckte ich zusammen, da krachte es erneut. Einen halben Meter vor mir stoben Funken auf. Geistesgegenwärtig ließ ich mich nach hinten fallen und riss den Hebel meines Hohlstrahlrohrs auf. Der breite gefächerte Wasserstrahl hüllte die auflodernden Flammen ein, die unter der Wirkung des Löschwassers sofort wieder in sich zusammenfielen. Rudi war neben mich gekrochen und stieß mir gegen die Schulter und brüllte:

»Scheiße, was war das denn?«

»Wahrscheinlich der letzte Küchenschrank.«

»Na, hoffentlich der letzte.«

Er leuchtete mit seinem starken Handscheinwerfer auf einige stark angebrannte Holzteile vor uns.

»Scheinst wirklich recht zu haben.« Er zerrte ein verkohltes Teil heran, dessen Reste an eine Schublade erinnerten. »Hier, der Handgriff. Sieht eindeutig nach Küche aus.«

Für die eingehende Betrachtung weiterer Trümmerstücke hatten wir keine Zeit. Wir hatten Wichtigeres zu tun und krochen weiter. Allerdings blickte ich ab jetzt öfter nach oben, wobei, diese Blicke hätte ich mir sparen können, da über unseren Köpfen die Luft noch undurchsichtiger war als hier unten am Boden. Gut war nur, dass ich nach dem letzten Zwischenfall die Wand wieder ertasten konnte. Kurz danach stieß meine ausgestreckte Hand in eine Ecke des Raums. Vermutlich hatten wir das Ende der Küche erreicht, denn ab hier ging es nur noch nach links. Unter mir knirschten die Scherben von Tassen und Tellern. Nur gut, dass die Kniepartien unserer Hosen dicke Polster und schnittfeste Keflarauflagen besaßen. Bei den dünnen Stoffhosen, die wir früher trugen, hätten wir uns längst die Knie aufgescheuert und aufgeschnitten. Wenige Meter danach, das Knirschen unter mir hatte wieder aufgehört, bekam ich endlich die Tür zu spüren. Zumindest glaubte ich das. Leider war es nur eine in die Wand eingelassene Nische. Also doch wieder weiter. Plötzlich hörte ich lautes Knistern und Prasseln, die typischen Geräusche eines Feuers. Und dann sah ich es vor mir hell aufleuchten. Zunächst nur als rote wabernde Masse, dann als klar definierte Flammen. Irgendetwas musste dort vor uns noch gewaltig brennen. Etwas, was, so vermutete ich, diese ungewöhnliche Menge an ständig neuem Brandrauch produzierte, der uns nach wie vor die Sicht raubte. Rudi, der erhebliche Mühe hatte, den schweren sperrigen Wasserschlauch über all den Brandschutt hinter uns her zu ziehen, hatte gemerkt, dass ich nicht mehr weiterkroch. Schnaufend und keuchend vor Anstrengung schob er sich wieder an meine Seite.

»Na los! Worauf wartest du? Halt drauf!«

Ich hatte das Hohlstrahlrohr immer noch auf Sprühstrahl stehen und gab mehrere Wasserstöße in die bis unter die Decke schlagenden Flammen. Trotzdem brannte das Feuer immer weiter. So etwas hatte ich noch nicht erlebt. Ich hatte ja schon einige Küchenbrände gelöscht, aber dieser war absolut ungewöhnlich. Die Menge an Löschwasser, die ich hier benötigte, sprengte alle Dimensionen und strafte die Angaben aller mir bekannten Lehrbücher Lügen. Aber dann hatte ich es endlich geschafft – das Feuer war aus, und damit versiegte auch der Nachschub an Brandrauch. Nachdem die meisten dunklen Schwaden durch die Fensterlöcher nach draußen abgezogen waren, wurde die Sicht merklich besser, und als wir die Ursache dieses ungewöhnlichen Brandes erkennen konnten, staunten wir nicht schlecht. In der linken hinteren Ecke dieser rechteckigen, etwa fünf mal sechs Meter großen Küche hatte jemand einen gewaltigen Haufen Brennholz aufgestapelt, der, obwohl das meiste verbrannt war, auch jetzt noch riesig war. Entsprechend verwundert blickten wir beide uns an. Welcher Wahnsinnige stapelt denn solch eine Menge Brennholz in seiner Wohnung? Das war weit mehr, als man benötigte, um den strengsten Winter zu überstehen! Das kam uns in doppelter Hinsicht verdächtig vor, zumal sich in diesem Raum auch kein Ofen befand, in dem man dieses Holz hätte verheizen können. Dann entdeckte Rudi die Propangasflasche. Ihr metallener Körper lag, von oben bis unten aufgerissen, halb unter Brandschutt bedeckt nur wenige Meter vor unseren Füßen. Bei ihrem Anblick musste ich sofort an unseren ersten Einsatz denken, bei dem uns draußen in dem brennenden Schuppen eine Propangasflasche beinahe zum Verhängnis geworden wäre. Und hier schon wieder das Gleiche, das konnte kein Zufall sein. Es lief mir eiskalt den Rücken hinunter. Ich schaute Rudi an, und er schaute mich an. Obwohl unter den dicht schließenden Atemschutzmasken nur unsere Augenpartien zu erkennen sind, konnte jeder in den Augen des anderen das Gleiche lesen – diese verdammte Villa ist eine tödliche Feuerfalle. Also raus, nur raus hier! In diesem Moment ertönte die Stimme unser DGL im Lautsprecher meiner Helmsprechgarnitur.

»Angriffstrupp 2 für DGL, kommen!«

»Angriffstrupp 2 hört. Kommen«, meldete ich mich.

»Wie sieht's aus bei euch da oben? Gib mal 'ne Rückmeldung, und wie ist die Anzeige eurer Druckmanometer? Kommen!«

»Der Raum, in den wir eingestiegen sind, war wohl die Küche. Das Feuer haben wir so gut wie gelöscht, aber hier drin ist alles verbrannt. Einen Menschen haben wir nicht gefunden, aber dafür jede Menge Brennholz und eine aufgerissene Propangasflasche. Wenn du mich fragst, sieht das verdammt nach Brandstiftung aus. Kommen.«

Einen Moment herrschte Funkstille. Vermutlich musste unser Chef die Nachricht erst verdauen, dann meldete er sich wieder.

»Hab ich verstanden. Ich werd das kurz mit dem C-Dienst besprechen und melde mich gleich noch einmal. Aber du solltest mir noch euren Druck durchgeben. Kommen.«

Ach ja, unser Luftvorrat. Rasch schaute ich auf die Anzeige meines Druckmanometers. »Also bei mir sind es knapp über 100 Bar, und beim Rudi …«, ich warf Rudi, der das Funkgespräch mithören konnte, einen fragenden Blick zu.

»Bei mir sind es ebenfalls 100«, gab er selbst durch.

»Okay Jungs, dann kontrolliert nur noch den direkten Bereich hinter der Küche. Falls es dort nicht brennt, bleibt oben und löscht noch die Glutnester ab. Verstärkung ist schon unterwegs. Wenn die hier ist, lasse ich euch ablösen. Ende.«

Zu gerne hätte ich ja noch erfahren, wo sich unser erster Angriffstrupp jetzt befand und welche Situation er vorgefunden hatte. Aber von ihm war bislang keine Rückmeldung über Funk zu hören gewesen, was mich wunderte, denn für gewöhnlich stehen alle im Objekt eingesetzten Trupps mit der Einsatzleitung in ständigem Funkkontakt. Aber was ist schon gewöhnlich in einer Villa, in deren Küche sich Unmengen Brennholz stapeln und wo einem jederzeit Propangasflaschen um die Ohren fliegen können. Wir hatten jedenfalls beide ein verdammt mulmiges Gefühl und hätten lieber jetzt als gleich den Rückzug angetreten, aber Befehl ist Befehl. Im Übrigen hatte vorher auch nie einer behauptet, dass Feuerwehrmann sein ein Zuckerschlecken sei.

Bevor wir diesen Raum verließen, schwenkte ich mein Strahlrohr noch einmal über den kokelnden, immer wieder aufflammenden Brandschutt. Von dem ehemaligen Mobiliar wie den Schränken, dem Tisch und den Stühlen waren nur noch schwärzliche Reste übrig. Das meiste war genau wie das Inventar fast vollständig verbrannt. Lediglich ein riesiger gusseiserner Kochherd, eine Kühl-Gefrier-Kombination, eine Spülmaschine und die üblichen Küchenutensilien wie Kochtöpfe, Pfannen sowie die Besteckteile und weitere undefinierbare Gegenstände, die ebenfalls aus Metall bestanden, waren als solche noch zu erkennen. Sicherlich lag auch noch Etliches unter dem Brandschutt und dem Putz der Wände und der Decke, der durch die extrem hohe Brandtemperatur in großen Placken vollständig abgeplatzt war. All das bedeckte den Küchenboden an einigen Stellen mehr als einen halben Meter hoch. Mir war bewusst, dass wir diesen riesigen Berg Brandschutt später noch mühsam abtragen und hinausschleppen müssen. Hoffentlich stießen wir dabei nicht auf eine unliebsame Überraschung. Aber zunächst galt es, einen anderen Auftrag auszuführen, nämlich den Bereich hinter dieser Küche zu kontrollieren.

Die Tür, die in diese Küche hineinführte, war auf unserer Seite stark angebrannt. Dass sie dem Feuer überhaupt so lange standgehalten hatte, verdankte sie der Tatsache, dass ihr Blatt aus einem massiven Eichenholz gefertigt war. Eine klassische Röhrenspantür, wie man sie in den meisten Wohnungen vorfindet, wäre bei diesem Feuer längst durchgebrannt. Normalerweise ließ sich die Tür nach innen, also in die Küche hinein, öffnen. Jetzt ließ sich das jedoch nicht so einfach bewerkstelligen, da vor der Tür ebenfalls jede Menge Brandschutt lag, den wir zunächst zur Seite schieben mussten. Ohne eine Schaufel war das ziemlich mühsam. Klar, einer von uns hätte denen unten über Funk sagen können: »Schickt uns mal 'ne Schaufel hoch«, aber bis die hier oben gewesen wäre … mit

Händen und Füßen ging es auch. Nachdem wir unsere schweißtreibende Arbeit beendet hatten, was uns weitere wertvolle Luft aus unseren Pressluftatmern gekostet hatte, öffneten wir vorsichtig aus tief gebückter Stellung die Tür zu dem dahinter liegenden Raum. Es handelte sich um einen quer verlaufenden Flur, von dem zu beiden Seiten weitere Türen abgingen. Rechter Hand endete er nach etwa vier Metern vor einem geschlossenen Fenster, das in die Giebelwand eingelassen war. Nach links war er wesentlich länger. Der Flur lag im Dunkeln. Etwa in der Mitte der gegenüberliegenden Seite mündete eine Treppe, die sich nach oben hin fortsetzte. Gerade als ich mit meinem Handscheinwerfer in die Richtung leuchtete, wälzte sich von unten eine dunkle Wolke die Treppe herauf.

»Ach du Scheiße!«, rief Rudi. »Da kommt Brandrauch hoch. Da unten brennt es also auch, oder was denkst du?«

Ich nickte. »Ja, eindeutig.«

»Na, dann nix wie weg«, sagte er und zog an meinem Ärmel.

»Warte. Ich geb noch 'ne Rückmeldung.«

Der DGL meldete sich sofort. Nachdem ich ihm unsere Feststellung mitgeteilt hatte, wies er uns an, uns sofort zurückzuziehen. »Ihr kommt wieder den Weg über die Drehleiter. Und lasst das C-Rohr für eure Ablösung am Fenster liegen.«

»Dazu müssten wir aber Wasser halt machen und den Schlauch abkuppeln«, gab ich zu bedenken.

»Macht nichts, den können die anderen auch wieder ankuppeln. Auf keinen Fall nehmt ihr das Treppenhaus. Verstanden?«

»Ja, verstanden.«

»Gut, dann macht, dass ihr da sofort rauskommt.«

Die Dringlichkeit, mit der er das betonte, gab mir zu denken. Wusste er von einer Gefahr, die wir nicht kannten? Aber hätte er uns dann nicht darüber in Kenntnis gesetzt, oder sogar in Kenntnis setzen müssen? Dem Brandrauch nach zu urteilen, musste es in der Etage unter uns jedenfalls heftig brennen, was die Annahme einer Brandstiftung nur noch wahrscheinlicher werden ließ. Normalerweise hätten wir die Gefahr der Brandausweitung auf unsere Etage mit allen Mitteln verhindern müssen, was mit dem zusätzlichen Rollschlauch auch kein Problem gewesen wäre, aber ohne ausreichende Atemluft hatten wir keine Chance, einzugreifen. Jede weitere Zeitverzögerung, die wir hier oben verbrachten, konnte für uns lebensgefährlich werden. Für uns gab es daher nur noch einen Weg – den nach draußen. Das wurde auch höchste Zeit, denn unser Luftvorrat reichte nur noch für zwei Minuten. Bei einer Verqualmung, wie sie in der Küche vor wenigen Minuten noch geherrscht hatte, hätten wir den Rückzug sogar schon viel früher antreten müssen, denn eine der wichtigsten Regeln unter Atemschutz lautet, für den Rückweg doppelt so viel Zeit wie für den Hinweg einzuplanen. Aber jetzt, nachdem die Sicht in der ausgebrannten Küche fast wieder normal war, sollte der schnelle Rückweg kein Problem sein. Vorhin, als wir durch das Fensterloch noch in den völlig verqualmten Bereich eingestiegen waren, wo wir die eigene Hand kaum vor Augen erkennen konnten, war das Vorankommen total mühsam und entsprechend zeitraubend gewesen. Jetzt hingegen würden wir die Einstiegsstelle in nur wenigen Sekunden erreichen. Davon gingen wir zumindest aus, aber es sollte ganz anders kommen.

*

Michael, der hünenhafte Angriffstruppmann, schritt mit weit ausholenden Schritten auf den Eingang der Villa zu. Dieter, sein fast einen Kopf kleinerer Angriffstruppführer, hatte sichtlich Mühe, seinem Tempo zu folgen.

Der Schlauchtrupp, der den beiden die Leitung bis vor den Hauseingang legen sollte, rollte die C-Rollschläuche aus und kuppelte ein Ende an den linken Abgang eines Verteilers, den der Maschinist unseres LF mit einem B-Schlauch auf halber Strecke zwischen der Feuerlöschkreiselpumpe und der Villa abgelegt hatte. Manchmal setzen wir den Verteiler auch direkt vor die Haustür, aber hier war mit weiteren herabstürzenden Gegenständen und sogar mit Trümmerteilen zu rechnen, deshalb hatte unser DGL befohlen, sicherheitshalber einen größeren Abstand zum Gebäude einzuhalten.

Michael erreichte die mit Granit belegten Stufen der Treppe, die als breites Podest vor einer massiven, doppelflügeligen Eichentür endete. Der Angriffstruppmann hatte immer gleich zwei Stufen auf einmal genommen und drückte jetzt mit seiner behandschuhten Hand auf den schweren schmiedeeisernen Türdrücker.

»Verschlossen!«, rief er und drehte sich zu seinem Angriffstruppführer um, der erst jetzt die Treppe erreichte.

»Aufbrechen!«

Wäre Michaels Gesicht nicht vollständig unter der schwarzen Atemschutzmaske verdeckt gewesen, hätte man jetzt sein spitzbübisch breites Grinsen sehen können. Eine Tür aufzubrechen, war so ganz nach seinem Geschmack. Von solchen Hauruck-Aktionen hatte er vor seinem Eintritt in die Feuerwehr immer geträumt. Das war jetzt allerdings schon einige Jährchen her, und wie er schnell feststellen konnte, sah die Einsatzwirklichkeit doch etwas anders aus. Türen wurden, wenn überhaupt, nur noch äußerst selten aufgebrochen und noch weniger eingetreten. Schadenbegrenzung lautete das Stichwort, und wenn doch einmal brachiale Gewalt notwendig wurde, so setzte man gezielt Aufbruchwerkzeug ein und nicht den eigenen Fuß oder die Dienstschulter.

Aber das hier war sein Ding. Der Angriffstruppmann holte zu einem wuchtigen Tritt aus. »Warte! Ich komme!«, rief sein Angriffstruppführer und eilte die Stufen hinauf. Dabei hielt er die Brechstange hoch, die ihm der Maschinist noch rasch in die Hand gedrückt hatte.

»So'n Kinderspielzeug brauch ich nicht«, knurrte Michael unter seiner Maske. Sein Feuerwehrstiefel Größe 52 traf haarscharf neben den schmiedeeisernen Türdrücker. Unter der Wucht von 110 Kilogramm purer Muskelmasse brach der Schlosskasten aus dem splitternden Eichenholz. Krachend flog die schwere Doppelflügeltüre nach innen. So geht es natürlich auch, dachte sich sein Angriffstruppführer und betrachtete nachdenklich die nunmehr überflüssig gewordene Brechstange in seiner Hand.

Der Schlauchtrupp hatte inzwischen mehrere aneinandergekuppelte C-Schläuche in Buchten als Schlauchreserve ausgelegt und kam ebenfalls die Treppe herauf. Mit den Worten »Hier, du Wahnsinniger« drückten sie dem Angriffstruppmann das freie Kupplungsende der ausgelegten Schlauchleitung in die Hand. Damit hatte der Schlauchtrupp seine erste Arbeit erledigt, und beide Männer begaben sich zurück zum Fahrzeug, wo sie sich ebenfalls mit Atemschutzgeräten ausrüsteten.

Für den Angriffstrupp hingegen begann die Arbeit jetzt erst richtig. Nachdem sie die Kupplung mit ihrem Strahlrohr verbunden hatten, gelangten Dieter und Michael durch die aufgebrochene Eingangstür in einen Flur, der aufgrund seiner Ausmaße wohl cher die Bezeichnung »Foyer« verdiente. Dieter gab eine erste Rückmeldung nach draußen.

»Chef, wir sind jetzt unten im Eingangsbereich. Ich sag dir, das ist kein Flur, das ist eine Halle, von der mehrere Türen abzweigen. Und es gibt zwei Treppen nach oben. Kommen!«

»Mir egal, was das ist, Dieter, aber regele mal die Lautstärke an deinem Funkgerät. Du kommst hier nur sehr leise an. Und erzähl mir lieber, ob es da irgendwo brennt und ob ihr einen von den Bewohnern seht. Kommen!«

»Negativ! Kein Feuer, kein Rauch!«, brüllte Dieter so laut, dass ihn sein Angriffstruppmann verwundert anblickte und mit dem Finger in eindeutiger Geste gegen seinen Helm tippte. Davon unbeeindruckt, brüllte Dieter weiter: »Und von den Leuten, falls hier überhaupt jemand ist, lässt sich auch keiner blicken. Was ist, sollen wir die unteren Räume trotzdem kontrollieren oder nach oben gehen? Kommen!«

»Ihr geht nach oben, dahin, wo die Explosion stattgefunden hat. Die Räume unten kann gleich der Schlauchtrupp kontrollieren. Und schrei gefälligst nicht so laut. Ich bin schließlich nicht taub. Kommen!«

»Verstanden, wir nehmen den rechten Treppenaufgang und gehen hoch. Ende.«

*

Die Explosion, die die beiden Fenster komplett herausgerissen und in den Hof geschleudert hatte, hatte sich auf der zweiten Etage zugetragen. Da die Villa wesentlich weitläufiger war, als sie von außen vermuten ließ, entschied Dieter mit Erreichen des ersten Treppenpodestes, ihre bisherige Schlauchreserve um weitere Schlauchlängen aus dem mitgebrachten Schlauchtragekorb zu verlängern. Solange sie noch nicht »Wasser marsch!« gegeben hatten, ließ sich das auch problemlos bewerkstelligen. Ihr Strahlrohr abkuppeln und das freie Ende der in Buchten im Schlauchtragekorb miteinander verbundenen C-Schläuche mit ihrer bis hierher mitgeführten Leitung aneinanderkuppeln, erledigten die routinierten Feuerwehrmänner in wenigen Sekunden. Schon wollten sie weitergehen, da hörten sie hinter sich ein dumpfes Geräusch, wie wenn brennbare Gase einer Flüssigkeit schlagartig durchzünden. Dieter glaubte noch, im rückwärtigen Teil der Treppe aus den Augenwinkeln eine Person davonhuschen gesehen zu haben. Allerdings war er sich nicht ganz sicher, da in diesem Moment ein grell aufleuchtender Feuerball den unteren Treppenbereich in gleißend helles Licht tauchte und seine Sicht blendete.

Michael, der Angriffstruppmann, wirbelte trotz seiner Körpermasse und des auf dem Rücken sitzenden Atemschutzgeräts wie ein geölter Blitz herum, ließ sich auf die Knie fallen und riss instinktiv den Bügel des mit beiden Händen gehaltenen Hohlstrahlrohrs auf. Aber da sie ihrem Maschinisten noch nicht das Kommando »Wasser marsch!« durchgegeben hatten, war ihre Schlauchleitung noch trocken – der benötigte Wasserstahl blieb aus. Dunklen schwarzen Brandrauch vor sich hertreibend, raste eine Feuerwalze auf die beiden Männer zu.

In dem Moment traf draußen das Verstärkungsfahrzeug der Nachbarwache ein. »Ach du Scheiße!«, riefen dessen Maschinist und der neben ihm sitzende Gruppenführer wie aus einem Mund, nachdem sie das helle Aufflammen hinter den Scheiben der unteren Etagen mitbekommen hatten. »Sieht ganz so aus, als kämen wir genau im richtigen Moment«, sagte der Gruppenführer zu seinem Maschinisten. Dann drehte er sich nach hinten um und rief: »Männer, es gibt Arbeit!«

*

»Was zum Teufel …!«, stieß auch der Maschinist des anderen LF aus, der seinen Blick ebenfalls genau auf die untere Fensterfront gerichtet hatte, die zuvor noch völlig im Dunkeln gelegen hatte. »Gruppenführer kommen! Gruppenführer kommen!«, rief er aufgeregt in sein Funkgerät, wobei sein ausgestreckter Arm auf die nunmehr hell erleuchteten Scheiben zeigte, hinter denen ein Flammenmeer zu lodern schien.

»Ja! Ich hab's mitbekommen. Schöne Scheiße! Sieht aus wie 'ne weitere Durchzündung. Hoffentlich hat es keinen unsere Jungs erwischt.«

*

Die Jungs, die der DGL meinte, waren der Angriffstruppführer Dieter und sein Angriffstruppmann Michael. Für sie wurde die Situation allerdings höchst bedrohlich. Zum einen weil ihr C-Schlauch noch kein Löschwasser enthielt und sie so dem Feuer, das die Treppe hinaufraste, wehrlos gegenüberstanden. Zum anderen weil sie ihre

Atemschutzmasken noch nicht an die Pressluftatmer angeschlossen hatten, was in ihrer brisanten Lage aber überlebensnotwenig war. Mit fliegenden Fingern drehten sie sich daher gegenseitig die Lungenautomaten in die Anschlussgewinde ihrer Atemschutzmasken und öffneten die auf ihren Rücken sitzenden Flaschenventile. Keine Sekunde zu spät, denn schon umhüllte sie der den Flammen vorauseilende Brandrauch. Die beiden Feuerwehrmänner ließen sich flach auf den Bauch fallen und erwarteten die Flammen.

»Erstes C-Rohr Wasser marsch!«, brüllte Dieter in sein Funkgerät.

Ohne Wasser vom Feuer abgeschnitten zu sein, ist so ziemlich die größte Scheiße, die einem Feuerwehrmann im Einsatz passieren kann. Aber hier würde es möglicherweise noch schlimmer. Das Feuer war hinter ihrem Rücken ausgebrochen. Beide wussten, was das bedeutete, und hofften inständig, dass die Flammen ihren Schlauch auf der Treppe noch nicht zerstört hatten.

*

Gefühlmäßig widerstrebte es mir schon, dem Feuer, das die Treppe zu uns hinaufkam, kampflos das Feld zu überlassen. Aber meine Vernunft sagte mir, dass es absoluter Wahnsinn sei, ohne ausreichende Atemluft hier oben noch länger auszuharren, um einen Angriff zu starten, bei dem wir nur verlieren konnten – zum Beispiel unser Leben. Im Übrigen wussten wir von unserem Angriffstrupp im Erdgeschoss, der dieses Feuer vermutlich vor sich hertrieb. Das würde auch die aufsteigende Verqualmung erklären. Kein Grund also, hier den falschen Helden zu spielen. Schließlich drehten wir hier keinen Hollywood-Actionfilm, sondern bekämpften einen realen Hausbrand nach strategischen und feuerwehrtaktischen Einsatzgrundsätzen, und dazu gehörte, selbst wenn es einem manchmal schwerfiel, auch der geordnete Rückzug. Ein unter zehn Bar Druck stehender, mit Wasser knallhart gefüllter C-Schlauch, den man, so wie ich jetzt, dabei mitschleppen musste, machte das allerdings nicht gerade leichter. Klar, wir hätten unserem Maschinisten »Wasser halt!« funken und einfach das Strahlrohr öffnen können. Dann hätte sich unser sperriger mit Wasser gefüllter Schlauch sekundenschnell in seinen schlaffen Urzustand versetzt, das hätte aber auch bedeutet, dass wir hier eine mittlere Überschwemmung verursacht hätten. Sehr unprofessionell für zwei Profis. Abgesehen davon, sprach auch noch etwas anderes dafür, den Schlauch weiterhin unter Druck zu lassen. Schließlich konnten wir ja nicht ausschließen, dass das Feuer in der Küche noch einmal aufflammte. Und überhaupt, in einem brennenden Haus wie diesem …

Mein Kollege war bereits einige Schritte voraus. Den sperrigen Schlauch hinter mir herzerrend, folgte ich ihm, so schnell ich konnte. Als Rudi die Küchentür erreichte, gab mein Atemschutzgerät einen anhaltenden schrillen Pfeifton von sich – ein Signal für das Ende meines Luftvorrates. Rudi, der das Pfeifen natürlich auch gehört hatte, drehte sich zu mir um und machte mir eine Geste, die so viel besagen wollte wie: Siehst du, genau deshalb hab ich zum Rückzug gemahnt. Gut, wir hatten darauf geachtet, aber es soll ja immer noch Feuerwehrmänner geben, die glauben, wenn ihr Pressluftatmer dieses Signal von sich gibt, dass nach Ertönen dieses Pfeiftons immer noch ausreichend Luft in ihren Stahlflaschen sei und das Pfeifen lediglich eine Aufforderung, die Einsatzstelle zu verlassen. Das ist aber weit gefehlt, und diese irrige Meinung kann sie, je nachdem, wo es sie erwischt, in arge Bedrängnis bringen, denn schon nach einigen Sekunden ist Schluss mit lustig. Der Lungenautomat macht quasi dicht. Du willst atmen, aber es geht nichts mehr! Das ist so, als würde dir jemand mit der Hand den Mund zupressen und dir gleichzeitig die Nase zudrücken. Solch eine Situation in einem verqualmten Raum und dann noch ohne Sicht … da reißen sich selbst erfahrene Feuerwehrmänner in Panik die Maske vom Gesicht. Wer es dann noch schafft, mit »nur« einer Rauchgasintoxikation das Freie zu erreichen, kann noch von Glück reden. Mir ist sogar ein

Fall bekannt, wo ein Feuerwehrmann aufgrund dieser gravierenden Fehleinschätzungen sein Leben verloren hat.

Diese Gefahr war bei mir Gott sei Dank nicht zu befürchten, dennoch musste ich, um weiter atmen zu können, den Lungenautomat sofort aus dem Rundgewinde meiner Atemschutzmaske drehen.

Da ich aber nicht gleichzeitig den Schlauch ziehen und den Lungenautomaten ausdrehen konnte, legte ich das Strahlrohr kurz ab und blieb stehen. Genau in diesem Moment hörte ich einen markerschütternden Schrei, den Schrei eines Menschen?

Ich hatte schon einige Menschen in höchster Not um Hilfe schreien hören, auch solche, die nach Verkehrsunfällen eingeklemmt in ihren Fahrzeugen vor unsäglichen Schmerzen brüllten wie wilde Tiere. Aber dieser Schrei übertraf sie alle und ließ mich in meinem Innersten erschaudern.

Rudi, der mittlerweile in der ausgebrannten Küche verschwunden war, stürmte zurück in den Flur. Durch das Glas seiner Atemschutzmaske traf mich sein besorgter Blick. Nachdem er gesehen hatte, dass mir nichts passiert war, atmete er erleichterte auf. Aber wer hatte geschrien? Ich war es nicht, und er war es auch nicht gewesen. Und unsere Kollegen waren es mit Sicherheit auch nicht. Die befanden sich noch nicht auf unserer Etage. Und selbst wenn, wir trugen alle Atemschutz, solch einen lauten Schrei konnte unter der dicht sitzenden Maske niemand ausstoßen – es war also keiner von uns, so viel stand fest. Nein, diesen fürchterlichen Schrei musste jemand anderes ausgestoßen haben, jemand, der hier in diesem Haus lebte. Nur wer, und wo befand er sich?

Ein, zwei Sekunden standen wir wie erstarrt und lauschten angestrengt, aber außer den Motorengeräuschen, die von unseren Feuerwehrfahrzeugen verursacht zu uns hinauf drangen, blieb alles still. Fast schon mochte ich meinen, mich verhört zu haben, aber das war natürlich unmöglich. Der Schrei war genauso real wie ich. Im Übrigen hatte ihn mein Kollege Rudi ja ebenfalls gehört.

»Ich glaube, das kam von dort!«, rief er und zeigte den Gang hinunter wo hinter der Küche mehrere verschlossene Türen weitere Räume vermuten ließen. Dann rannte er los. Ich drehte mich noch einmal kurz um. Der dunkle Brandrauch in meinem Rücken füllte bereits den gesamten hinteren Flurbereich. Scheiß was drauf, sagte ich mir und raffte den Schlauch mit dem Strahlrohr wieder auf. Zur Not hast du ja immer noch die Fluchthaube. Wenn ich mir die überstülpte, müsste ich, falls mich der Brandrauch erreichen sollte, zumindest noch den Weg bis zum rettenden Fenster schaffen. Mit diesem halbwegs beruhigenden Wissen eilte ich, so schnell es mir der Schlauch gestattete, meinem Kollegen hinterher.

*

Eine Etage tiefer hatte der Angriffstrupp es gerade noch rechtzeitig geschafft. Als der heiße Brandrauch sie erreichte, strömte die Atemluft aus den mit 200 Bar gefüllten Pressluftflaschen durch die Hochdruckleitung in den Druckminderer und von da in den Lungenautomaten, der mit ihren Atemschutzmasken verbunden war. Beide Feuerwehrmänner lagen flach an den Boden gepresst, als die gierig die Treppe hinaufleckenden Flammen unmittelbar vor dem splitterfreien Glas ihrer Atemschutzmasken auftauchten. Jetzt galt es: alles oder nichts – war der Feuerwehrschlauch noch intakt oder schon ein Raub der Flammen geworden?

Der Angriffstruppmann atmete noch einmal tief durch, dann riss er den Verschlussbügel des Hohlstrahlrohres nach hinten. Knatternd und zischend entwich die Restluft aus dem die Treppe hinauflaufenden C-Schlauch, dann schoss das Löschwasser heraus. Sein neben ihm liegender Angriffstruppführer klopfte ihm auf die Schulter.

»Puuuh! Noch mal Schwein gehabt, was Micha?«

»Allerdings. Das war verdammt eng«, antwortete der hünenhafte Angriffstruppmann, wobei seinen Worten die Erleichterung deutlich anzuhören war.

»Okay, dann also wieder nach unten«, befahl sein Angriffstrupp-führer. Micha war erfahren genug, um nicht zu fragen, wieso sie entgegen ihrem ursprünglichen Auftrag, die obere Etage abzusuchen, jetzt wieder nach unten gingen. Zum einen bedrohte das Feuer in ihrem Rücken ihr eigenes Leben und musste daher zuerst bekämpft werden, zum anderen konnten sie auch nicht sicher sein, wie lange ihr Schlauch der Flammeneinwirkung noch standhielt. Schließlich war dieser Feuerwehrschlauch ihre Lebensversicherung, also kämpften sie sich, den schützenden Sprühstrahl wie einen Schild vor sich auf die Flammen gerichtet, Stufe um Stufe wieder nach unten in die Eingangshalle zurück.

*

Rudi hatte jede der abgehenden Türen aufgerissen, kurz hineingeschaut und war, da er niemanden in den Räumen gesehen hatte, weitergelaufen. Jetzt hatte er das Ende des Ganges erreicht. Auf der linken Seite führte eine zweite Treppe auf die unteren Etagen. Ihr gegenüber befand sich die letzte Tür. Sie stand als einzige offen, was er aber vorher nicht hatte erkennen können, da sich das Türblatt nach innen öffnen ließ. Als er in den dahinterliegenden Raum sah, blieb er wie angewurzelt stehen. Dann drehte er sich plötzlich zu mir um und rief, nein, er schrie mich geradezu an:

»Den Schlauch! Martin, den Schlauch! Schnell!« In seinen Augen stand das blanke Entsetzen.

Obwohl das mit dem prall gefüllten C-Schlauch eigentlich nicht möglich war, sprintete ich die letzten Meter bis zu ihm und ... blieb ebenfalls wie angewurzelt stehen. Unfähig, auch nur ein Glied zu rühren, starrte ich geschockt in ein Zimmer, an dessen Deckenbalken ein Mensch wie eine lebende Fackel am ganzen Körper brennend wild zuckend an einem Seil hing.

»Los, lösch ihn doch ab!«, herrschte mich mein Kollege an. Nachdem ich jedoch nicht reagierte und immer noch wir regungslos dastand, riss er mir das Strahlrohr aus den Händen und richtete den Wasserstrahl auf den brennenden Menschen.

»Ich ... ich ...«, stammelte ich nur, denn so etwas Grauenvolles hatte ich zuvor noch nie gesehen. Der Mann – dass es sich um einen Mann handelte, konnte man jetzt, nachdem die Flammen gelöscht waren, erkennen – strampelte nicht mehr. Er war tot.

Sein Anblick war fürchterlich. Die Kleidung, die er wenige Sekunden zuvor noch getragen hatte, war bis auf einen ledernen Gürtel und die Schuhe vollständig verbrannt. Die darunter befindliche Haut bestand nur noch aus blutig rohem Fleisch, das von zahllosen dicken Brandblasen übersät war, die immer noch aufplatzten. Sein Gesicht unter dem rußig-schwarz versengten Schädel und die ebenfalls vom Feuer bis zur Unkenntlichkeit verbrannten Hände sahen entsetzlich aus.

»Schon gut«, flüsterte Rudi ebenfalls wie benommen, dessen Pressluftatmer jetzt ebenfalls sein Warnsignal ausstieß. Das schrille Pfeifen löste mich aus meiner Erstarrung. Rudi drückte mir das Strahlrohr wieder in die Hand. Er hatte die Wasserzufuhr abgestellt, denn zu löschen gab es nichts mehr. Dann drehte er seinen Lungenautomaten aus der Atemschutzmaske, legte mir beinahe väterlich eine Hand auf die Schulter und sagte: »Ich weiß, das ist ganz fürchterlich. Aber wir müssen trotzdem unsere Arbeit machen, verstehst du?«

Ich nickte stumm.

»Okay, dann funke ich jetzt unseren DGL an, und du siehst zu, dass uns das Feuer hier nicht noch überrascht. Schaffst du das?«

»Ja ja, es geht schon wieder.«

»Gut.«

Er griff nach seinem Funkgerät, und ich wendete mich von dem schlimmen Anblick ab und trat auf den Flur. Eigentlich hatte ich erwartet, dass sich der Brandrauch der über den anderen Treppenaufgang hinaufgezogen war, noch weiter ausgebreitet hätte, aber dem war nicht so. Im Gegenteil, die Sicht nach hinten war schon fast wieder frei. Das ließ darauf schließen, dass unsere Kollegen vom Angriffstrupp das Feuer unter uns anscheinend erfolgreich bekämpft hatten, und das, was eben als Brandrauch hier oben erschienen war, war vermutlich größtenteils durch die zerstörten Küchenfenster nach draußen abgezogen.

Rudi kam zurück. »Alles klar. Unsere Ablösung ist unterwegs. Müsste jeden Moment hier sein.«

»Und der Mann?« Ich zeigte mit einer Kopfbewegung in das Zimmer hinter uns.

»Ist tot.«

»Also lassen wir ihn da hängen?«

»Ja. Das ist ein klarer Fall für die Kripo, daran verändern wir nichts. Komm.«

»Gehen wir nicht über die Drehleiter?«, fragte ich erstaunt, als Rudi an der Küchentür vorüberging.

»Nicht mehr nötig«, entgegnete er. Das Feuer ist aus. Wir nehmen den ganz normalen Weg über die Treppe.«

»Ah! Und was ist mit unserem C-Rohr?«

»Das wird, wenn nachher der Brandschutt weggeräumt wird, noch für Nachlöscharbeiten gebraucht. Kannst du für die Kollegen hier liegen lassen. Für uns ist erst mal Feierabend.«

Nichts war mir lieber als das, und selten hatte ich eine Einsatzstelle lieber verlassen als diese. Das grauenvolle Bild des brennenden Mannes, wie er da oben wild zuckend an dem Deckenbalken hing, verfolgte mich noch mehrere Tage, und den Geruch nach seinen verbrannten Haaren und verbranntem Menschenfleisch hatte ich noch die ganze Nacht in der Nase.

Nachtrag

In der darauf folgenden Dienstschicht erfuhren wir, dass es sich bei dem Toten um den geistig verwirrten, über dreißigjährigen

Sohn des Villenbesitzers handelte. Die vorangegangenen Brände hatte er, genau wie jenen verheerenden, bei dem er sich mit Brandbeschleuniger übergossen und angezündet hatte, alle selbst gelegt. Allerdings war er kein Pyromane im klassischen Sinn, sondern litt vielmehr unter einer krankhaften Bewusstseinsspaltung mit Verfolgungswahn, bei dem er oft nicht einmal mehr seinen eigenen Vater erkannte. Diesen hatte er deshalb auch unter einem Vorwand in den Keller gelockt und eingesperrt. Bei der genaueren Untersuchung der Villa war der Vater noch in der Brandnacht von der Polizei gefunden und befreit worden.

Einige Monate nach diesem schrecklichen Ereignis ließ der Besitzer die Villa, die er danach nicht mehr renoviert hatte, einreißen. Wohin er gezogen ist – ich weiß es nicht. Es wurde dort auch nie mehr ein neues Haus gebaut, nur die alten hohen Bäume stehen dort immer noch.

AN EINEM SONNTAGVORMITTAG

Seit einiger Zeit fuhr ich als Teamführer auf einem NAW. Teamführer bedeutete, ich war der Herrscher über einen Notarzt und zwei Rettungsassistenten, welche die 24-Stunden-Schicht zusammen mit mir auf dem Notarzteinsatzwagen fuhren.

Nein, das mit dem Herrscher war natürlich nur im Scherz gesprochen. – in Wahrheit waren wir ein Team, bei dem ich lediglich der *primus inter pares* war, was sich jedoch nur auf die Beziehung zu meinen beiden Feuerwehrkollegen bezog. Der mitfahrende Notarzt unterlag meiner Kompetenz lediglich in feuerwehrtechnischen Angelegenheiten. Ihm medizinisch ins Handwerk »pfuschen« zu dürfen, ergäbe ja auch keinen Sinn.

Abgesehen von den dienstlich vorgegebenen hierarchischen Strukturen, waren wir also in erster Linie ein Team. Kompetenzgerangel gab es bei uns eh nicht, denn wir wussten alle, was wir draufhatten, und respektierten unsere Fähigkeiten gegenseitig. Vielleicht lag darin ja auch genau unsere Stärke, dieser gegenseitige Respekt und das Nicht-Beharren auf starren Kompetenzen. Im Übrigen war ich noch nie Freund eines autoritären Führungsstils gewesen, sondern zog vielmehr einen kollegialen Umgang vor und bin damit immer gut gefahren. Und was die Beziehung zu unseren Notärzten betraf, es wäre weder mir noch meinen Kollegen eingefallen, deren fachliche Anordnungen genauso wenig infrage zu stellen, wie sie ihrerseits meine Anordnungen in feuerwehrtechnischen Belangen nicht infrage stellten. Natürlich gab es auch Situationen, wo wir nicht gleicher Meinung waren, aber dann wurde miteinander geredet und das Für und Wider abgewogen. Da beharrte niemand stur auf seiner Meinung oder seiner Führungsposition. Ich denke, das und noch einiges mehr machte uns so erfolgreich und schweißte uns zu einem gut eingespielten Team zusammen. Trotzdem gab es auch Einsätze, bei denen wir Rückschläge einstecken mussten, denn wie schon erwähnt – der Tod ist ein nicht zu unterschätzender Gegner.

*

Es war an einem Sonntagmorgen. Wir, das waren meine Teamkollegen Jochen, Ralf und ich, saßen zusammen mit den Jungs vom Löschzug Brötchen mampfend im Frühstücksraum unserer Feuerwache. Neben Käse und Wurst gab es die Feuerwehr-Klassiker: Eibrötchen mit Lachsersatz und Majo sowie Mettbrötchen mit gehackten Zwiebeln. Ich schlürfte gerade an meinem Kaffee, der im Gegensatz zu meinen Kollegen vieeeeel Milch und noch mehr Zucker enthielt, als Dr. Thomas Frankenhauser, den ich gerne als Arzt, der nie aufgibt, bezeichne, sich zu uns setzte.

»Na, Thomas, wie war deine Nacht?«, fragte Ralf, mit vollen Backen kauend, den Schnäuzer voller Majo.

Die Frage war in sofern berechtigt, da sich die Notärzte im Gegensatz zu uns Feuerwehrmännern immer schon abends ablösten. Das bedeutete, dass Dr. Thomas Frankenhauser, mit dem wir uns duzten, schon eine Einsatznacht mit der anderen Tour hinter sich hatte. Andererseits war die Frage auch wieder nicht berechtigt, denn im Fahrtenbuch, das wie bei allen Feuerwehrfahrzeugen auch auf unserem Notarztwagen geführt wird, hatten wir lesen können, dass die Kollegen in dieser Nacht fünf Einsätze gefahren hatten. Der Doc hatte also höchstens zwei Stunden Schlaf gehabt, wenn man dabei von Schlaf überhaupt reden konnte.

»Frag mich nicht«, antworte Thomas müde. »Zumindest nicht, bevor ich einen ersten Kaffee getrunken habe.«

Ein Blick in sein zerknittertes Gesicht sprach Bände. Jochen stand deshalb auf und holte für ihn eine Tasse Kaffee.

»Hier, ganz frisch aufgebrüht.«

Dankbar setzte Thomas das dampfende Gebräu an seine Lippen und schlürfte vorsichtig daran.

»Auch ein Brötchen?«

Thomas nickte. »Gerne.«

»Was denn? Käse, Mett, Ei oder Wurst?«

»Jungs, ihr verwöhnt mich.«

»Ne«, flachste Jochen, »wir wollen nur, dass du wieder zu Kräften kommst, damit du die Patienten heute mal alleine tragen kannst.«

»Danke!«, lehnte Thomas lachend ab. »Dann doch lieber keine Brötchen.«

»Hör nicht auf den«, sagte unser Küchenchef laut und schob das Tablett mit den belegten Brötchen in seine Nähe. »Du bist der Boss. Die faulen Säcke sollen gefälligst selber schleppen.«

»Von wegen«, protestierte ich, »Teamführer bin immer noch ich. Und ich bestimme, wer wann wen zu schleppen hat.«

»Ja ja, träum weiter, Junge!«, rief jemand vom Ende des Tisches, und ein anderer betonte: »Ey, Thomas, lass dir bloß nicht von dem die Butter vom Brot nehmen. Der Mann bildet sich ja nur was auf seinen Teamführertitel ein, dabei ist der genauso ein Löschknecht wie die zwei anderen Hanseln, die auch mit dir fahren.«

»Hallo? Hanseln? … Hast du etwa gerade Hanseln gesagt?«

»Jungens, esst doch einfach nur eure Brötchen und haltet den Schnabel«, mischte sich unser DGL ein. Die Einzigen, die hier wirklich was zu sagen haben, das sind ich und der Doc. Stimmt's, Doc?«

»Nicht ganz. Ich hab da ja wohl auch noch ein Wörtchen mitzureden.« Alle Augen richteten sich nun zur Tür, wo unser Wachvorsteher ebenfalls zum Frühstück erschien.

Wahrscheinlich hätten wir noch eine Weile so weiter gealbert, aber in diesem Moment ertönte das verdächtige Knacken aus den Lautsprechern – ein uns allen wohl vertrautes Geräusch, welches uns sofort verstummen ließ.

»Einsatz für den Notarzt zur Jens-Palhof-Straße 14 bei Schmitz. Vermutlich Suizid.«

Thomas stöhnte auf. »Och nee, nicht schon wieder. Ich hab heute Nacht doch schon zwei Tote gehabt.«

»Zwei Tote?«, fragte ich, während wir aufsprangen und zu den Rutschschächten liefen.

»Ja, leider. Einen noch vor Mitternacht und den anderen so kurz nach vier Uhr.«

»Scheiß Zeit.«

»Fand ich auch!«, hörte ich Thomas noch rufen, dann rannte er die Treppe hinunter, während ich mit meinen Kollegen den direkteren Weg über die Rutschstangen nahm. Viel schneller als er waren wir deshalb nicht, aber es reichte Ralf, der heute als Maschinist eingeteilt war, unseren NAW von der an der Fahrzeughallendecke hängenden Stromversorgungsleitung abzukoppeln, ehe Thomas mit wehendem Arztkittel angelaufen kam. Die seitliche Schiebetür zum Patientenraum stand offen, und er sprang hinein. Ich zog die Tür von außen zu und setzte mich vorne rechts neben Jochen, der schon den Funk eingeschaltet hatte und mir den Hörer in die Hand drückte.

»Hier, Chefe.«

»Und was soll ich damit?«

»Na, uns ausmelden.«

»Kannst du doch auch.«

»Nein, nein.« Jochen grinste mich an. »Ich bin nur ein kleiner Untergebener, ausmelden darf uns nur der Teamführer.«

»Du Blödmann«, lachte ich und nahm ihm den Hörer aus der Hand. Nachdem ich uns über Funk ausgemeldet hatte, drückte ich den Kennungsgeber. Unmittelbar darauf leuchtete in der Rettungsleitstelle auf der großen Anzeigetafel unser Fahrzeugsymbol als auf dem Weg zur Einsatzstelle auf.

»Du kennst die Straße?«, fragte ich Ralf, der, die Sondersignale eingeschaltet, sich aus der Fahrzeughalle in den morgendlichen Verkehr einfädelte.

Ralf warf mir einen strafenden Blick zu. »Willst du mich beleidigen?«, sagte er vorwurfsvoll.

Ich wehrte ab: »Neeeeein, auf keinen Fall! Aber guck bitte trotzdem lieber wieder nach vorne.«

»Angst?«, lachte er.

»Wer? Ich? Nie! Bin schließlich Feuerwehrmann.«

»Und unser aller Teamführer«, unkte Thomas von hinten.

»Ist klar. Das musste ja kommen, dass du jetzt auch noch in das gleiche Horn bläst.«

Jochen, Ralf und Thomas ließen ein schallendes Gelächter hören.

Nachdem mir klar wurde, dass die mich nur aufziehen wollten, rief ich: »Etwas mehr Ernst, wenn ich bitten darf, ja. Wir fahren immerhin zu einem Suizid!«

»Mehr Ernst bekommen wir noch früh genug«, meinte Thomas daraufhin trocken. Als erfahrener Notarzt wusste er nur zu genau, dass unsere lockeren Sprüche, an denen er sich ja auch beteiligte, lediglich Ausdruck einer Schutzfunktion waren, die, wenn sie Außenstehende mithören könnten, höchstwahrscheinlich fehlinterpretiert werden würden. Für uns jedoch waren sie Teil der Stressbewältigung, ohne die wir die vielen schlimmen Einsätze wohl kaum schadlos überstehen könnten. Wobei, schadlos überstehen …? Im Laufe der Jahre summierte sich so viel fremdes Leid und Elend in mir, dass auch ich, der ich mich selbst immer als besonders stabil bezeichnete, die Auswirkungen dieser belastenden Einsätze am eigenen Leib zu spüren bekam. Vielleicht schreibe ich dazu später noch etwas ausführlicher, aber zunächst gilt es diesen Einsatz abzuarbeiten.

Je näher wir der Einsatzstelle kamen, umso einsilbiger wurden wir, und als wir einige Minuten später in die Jens-Palhof-Straße einbogen, war die Zeit der lockeren Sprüche endgültig vorbei. Wir wussten zwar nicht genau, was uns dort im Haus Nummer 14 erwarten würde, aber dass es nichts Angenehmes sein sollte, war allen klar. Einsätze, zu denen uns die Rettungsleitstelle sonntagvormittags, zumal um diese noch recht frühe Stunde, schickte, verhießen nie etwas Gutes. Sonntagvormittage, das lehrte mich sehr schnell die

Erfahrung, waren die Zeit, wo schon so mancher neben seinem im Schlaf verstorbenen Ehepartner aufgewacht ist. Vornehmlich handelte es sich dabei um Menschen im fortgeschrittenen oder hohen Alter, was für die Betroffenen natürlich nicht weniger schlimm ist als bei jüngeren Menschen. Den erkalteten Körper seines Liebsten oder seiner Liebsten zu berühren und in deren leblos erstarrte Augen zu sehen ist für jeden schockierend. Noch grausamer aber ist es, wenn man im Glauben, der oder die andere schliefe noch, leise sein Bett verlässt und auf Zehenspitzen ins Bad schleicht, um dort seinen langjährigen Ehepartner in der Dusche erhängt vorzufinden. Solch ein Anblick ist für uns als Rettungskräfte schon schwer zu ertragen. Um wie viel mehr Schmerzen und Leid musste er dann wohl einer Ehefrau bringen? Einer Frau, die so viele Jahre an der Seite ihres Mannes verbracht hat, die mit ihm durch dick und dünn gegangen ist und die sich nie hatte vorstellen können, dass ihr Mann, ihr treu sorgender Wilhelm, zu solch einer Tat fähig sein könnte. In solch einem schrecklichen Moment bricht eine ganze Welt in sich zusammen, und in eine solche einstürzende Welt traten jetzt wir – hilflos trotz all unserer medizinischen Fachkenntnis, trotz all unserer mitgeführten Medikamente und all unserem hoch technisierten medizinischen Equipment. Wie spendet man jemandem in solch einer Situation Trost? Auch mir, der ich tief in meinem christlichen Glauben verwurzelt bin, fiel es angesichts der erschreckend zunehmenden Zahl von Suiziden, zu denen wir gerufen wurden, immer schwerer, die richtigen Worte zu finden. Gab es überhaupt die richtigen Worte? Und wenn ja, welche sind die richtigen? Erst Jahre später, nachdem ich bereits lange Feuerwehrmann war, waren die beiden großen christlichen Kirchen auf den Plan getreten und hatten uns Seelsorger für die Betreuung von Angehörigen und Betroffenen solcher und anderer Fälle zur Seite gestellt. Das bedeutete jedoch nicht, dass wir, die wir immer als Erste an den Einsatzstellen waren, von diesen belastenden Aufgaben entbunden waren. Und als Teamführer eines NAW, in diesem Fall traf die Bezeichnung

»Teamführer« wirklich zu, zählte die erste, psychisch hoch emotionale Betreuung von Angehörigen zu meinem Aufgabenbereich. Zumindest sah ich mich immer in dieser Pflicht und habe sie, so gut es mir möglich war, übernommen. So auch jetzt. Danach war ich erst einmal wieder ziemlich fertig. Aber nicht nur ich, auch meine Kollegen Ralf und Jochen sowie Dr. Frankenhauser, der die Leichenschau vorgenommen und den Totenschein an die Polizisten übergeben hatte, die wir zu solchen Todesfällen immer kommen lassen mussten, blieben auf der Rückfahrt zur Wache schweigsam.

Für unseren Notarzt war das jetzt schon der dritte Tote in seiner Schicht, ein leider keineswegs ungewöhnlicher Verlauf. Anfänglich hatte ich die Zahl »meiner« Toten ja noch mitgezählt, aber das hatte ich schnell aufgegeben. Es reichte, ihren oft bis zur Unkenntlichkeit entstellten grausigen Anblick ertragen zu müssen. Den Anblick all jener, die ich im Laufe der Jahre mit meinen Kollegen aus Autowracks herausgeholt, unter Zügen in menschlichen Kleinteilen hervorgezogen, oder aus Maschinen, in denen sie eingeklemmt waren, befreit hatte. Nur gut, dass wir bei unseren zahllosen Einsätzen weit mehr Erfolge und geglückte Rettungen zu verbuchen hatten, denn sonst hätte wohl niemand von uns seinen Job als Berufsfeuerwehrmann lange durchhalten können. Umso größer ist mein Respekt den Kameraden gegenüber, die für das Wohl der Gemeinschaft die gleichen unverzichtbaren Arbeiten ehrenamtlich erbringen!

BEISSWÜTIG

Kurz vor Erreichen der Wache erhielten wir über Funk einen neuen Einsatzauftrag. Wie so oft hängte Dr. Frankenhauser auch jetzt wieder seinen halben Oberkörper durch das Schiebefenster, welches den Patientenraum von der Fahrerkabine trennte – was vom Sicherheitsaspekt her natürlich höchst bedenklich war, zumal es für ihn wie für alle mit uns fahrenden Notärzte einen Sitzplatz mit Dreipunktgurt gab – und lauschte angestrengt der Durchsage des Leiststellendisponenten.

»Sie fahren Ludger-Riemann-, Ecke Lützenstraße, vor der Apotheke. Bewusstloses Kind in Pkw.«

»Verstanden, Ludger-Riemann-Straße, Ecke Lützenstraße, vor der Apotheke.« Die Wiederholung der Einsatzdaten bei einer Funkübermittlung ist Standard, um etwaige Übermittlungsfehler des Empfangenden auszuschließen.

»Wisst ihr, wo das ist?«, fragte Thomas, worauf wir wie aus einem Mund lauthals protestierten: »Ey, Thomas! Willst du uns beleidigen?«

»Nein, Jungs, natürlich nicht«, beschwichtigte er. »Ich weiß ja, dass ihr euch in der Stadt bestens auskennt.«

»Na, zumindest in unserem Revier«, ergänzte ich und forderte ihn auf, sich zu setzen und anzuschnallen. »Tu mir den Gefallen, Thomas, wenigstens auf der Alarmfahrt.«

»Da sehe ich aber nix«, warf er ein. »Na und?«, kicherte Jochen. »Wenn wir da sind, geben wir dir schon Bescheid.«

»Ihr seid mir ja schöne Kollegen«, maulte Dr. Frankenhauser und machte einen auf leidend. »Erst scheucht ihr mich vom Frühstückstisch auf, und dann sperrt ihr mich auch noch hier hinten ein, wo man nichts zu sehen bekommt. Also beim nächsten Einsatz will ich auch mal vorne sitzen.«

»Wie, vorne sitzen?«

»Ja, vorne. Da bei euch.«

»Moment! Das kostet aber 'ne Kleinigkeit. Was zahlst du?«

»He! Wie seid ihr denn drauf? ›Was zahlst du?‹ Bin ich Krösus?«

»Nee, aber Oberarzt im Krankenhaus!«, platzte Jochen heraus, dabei hob er seine rechte Hand so, dass Thomas sie durch die Trennscheibe sehen konnte, und rieb Daumen und Zeigefinger aneinander, als eindeutige Geste des Geldzählens. »Als Oberarzt ist man doch frisch, oder?!«

»Mit euch Geiern rede ich nicht mehr«, protestierte Thomas lachend, und nachdem wir drei ebenfalls herzlich lachen muss-ten, war klar, dass der schreckliche Selbstmordeinsatz von vorhin zumindest für den Moment schon wieder aus unseren Köpfen ver-schwunden war. Aber genau das war gut so – abschalten können und scherzen so wie jetzt, obwohl man wenige Minuten zuvor erst schlimme Eindrücke verdauen musste, ist enorm wichtig für die Bewältigung weiterer Einsätze. Das gelingt einem natürlich nicht immer, und außerdem kann man so etwas auch nicht erzwingen. So wie jedes Ding seine Zeit braucht, braucht auch Trauer ihre Zeit, und jeder Mensch verarbeitet seine traumatischen Erlebnisse sehr unterschiedlich. Das gilt auch für Feuerwehrmänner, nur dass uns oft keine Zeit zum Trauern bleibt, besonders wenn wie jetzt schon wieder der nächste Einsatz ansteht.

Was würde uns wohl diesmal erwarten? Niemand von uns konn-te das genau sagen. Wir wussten nur, dass wir ein bewusstloses Kind in einem Auto vorfinden sollten. Zumindest war das die Vorgabe, aber ob das wirklich zutraf, würde sich erst in wenigen Minuten herausstellen. Bis dahin durften wir uns, bei aller Konzentration auf den Verkehr, ruhig noch ein paar harmlos auflockernde Scherze erlauben. Wie schon erwähnt, schlimm werden, falls es schlimm käme, würde es noch früh genug.

*

»Da vorne die zweite rechts!«, rief ich.

»Jahaaa! Ich weiß!«, dehnte Ralf.

»Ich mein ja nur.«

»Mmm.«

»Was, Mmm?«

»Nur so.«

»Nur so gibt es nicht. Vorsicht! Der Fahrradfahrer!«

»Sehe ich doch.«

Ralf trat hart auf die Bremse und vollführte einen Schlenker.

»He, du Kieskutscher!«, kam es von hinten.

»Boah! Das war aber verdammt knapp.«

»Mann Martin, du nervst. Vielleicht solltest du tatsächlich anstatt Thomas mal hinten sitzen.«

»Au ja! Komm, lass uns sofort tauschen!«, kam es wieder von hinten, und dann steckte Dr. Thomas Frankenhauser auch schon wieder seinen Kopf durch das Fenster.

»Ey, Thomas, solltest du nicht angeschnallt bleiben?«

»Das heißt nicht ›Ey, Thomas‹, sondern ›Lieber Thomas‹ und ›Möchtest du‹.«

»Ich geb dir gleich mal ›Lieber Thomas‹.«

»Vorsichtig, ja? Ich bin immer noch euer Notarzt.«

»Aber wenn unser Kieskutscher Ralf jetzt wieder so hart bremst, wohl nicht mehr.«

»Den Kieskutscher habe ich überhört«, schaltete sich Ralf ein. »Außerdem spielt das jetzt eh keine Rolle mehr, wo der seinen Kopf durchsteckt. Wir sind gleich da. Da vorne ist es.«

»Wo?«

»Na, da vorne! Direkt hinter der Bushaltestelle.«

»Aber da ist doch keine Kreuzung!«

»Aber eine Apotheke und ein Auto parkt da auch.«

»Stimmt, im Halteverbot.«

»Na und? Da stehen wir gleich auch.«

»Wir sind ja auch die Feuerwehr.«

»Habt ihr's bald?!«, sagte Jochen genervt.

»Ja, jetzt«, antwortete Ralf, stoppte den NAW direkt hinter dem Pkw und schaltete die Warnblinkanlage ein. Ich sendete der Rettungsleitstelle den Funkspruch: »NAW Einsatzstelle an.«

Auf dem Bürgersteig waren zahllose Menschen neugierig stehen geblieben. Die Menge drängte so dicht an der Bordsteinkante, dass sich die Vorderen fast die Nasen an den Seitenscheiben des Pkw platt drückten. Einige klopften sogar an die Scheiben, andere gestikulierten wild mit den Armen. »Lass die Blaulichter weiterlaufen!«, rief ich und sprang aus der Beifahrertür.

»Mach ich doch immer«, murmelte Ralf kopfschüttelnd, dann stieg er ebenfalls aus und lief auf der Straßenseite zu dem vor uns parkenden Wagen. Ich eilte ebenfalls dorthin, kam auf dem Gehweg aber nur mühsam weiter. »Bitte treten Sie zurück! Sie versperren uns ja den ganzen Weg!«

Aber so einfach ging das nicht, ging es eigentlich nie. Sich den Weg durch eine Menge Neugieriger zu bahnen, ist für uns oft schwerer, als eine verschlossene Wohnungstüre aufzubrechen.

»Seien Sie bloß vorsichtig, da sind zwei beißwütige Hunde drin!«, rief mir jemand zu. Zwei Hunde, dachte ich irritiert. In dem Wagen sollte sich doch ein bewusstloses Kind befinden?

»Jetzt macht doch mal den Weg frei, Leute!«

Jochen kam mir zu Hilfe und schob einige Unbelehrbare kurzerhand zur Seite. »Danke schön! Ja, danke. Sooo, und jetzt bitte alle noch ein paar Meter zurücktreten!«

Ralf hatte es auf seiner Seite leichter, dafür raste hinter seinem Rücken der Autoverkehr ungebremst weiter. Nicht ungefährlich, da unser mit laufenden Blaulichtern geparkter NAW einige allzu neugierige Autofahrer ablenkte und unachtsam werden ließ. Da er niemand hinter dem Steuer sitzen sah, legte er beide Hände trichterförmig an die dunkel verspiegelten Scheiben der Rückbank, doch die verwehrten ihm jeden Blick in das Innere. Vielleicht ist der Wagen ja gar nicht verschlossen, sagte er sich und zog an der

Fahrertür. In dem Moment ertönte lautes Knurren aus dem Wageninneren.

»Kannst du da auch noch irgendwo ein Kind sehen?«, rief ich Ralf zu.

»Ich sehe gar nichts!«, rief er zurück. »Ich höre nur was, und das hört sich verdammt nicht gut an!«

Plötzlich sprang ein dunkler Schatten über die Mittelarmlehne auf den Vordersitz, was mich erschreckt zurückprallen ließ. Mit bleckenden Zähnen und hochgezogenen Lefzen wütete ein großer Hund wild bellend hinter der Fahrerscheibe. »Ach du Scheiße! Was sind denn da für Bestien drin?!«

Die »Bestien« waren zwei Dobermänner, Hunde, vor denen ich mächtig Respekt hatte, und das nicht erst, seit sie in dem James-Bond-Film *Goldfinger* auf Geheiß des Filmbösewichtes eine junge Frau zerfleischt hatten. Ich wich zwei Schritte zurück und drehte mich zu der Menge um. Irgendwo musste der Autobesitzer doch sein.

»Gehört vielleicht einem von Ihnen dieser Wagen?!«

Schweigen und ratlose Blicke.

»Oder weiß jemand, wo der Besitzer dieses Wagens ist? Kennt ihn jemand?«

Die gleichen ratlosen Blicke.

»Ich frage mal in der Apotheke«, sagte Jochen.

»Ja, mach das.«

Thomas, der jetzt bei mir stand, hatte den Notfallkoffer »Atmung Kreislauf« mitgebracht und neben der Beifahrertür abgestellt. »Vielleicht sollten wir einfach mal aufmachen.«

Ich schüttelte energisch den Kopf. »Kein guter Vorschlag, Thomas.«

»Wegen der Hunde?«

»Richtig, wegen der Hunde.«

»Aaaach, mit denen muss man nur richtig umzugehen verstehen. Lass mich mal machen«, sagte er und ging zwei Schritte auf die Autotür zu.

»Mann, pass bloß auf. Die sehen nicht so aus, als ob die nur spielen wollen.«

»Keine Sorge, mit Hunden kenne ich mich ein wenig aus.«

»Ich finde trotzdem, wir sollten besser auf die Polizei warten«, warnte ich eindringlich.

»Und wieso auf die Polizei?«

»Äh ... die haben Pistolen?«

Er winkte ab und legte die Hand auf den Türgriff.

Ich ergab mich in das Unvermeidliche. Also gut, sagte ich mir und stellte mich todesmutig ebenfalls neben die Tür, allerdings so, dass ich, falls sich eine der blutrünstigen Bestien auf uns stürzen wollte, diese noch rechtzeitig mit einem Fußtritt schließen konnte. Auf einmal stand auch Jochen wie aus dem Nichts gezaubert bei mir. In einer Hand hielt er unseren mit sechs Kilogramm gefüllten Glutbrandpulverlöscher.

»Nur für den Fall der Fälle«, flüsterte er mir zu.

»Dann musst du den aber auch schon scharf machen«, flüsterte ich zurück.

»Was meinst du, was das hier ist?« Grinsend zeigte er mir den gezogenen Sicherungsstift, den er in der anderen Hand verborgen hatte.

»Habt ihr's bald, ihr zwei?«, zischte Thomas.

»Ja, jetzt ist alles klar«, nickte ich ihm zu. »Kannst aufmachen.«

»Nein! Halt! Warte noch!«, rief da plötzlich Ralf.

»Was denn noch?« Thomas war genervt.

Aber statt ihm eine Antwort zu geben, hielt sich Ralf unser Megafon an die Lippen.

»Achtung, Achtung! Hier spricht die Feuerwehr. Wir werden jetzt die Autotüre öffnen. Bitte gehen Sie noch etwas weiter zurück, da sich im Auto zwei gefährliche Dobermänner befinden!«

Selten – oder noch nie – hatte ich gesehen, wie sich eine Menge neugieriger Gaffer so schnell aus dem Staub gemacht hatte. Ralf, das war genial!

»So, Jungs, länger warte ich jetzt aber nicht mehr. Ich mache jetzt auf.« Thomas zog die Beifahrertüre zunächst nur einen Spalt breit auf. Ich hob mein rechtes Bein, bereit zuzutreten. Jochen hielt den Feuerlöscher im Anschlag, und Ralf hatte sich vorsorglich in die Apotheke zurückgezogen. Mehrere nervenzerreißende Sekunden geschah überhaupt nichts. Wir hörten auch kein Bellen oder Knurren. Die Hunde, die eben noch so gewütet hatten, schienen wohl abzuwarten, was wir als Nächstes tun würden. Und wir warteten gespannt ab, wie die Reaktion der Hunde sein würde. Aber die taten weiterhin nichts. Ich stand immer noch auf dem linken Bein und hielt das Knie des rechten weiterhin zum Tritt hochgezogen.

»Langsam wird 's langweilig«, raunte mir Jochen zu.

Ich nickte. »Also wenn die blöden Viecher jetzt nicht bald kommen, bekomme ich noch einen Krampf.«

Dann kamen die »blöden Viecher«. Zuerst der eine, vorsichtig eine Pfote aus dem Wagen auf den Gehweg setzend, dann der andere. Thomas nahm sie wie zwei lammfromme Schoßhündchen in Empfang und streichelte ihre edel geformten Köpfe.

»Die Herren Feuerwehrmänner dürfen sich jetzt wieder entspannen«, sagte er. »Ich habe die blutrünstigen Bestien gebändigt.«

»Äh ja … sehr schön«, sagte ich, aber so ganz traute ich dem Frieden doch noch nicht. Wie schon erwähnt, mein Respekt vor Dobermännern (ich will hier ja nicht von Angst reden) war einfach noch zu groß.

»Könntest du mit den netten Hündchen vielleicht …« Ich wedelte eindeutig mit den Händen.

»… noch etwas weitergehen?«, ergänzte Jochen meinen nicht beendeten Satz.

»Genau. Dann könnten wir nämlich nach dem Kind sehen.«

»Meinetwegen, ihr Helden«, lachte Thomas und betonte: »Aber falls wirklich ein Kind in dem Wagen liegen sollte, was ich sehr bezweifle, dann muss einer von euch die Hunde übernehmen. Schließlich bin ich der Notarzt.«

»Das machst du«, bestimmte ich spontan mit Blick auf meinen neben mir stehenden Kollegen Jochen.

»Ich? Wieso ich? Lass das doch den Ralf machen.«

Ralf, der sich mit dem Megafon immer noch in der Hand uns vorsichtig näherte, hatte unseren Wortwechsel mitbekommen und wehrte energisch ab. »Das hättest du wohl gerne, wie? Nee, nee. Mach das man schön selbst, Jochen.«

»So, Ende der Diskussion. Jochen, du übernimmst die Hunde, und Ralf, du siehst zu, dass du den Fahrer von diesem Wagen auftreibst. Irgendwo muss der doch sein. Kann sich ja schließlich nicht in Luft aufgelöst haben.«

Jochen, der von meiner Anordnung überhaupt nicht begeistert schien, maulte: »Und wieso bestimmst du das?«

»Weil ich der Teamführer bin, deshalb.«

Aber so leicht gab Jochen nicht auf. »Dann solltest du als Teamführer aber auch die Verantwortung übernehmen und die Hunde selber halten.«

»Das sehe ich genauso«, fiel mit unser Notarzt jetzt auch noch in den Rücken. Unbemerkt hatte er sich hinter mich geschlichen.

»Hier, die tut's auch.« Mit diesen Worten drückte er mir eine Schnur in die Hand, die mit Halsbändern der beiden Hunde verbunden war. »Eine richtige Leine hatte ich leider gerade nicht zur Hand.«

Ich schluckte, meine Kollegen Ralf und Jochen feixten, denn jetzt hatte ich die Hunde an der Backe, genauer gesagt an der Schnur.

»Thomas, du hinterhältiger …«, zischte ich, »ich werde dir meine Freundschaft aufkündigen.«

»Damit kann ich leben«, lachte er. »Und keine Sorge, Martin, die wollen wirklich nur spielen.«

Na, hoffentlich nicht mit mir, dachte ich mit einem bezeichnenden Blick auf die erstaunlich artig nebeneinander sitzenden Dobermänner.

*

Das böse Erwachen dieses bisher zwar ungewöhnlichen, aber harmlosen Einsatzes begann erst, als meine Kollegen das Blut auf der Rückbank des Wagens entdeckten. Zuerst glaubten sie noch, dass sich die Hunde vielleicht gebissen hätten, aber das hätte man bei deren kurzem Fell nicht übersehen können. Nein, das Blut musste von jemand anderem stammen. Etwa von dem Kind, das laut Einsatzmeldung ja in dem Wagen sein sollte. Aber ein Kind war da nicht. Außerdem, wenn es, wie es ja auch in der Meldung hieß, bewusstlos gewesen wäre, hätte es zumindest den Wagen nicht alleine verlassen können. War da überhaupt ein Kind gewesen? Und dann waren da ja auch noch die Hunde. Also wenn in dem Wagen wirklich ein Kind gewesen war und die Hunde dieses Kind gebissen hätten, dann könnte das Blut daher stammen.

Der Fahrer des Wagens war immer noch nicht aufgetaucht. Vielleicht hatte er das Kind aus dem Wagen geholt und dorthin gebracht, wo er Hilfe zu erwarten hoffte. Gab es hier vielleicht irgendwo eine Arztpraxis? Dann kam mir ein fürchterlicher Gedanke, einer den ich am liebsten weit von mir gewiesen hätte, aber das ging schon nicht mehr. Einmal im Kopf, ließ er sich nicht mehr abschütteln.

»Seht mal in den Kofferraum!«, rief ich meinen Kollegen zu.

In den Kofferraum? Wieso denn in den Kofferraum?, schienen ihre fragenden Blicke auszudrücken.

»Jetzt macht schon!«, rief ich ungeduldig.

»Meinetwegen«, murmelte Jochen, zuckte mit den Schultern und ging zum Heck des Wagens. Nachdem er den Verriegelungsknopf gedrückt hatte, sprang die Kofferraumklappe in die Höhe.

»Oh mein Gott!«, hörte ich ihn ausrufen, dann drehte er sich wie in Zeitlupe zu mir um. Sein Gesicht war kreidebleich.

Plötzlich sprangen die Hunde auf und zerrten wie wild an der Schnur, sodass ich sie kaum halten konnte. »Ruhig! Bei Fuß! Bei Fuß!«, herrschte ich sie an – ohne Erfolg. Gegen zwei ausgewachsene, mit aller Kraft ziehende Dobermänner war ich chancenlos.

Thomas, der ebenfalls einen kurzen Blick in den Kofferraum geworfen hatte, kam mir zu Hilfe, indem er in die Halsbänder der Dobermänner griff. Mit einer harten Drehung seiner beiden Hände sperrte er ihnen die Luftzufuhr ab. Die Dobermänner begannen zu röcheln.

»Okay, kannst loslassen. Ich hab sie.«

*

Das Kind, ein höchstens vierjähriges Mädchen, war tot. Aber nicht, wie wir anfänglich annahmen, von den Hunden tot gebissen, sondern von Menschenhand ermordet. Mit eingetrocknetem Blut in den langen blonden Haaren, die starren Augen weit aufgerissen, lag es mit durchgeschnittener Kehle, halb von einer schmutzigen Plane bedeckt, auf dem Boden dieses Kofferraums. Mich schauderte.

*

Nach diesem Einsatz war den ganzen Tag niemand mehr von uns zu Scherzen aufgelegt.

Zuerst der Erhängte und jetzt dieses ermordete kleine Mädchen – ich hätte so heulen können. Meinen beiden Kollegen und unserem Notarzt ging es nicht anders, alle hatten wir Tränen in den Augen, rissen uns aber zusammen. Wie Thomas das schaffte, wusste ich nicht, bei Ralf, Jochen und mir war es wahrscheinlich auf die Auswirkungen des Hartmann-Image zurückzuführen, das man Feuerwehrmännern Jahre zuvor noch eingeimpft hatte.

*

Diesmal erschienen weit mehr als nur zwei uniformierte Polizisten. Diesmal rückten auch Beamte der Mordkommission sowie ein Spurensicherungsteam an. Nachdem der Wagen komplett unter einem eigens aufgebauten Zelt verschwunden war, mussten wir tausend Fragen beantworten. Dann wurden von uns allen die Fingerabdrücke abgenommen.

»Ist nur, um Sie als Täter auszuschließen«, erklärte uns ein Beamter in weißem Kapuzenoverall freundlich lächelnd. Mir war nicht zum Lächeln zumute. Mir war überhaupt nicht mehr nach irgendwas zumute, und als wir schließlich wieder auf unserer Wache erschienen, wurden wir dort von Olaf Schaper, unserem kirchlichen Seelsorger, erwartet.

»Wollt ihr reden, Männer?«

Ja, wir wollten.

KUR ... NEIN DANKE!

Der Tod des kleinen ermordeten Mädchens hatte mir mehr zugesetzt, als ich es mir selbst eingestehen wollte. Aber wahrscheinlich waren es letztlich doch weit mehr belastende Einsätze gewesen als »nur« dieser eine, die meine Psyche angekratzt hatten, was sich in schmerzhaften Nacken- und Rückenverspannungen äußerte. Dass ich zu Hause auf Belanglosigkeiten gereizt und streitsüchtig reagierte, empfand ich selbst zwar nicht, meine Frau dafür umso mehr. Und sogar mein noch kleiner Sohn, der mich bisher nur als liebevoll ausgeglichener Vater kannte, musste wohl gespürt haben, dass ich mich verändert hatte und selbst bei Nichtigkeiten zunehmend gereizt reagierte. Natürlich wies ich jegliche Andeutungen auf meine Wesensver-änderung strikt von mir und betonte, dass ich momentan lediglich etwas mehr Einsatzstress hatte als gewöhnlich. Aber das war es nicht. Der Einsatzstress, den ich vorgab, hatte es schon immer gegeben, nur war mein Quantum an toten, an erhängten, erstochenen und erschossenen Menschen ausgereizt, so wie auch ich ausgereizt war. Interessant finde ich im Nachhinein, dass ich auf der Wache und im Einsatz genauso funktionierte wie eh und je. Nur zu Hause, da muss-te meine liebe und fürsorgliche Frau als Blitzableiter herhalten. Das ging so lange, bis sie mich mit viel Geduld und Überzeugungskraft schließlich doch noch überzeugte, unseren Hausarzt aufzusuchen.

Dr. Rassekhi, der mich in- und auswendig kannte und zudem selbst als Flugarzt im Rettungsdienst tätig war, hatte auch schnell die Diagnose parat.

»Tja, mein lieber Meyer-Pyritz, die Muskelverspannungen, über die Sie klagen, sind lediglich die äußeren Symptome für den vielen Stress, der sich in Ihnen aufgestaut hat. Ich würde Sie gerne in eine Kur schicken.«

Kur … ich? Hallo, ich war doch noch kein alter Mann! Und überhaupt … eine Kur … nein danke. Also das kam für mich überhaupt nicht infrage.

Einige Wochen später befand ich mich in Bad Ems. Nach der Hälfte der Zeit kamen mich gute Freunde besuchen und brachten meine Frau mit. Noch heute erzählt sie jedem gerne, dass ich zu jenem Zeitpunkt schon wie ausgewechselt war. Wörtlich sagte sie: »Ich glaubte, einen neuen Mann bekommen zu haben.«

Meine zuvor negative Einstellung zu einem Kuraufenthalt hatte sich anschließend maßgeblich verändert, genau wie auch ich mich wieder verändert hatte – nämlich zum Besseren.

DR. TEDDYBÄR

Interessanterweise hatte die Feuerwehr auch während meiner Abwesenheit funktioniert.

Ja ja, das geht wirklich, das möchte ich hier allen sagen, die genau wie ich an dem Punkt ankommen, wo sie eigentlich eine Auszeit benötigen, aber dem irrigen Glauben verfallen, dass ohne sie nichts mehr ginge. Ich sage das ohne jeglichen Spott und Hohn und auch ohne oberlehrerhaft erhobenen Zeigefinger, denn schließlich war ich ja jetzt einer von denen, die aus dem Krug der persönlichen Erkenntnis getrunken hatten.

Wer aus einem Urlaub zurückkehrt, hat ja auch oft das Gefühl, in den mehr oder weniger vergangenen Tagen müsse sich einiges geändert haben. Aber wie die Realität zeigt – die heimische Welt war immer noch dieselbe geblieben, und die Menschen, die Geschäfte die Nachbarn und Freunde ebenso. Nur wer sich glücklich schätzen darf, einen Garten sein Eigen nennen zu dürfen, konnte (je nach Jahreszeit) feststellen, dass sein Rasen in die Höhe geschossen war und er dringend mähen muss. Ach ja, das Unkraut musste auch dringend gejätet werden. Ansonsten war 's das dann aber auch schon, und sehr schnell hat einen der Alltag wieder umfangen.

Mir ging es nach meiner Kur nicht anders. Das heißt, eine »große« Veränderung hatte es schon gegeben, und die betraf unser Notarztteam. Wir hatten während meiner Abwesenheit nämlich Verstärkung bekommen – eine fünfte Person, den Dr. Teddybär.

Okay, zugegeben, Dr. Teddybär war keine lebende Person und benötigte deshalb auch keinen eigenen Sitzplatz. Er war eher klein und bestand aus Plüsch und war, was fachlichen Rat anging, auch ein eher stummer Gesprächspartner. Ja, stimmt, er war gar kein Gesprächspartner, zumindest nicht für Erwachsene. Aber er war ein guter Zuhörer und Tröster, besonders für unsere kleinen Patienten, so wie für den fünfjährigen Patrik.

*

Patrik litt an einem inoperablen Gehirntumor, dessen Wachstum laut Onkologen und Neurologen in ein kritisches Stadium eingetreten war. Im Klartext hieß dies, der Tumor wuchs weiter. Wenn sie dieses Wachstum nicht stoppen könnten – und das konnten sie nicht –, würde er in naher Zukunft so viel Raum einnehmen, dass er die Gehirnmasse von Patrik in dessen Hinterhauptsloch drängen würde, in dessen Folge es zu einer Quetschung der im Wirbelkanal befindlichen Nervenstränge käme. Das wiederum würde zu einer Lähmung der Atemmuskulatur führen. So weit die medizinisch vereinfacht geschilderte Diagnose. Die daraus abzuleitende Prognose ließ leider nur eine einzige Möglichkeit zu – der Tod des Jungen. Eine gesicherte Aussage, wann genau das passieren würde, konnten die Mediziner jedoch nicht treffen. Es konnte in zwei oder drei Wochen geschehen oder auch erst in zwei oder drei Monaten. Mit einem noch längeren Verlauf rechnete allerdings keiner von ihnen.

Wir, das hieß unser Notarztteam, sollten Patrik, der in der Kinderkrebsklinik des Düsseldorfer Universitätsklinikums lag, abholen und zu einem Hospiz seiner Heimatstadt fahren. Vorwiegend werden solche Patiententransporte mit normalen Rettungsfahrzeugen durchgeführt, aber in diesem Fall war nichts normal, da wir jederzeit damit rechnen mussten, dass unser kleiner Patient ins Koma fallen oder, ähnlich einem Epileptiker, einen lebensgefährlichen Krampfanfall bekommen konnte.

*

»Findest du nicht auch, dass solch ein Kind nicht besser in der Uniklinik bleiben sollte?«

Unser Notarzt Dr. Frankenhauser, der, da wir diesen Einsatz ohne die sonst üblich eingeschalteten Sondersignale fuhren, zwischen Ralf und mir vorne saß, sah mich fragend an.

»Jaaa, Thomas«, sagte ich, »ich weiß schon, dass man Patienten in einem Hospiz Wünsche erfüllt, die unsere Kinderkrebsklinik eben nicht erfüllen kann. Trotzdem glaube ich, er wäre hier besser versorgt. Was ist zum Beispiel, wenn der Junge ins Endstadium kommt?«

»Er ist im Endstadium«, betonte Thomas ernst.

»Du hattest uns doch gesagt, die Ärzte könnten sich zeitlich nicht festlegen.«

»Nicht genau«, verbesserte er mich, »aber in etwa schon.«

»Also etwas zwischen zwei Wochen und drei Monaten?«

»So Gott will.«

»Hm.«

Ich blickte aus dem Fenster und hüllte mich in Schweigen.

Will Gott?, fragte ich mich. Nein, wohl kaum. Viele Menschen hadern ja mit ihm oder sagen, es kann ihn gar nicht geben, denn ein liebender Gott würde so viel Leid und Elend auf der Welt doch niemals zulassen. Andere verfluchen ihn oder wenden sich aus genau diesen Gründen von ihm ab. Aber Gott mischt sich nicht in unser Leben ein, er lässt uns in unserem Tun gewähren, sei es nun gut oder böse. Wir sind also nicht seine Marionetten, denn wenn es so wäre, dann wäre tatsächlich jegliche Kritik an ihm berechtigt. Aber so? Hat er nicht sogar seinen Sohn für alle unsere Sünden geopfert? Also ich glaube schon, dass Jesus Christus unser Erlöser ist und wir …

Plötzlich riss mich mein Kollege Jochen aus meinen Grübeleien. Er saß statt Thomas hinten im Patientenraum, und hatte jetzt, nachdem wir bereits auf dem Unigelände fuhren, seinen Kopf, genau wie es unser Notarzt gerne tat, durch das Schiebefenster gesteckt, was mich zusammenzucken ließ.

»Na, Chefchen, hast wohl ein kleines Nickerchen gemacht, wie?«

Nein, ein Nickerchen hatte ich nicht gemacht, ich war lediglich für einen kurzen Moment mit meinen Gedanken unserer realen Einsatzwelt entrückt, aber das wollte ich ihm nicht auf die Nase binden.

*

Wer die Kinderkrebsklinik der Düsseldorfer Uni noch nie betreten hat, mag vielleicht denken, dass dies nur ein Ort des Schreckens und der großen Traurigkeit ist. Zugegeben, man sieht hier wirklich viel Leid und Elend, aber auch viel Hoffnung, Mut und Zuversicht. Es gibt Kinder, die sind hier schon sehr lange, für einige ist dies sogar schon fast ihr Zuhause, und zwischen denen, die tatsächlich schwer gezeichnet in ihren Betten liegen, laufen andere, ebenfalls an Krebs erkrankte, oft lachend hin und her. Ja, gelacht wird hier auch, obwohl die Situation der meisten überhaupt keinen Anlass zum Lachen gibt. Aber das hier sind Kinder, und die ticken in Bezug auf ihre Krankheit oft vollkommen anders als wir Erwachsenen.

Sogar unser Patrik, der sein Schicksal kannte und seinen haarlosen Schädel mit einer lustig bunten Mütze bedeckt hatte, empfing uns im Bett liegend, an zig Perfusoren und Infusomaten angeschlossen, mit einem strahlenden Lächeln.

»Ah, jetzt geht es endlich los. Sie sind doch die, die mich in das Hospiz fahren, oder?«

Ja, wir waren die.

Sein Abschied von den Medizinern und Pflegekräften war herzlich, und einige der Kinder, die sich mit Patrik angefreundet hatten, begleiteten ihn und uns bis zur Schleuse. Dort wünschten sie ihm alles Gute, und ein Kind, ein kleines Mädchen, sagte mit voller Überzeugung: »Tschüss Patrik. Sei nicht traurig, weil wir jetzt auseinandergehen. Wir sehen uns doch schon bald im Himmel wieder.«

Diesen Satz »Wir sehen uns doch schon bald im Himmel wieder« werde ich wohl nie vergessen. Und »schon bald«, die Kleine hatte

»schon bald« gesagt! Sie wusste also auch Bescheid und hatte doch diese Zuversicht. Ich war zutiefst beeindruckt und gleichzeitig gerührt von ihrem unerschütterlichen kindlichen Glauben.

Ich glaube, ich habe nirgendwo einen Ort gesehen, wo es mehr Mut, mehr Hoffnung und mehr Lebensfreude gab als bei diesen vom Schicksal gezeichneten Kindern.

Ach ja, fast hätte ich es vergessen. Patrik bekam natürlich von uns Dr. Teddy geschenkt. Wie lange er noch an ihm Freude haben durfte, vermag ich jedoch nicht zu sagen.

IM KELLER

Seit ich weiß nicht mehr wie vielen Tagen hatte es schon nicht mehr geregnet. Kleinere Flüsse und Bäche trockneten zusehends aus, und der Pegelstand des Rheins war auf den seit Jahren niedrigsten Stand gefallen. Falls sich an der derzeitigen Wetterlage in absehbarer Zeit nichts ändern würde, prognostizierten die Meteorologen ein Szenario der Wasserknappheit, da die Wasservorräte in den Talsperren auch langsam zur Neige gingen. Auf den von tiefen Rissen durchzogenen Ackerböden verkümmerte die Ernte, Sträucher und Büsche verdorrten, und selbst alte tief verwurzelte Bäume warfen ihr Laub ab. Alles war pulvertrocken. Längst hatten die Feuerwehren die höchste Waldbrandstufe ausgerufen, und an einigen Stellen flammte es auch immer wieder auf. Aber noch hatten wir die Lage unter Kontrolle. Den Eisdielen, den Biergartenbesitzern und Mineralwasserherstellern zauberte der Hochsommer allerdings ein breites Grinsen ins Gesicht, da deren Umsätze in astronomische Höhen schossen. Dennoch, Mensch, Tier und Natur ächzten unter den für unsere Breiten ungewöhnlich lang anhaltenden hohen Temperaturen und der damit verbundenen extremen Trockenheit. Wer es sich leisten konnte, suchte wenigstens in der größten Mittagshitze ein schattiges Plätzchen und ließ die Arbeit Arbeit sein.

Ein schattiges Plätzchen suchten wir auf unserer Feuerwache natürlich auch auf. Außerdem hatte die Branddirektion in einem Rundschreiben allen Einsatzkräften Arbeitserleichterung genehmigt. Das bedeutete, dass wir die täglich anfallenden Arbeiten erst einmal liegen lassen durften. Das galt natürlich nur für Arbeiten, die unsere Einsatzfähigkeit nicht beeinträchtigten. Wenn es jedoch in der Mittagszeit alarmierte, dann spielte es keine Rolle, ob das Thermometer noch einige Grad Celsius mehr anzeigte als am späten Abend. Alarm war Alarm, und die neunzig Sekunden, die man uns bis zum Ausrücken zugestand, durften auch jetzt nicht überschritten werden.

*

Für diesen Vormittag war ich als Gastlehrer in der Feuerwehrschule eingeplant. Im Gegensatz zu den staatlichen allgemeinbildenden Schulen, wo die Schulleitung bei Temperaturen von über 28 Grad im Klassenzimmer Hitzefrei geben darf, gab es so etwas für unsere jungen Anwärter nicht. Die Unterrichtsräume der Feuerwehrschule befanden sich, vorsichtig ausgedrückt, unter einem nicht sonderlich perfekt isolierten Flachdach. Entsprechend heiß und stickig war hier die Luft. Da brachte es auch nichts, die Fenster zu öffnen, zumal sie zur Straßenseite zeigten, deren Verkehrslärm uns nur zusätzlich stören würde. Die Vermittlung eines nachhaltig wirkenden Lehrstoffes unter solchen Sauna-ähnlichen Bedingungen abzuhalten, machte meiner Meinung nach keinen Sinn. Also verlegte ich den Unterricht, sehr zur Freude meiner Schüler, kurzerhand in einen der Kellerräume. Da das gesamte Wachgebäude und auch der daran angrenzende Schultrakt voll unterkellert waren, dürfte es ja wohl keine Schwierigkeit sein, dort einen halbwegs geeigneten Raum zu finden.

»Okay, Männer!«, rief ich deshalb. »Bevor wir hier eingehen wie die Primeln, schnappt sich jeder seinen Stuhl und folgt mir in den Keller!«

Unter lautem Gegröle folgte mir die Meute durch das Treppenhaus in die schuleigenen »Katakomben«. Unterwegs begegneten wir dem Schulleiter. Die buschigen Augenbrauen hochziehend, sah er mich scharf an und fragte in kritischem Tonfall: »Darf man fragen, was das hier wird, Herr Meyer-Pyritz?«

»Äh … ja, also wir … das heißt, ich verlege den Unterricht heute in den Keller.«

»In den Keller?«

»Ja. Ausnahmsweise. Wegen der Hitze. Sie verstehen …?«

»Aha. Und wohin genau bitte schön?«

»Ich dachte an den Übungskeller mit der Sandgrube.«

»Sandgrube … Hm. Aber wenn ich mich recht erinnere, steht heute Vormittag gar keine praktische Übung auf dem Stundenplan.«

»Das ist richtig, wir machen ja auch keine praktische Übung.«

»Sondern?«

Die meisten Auszubildenden waren während unseres Gesprächs klammheimlich mit ihren Stühlen an uns vorbeigeschlichen, spitzten aber genau ihre Ohren.

»Na, den ganz normalen Unterricht.«

»In der Sandgrube?«

»Jaaa.«

»Mit den Stühlen aus dem Unterrichtsraum?«

»Ähhhh … jaaaa.«

Ich spürte, wie mir auf der gerade noch angenehm temperierten Kellertreppe schlagartig immer wärmer wurde. Der Schulleiter setzte seinen Weg, den Kopf missbilligend schüttelnd, weiter fort. Ich atmete erleichtert auf. Anscheinend war das Gespräch, dessen Verlauf eine für mich nicht so gute Richtung genommen hatte, für ihn hier beendet. Doch dann drehte er sich noch einmal um und sagte schroff: »Wenn Sie mit dem Unterricht fertig sind, kommen Sie in mein Büro. Ich denke, wir müssen dringend über einige Dinge reden.«

Ich nickte.

»Und die Stühle, ja, die lassen Sie alle wieder nach oben bringen. Aber bitte ohne Sand.«

»Selbstverständlich.«

*

Im Sandgrubenkeller warfen mir einige Auszubildende teils fragende, teils mitfühlende Blicke zu.

»Was?!«, rief ich lachend, als wüsste ich nicht genau, was sie meinten.

»Nix! Es ist nix«, grinsten sie frech, wobei sie sich ihr Lachen kaum verkneifen konnten.

»Scheinheilige Bande«, knurrte ich, aber das nahm mir niemand übel, denn ich hatte ein sehr gutes Verhältnis zu meinen Schülern.

*

Das anschließende Gespräch mit dem Schulleiter verlief übrigens völlig anders, als ich befürchtet hatte. Als ich sein Büro betrat, welches ebenfalls unter dem nicht so sonderlich perfekt isolierten Flachdach lag, drehte sich neben seinem Schreibtisch ein aufgestellter Ventilator. Das Resultat war eher mäßig erfolgreich, aber immerhin erzeugte er einen leichten, wenn auch warmen Luftzug.

»Und, war's schön kühl im Keller?«

»Na ja, auf jeden Fall angenehmer als hier oben in den überhitzten Unterrichtsräumen.«

»Die Stühle alle wieder oben?«

»Und ohne Sand«, betonte ich.

Er winkte ab. »Hab auch nichts anderes erwartet. Aber jetzt noch mal zu Ihrem Unterricht.«

»Jaaa.«

»Ihre Idee mit dem Unterricht im Keller in allen Ehren, aber wenn Sie das nächste Mal wieder so eine Aktion starten, sagen Sie mir wenigstens Bescheid. Verstanden?«

»Geht klar«, nickte ich und atmete erleichtert auf, da ich eigentlich mit einem Rüffel gerechnet hatte.

»Es ist ja nicht so«, sagte er, »dass ich grundsätzlich was gegen frische Ideen hätte, aber ich weiß Dinge, die Sie nicht wissen. Sie verstehen?«

»Offen gestanden, nein.«

»Gut, dann will ich Ihnen das erklären. Heute Vormittag zum Beispiel wollte eine unserer freiwilligen Feuerwehren in dem Sandgrubenkeller die Schachtrettung einer verschütteten Person üben. Dass Sie denen nicht in die Quere gekommen sind, lag einzig daran, dass die Kameraden unmittelbar vor ihrer Abfahrt zu uns einen Böschungsbrand erhalten hatten.«

»Oh! Das hatte ich allerdings nicht gewusst.«

»Eben. Und jetzt verstehen Sie wohl sicher, wieso ich vorhin über Ihren spontanen Umzug nicht sonderlich begeistert war.«

»Ja klar, kann ich verstehen.«

»Gut. Also beim nächsten Mal vorher Bescheid geben.«

»Mach ich.«

»Schön, dann sind wir uns ja einig. Und? Geht es jetzt wieder auf den NAW oder auf den Löschzug?«

»Nein, heute auf den Löschzug.«

Daraufhin sagte er mit bierernster Miene: »Na, dann hoffe ich für Sie, dass Sie heute noch einen Kellerbrand bekommen«, woraufhin ich ihn wohl ziemlich verwundert angestarrt haben musste.

»Was ist? Was sehen Sie mich so an?«, fragte er schmunzelnd. »Schließlich sind Sie doch der Mann, der so gerne im Keller arbeitet.«

*

Also *der* Feuerwehrmann, der sich bei dieser Affenhitze einen Kellerbrand wünschte, musste garantiert noch geboren werden. So einer war ich jedenfalls nicht und auch keiner meiner Kollegen. Allein der Gedanke, sich die dicke HuPF-Bekleidung anziehen zu müssen, trieb mir zusätzliche Schweißtropfen auf die Stirn. Und dann auch noch mit Atemschutzmaske und unter PA! Nein danke, da saß ich doch lieber mit den anderen hier im Schatten und löffelte meinen Eisbecher.

Ja, es gab richtig leckeres frisches Eis aus der Eisdiele. Hatte unser Leitermaschinist ausgeben müssen, weil er heute zu spät gekommen war. Zu spät kommen kostet immer was, entweder Kuchen für alle oder eben Eis. Angesichts der großen Hitze hatten wir uns natürlich für Eis entschieden.

»Ey, Leute«, fragte mein Angriffstruppführer in unsere Runde, »wer kommt freiwillig nächste Dienstschicht zu spät?«

»Der Martin! Der Martin!«, riefen alle wie aus einem Mund. »Der hat sich heute Vormittag ja auch verpieselt!«

»Ja, von wegen!«, protestierte ich. »Während ihr euch hier einen faulen Lenz gemacht habt, durfte ich drüben in der Schule schwitzen.«

»Das stimmt ja gar nicht! Jungs, glaubt dem kein Wort.«

»Hallo! Natürlich habe ich in der Schule unterrichtet.«

»Aber nicht oben, wo es lecker warm ist, sondern unten im angenehm kühlen Keller.«

»Woher weißt du das denn schon wieder?«

»Tja, man hat so seine Quellen. Also … was ist jetzt, gibst du übermorgen freiwillig Eis aus oder …?«

»Du kannst mich mal!«

»Na guuut. Dann muss eben ein anderer von uns zu spät kommen!«

»Männer! Ich warne euch«, drohte unser DGL, ohne von seinem Eisbecher aufzusehen. »Sollte sich einer von euch übermorgen tatsächlich erdreisten, nur wegen Eis zu spät zu kommen, dann zahlt derjenige nicht nur doppelt, sondern gleich dreifach.«

»Wow! Drei Mal Eis. Das ist man 'n Wort, Chef. Also wer macht's?«

»Treib es nicht auf die Spitze, Piet«, knurrte der DGL und warf seinen leeren Eisbecher in Piets Richtung.

Piet wich geschickt aus.

»Habt ihr das gesehen?! Habt ihr das gesehen?! Das war ganz klar ein Attentat eines Vorgesetzten. So was sollte unbedingt auch mit Eis geahndet werden!«

»Ach ja? Dann kostet dich deine Aufforderung zur Meuterei gerade aber auch 'ne Runde Eis.«

»Sehr richtig«, mischte sich jetzt ein Dritter ein. »Mein Vorschlag: Ihr gebt nächste Dienstschicht am besten alle beide einen aus.«

Sein Vorschlag traf bei allen auf große Zustimmung. Na ja, nicht ganz, zwei protestierten.

IM ROHR

Eine halbe Stunde später riss uns der Vierfachgong in die Einsatz-wirklichkeit. Sofort war Schluss mit dem faulen Lotterleben. Wir sprangen auf und liefen in die Fahrzeughalle, wo unsere Einsatz-jacken und Hosen auf fahrbaren Kleiderständern hingen, die hier zwischen den Fahrzeugen standen.

Ich stieg in meine dicke, an den Knien mit Keflar verstärkte Hose, deren Beine ich aus Gründen der Zeitersparnis wie die meisten über die Stiefelschäfte gestülpt hatte. Da musste man nur noch einsteigen, die Hose hochziehen, die Hosenträger über die Schultern legen und war schon fast fertig. Die dünne Einsatzhose, die man vorher getragen hatte, wird darunter anbehalten. Wenn schon schwitzen, dann richtig. Neben mir stöhnte Frank.

»Also im Winter sind die dicken Klamotten ja gut. Aber bei der Hitze? Und dann auch noch immer die zweite Hose darunter. Als ob wir in der einen nicht schon gekocht würden.«

»Was soll bei dir denn schon kochen?!«, erhielt er prompt als Antwort zugerufen. Lautes Gelächter.

»Ihr Blödmänner!«, rief Frank zurück. »Wisst ihr überhaupt, wie heiß es in meiner Hose ist?«

»Neeee! Und das will auch gar keiner wissen!«

Noch größeres Gelächter.

»Bei mir wird es sogar heiß, wenn ich keine Hose anhabe!«, schrie ein anderer mit überschnappender Stimme.

»Angeber!«

Dann saßen wir einsatzbereit in unseren Fahrzeugen.

*

»Weiß eigentlich jemand von euch, was da genau passiert sein soll?«, fragte ich die mir gegenübersitzenden Kollegen. Beide zuckten mit den Schultern. »Wenn ich die Durchsage von vorhin richtig verstanden habe, soll da jemand in 'nem Schacht feststecken, schätze irgendein Arbeiter oder so.«

»Es ist kein Schacht, sondern ein Kanalrohr, und auch kein Arbeiter oder so, sondern zwei Kinder!«, rief unser DGL von vorne.

Oh … Kinder. »Das ist nicht gut«, sagte ich laut. »Kinder kriechen nämlich überall hinein. Auch in Löcher, die für Erwachsene viel zu eng sind. Als Junge war ich zusammen mit einem Freund selber mal in so ein Rohr gekrochen. Damals erkundeten wir jeden Winkel in unserem Wald, und dabei hatten wir ein langes Abwasserrohr unter einer Autobahnbrücke entdeckt.«

»Wie, entdeckt? Einfach so? War das denn nicht gesichert?«

»Na ja, das befand sich an einer Stelle, wo normalerweise kein Spaziergänger hinkommt. Weit abseits vom Weg hinter Gebüsch verborgen, war aber frei zugänglich. Das existiert heute immer noch, ist aber mit einem Gitter gesichert, und der Zugang dorthin ist außerdem eingezäunt. Wir waren damals zwar nicht darin stecken geblieben, hatten es aber, nachdem es darin immer dunkler wurde, mit der Angst bekommen und drängten nur noch raus. Als wir merkten, dass wir uns in dem engen Rohr nicht umdrehen konnten, gerieten wir fast in Panik und mussten den ganzen Weg rückwärts kriechen.«

»Na, wenigstens seid ihr aus eigener Kraft wieder herausgekommen.«

»Stimmt. Hoffentlich ist das Rohr, in dem diese Kinder stecken sollen, nicht noch enger!«

*

Unser Einsatzort bestand aus einer frisch ausgehobenen Baugrube. Beim Ausschachten war man mit dem Bagger auf alte Mauerreste gestoßen, für die sich einige Archäologen offensichtlich brennend interessierten. Das hatte sogar in der Zeitung gestanden und zu einem Baustopp geführt. Und solange nicht feststand, ob es sich bei diesen Mauerresten um historische Bauten handelte, ruhten die Bauarbeiten. Über der Baugrube hatte man ein provisorisches Zelt errichtet und das gesamte Gelände eingezäunt. Aber so ein Bauzaun, auch wenn er mit den typischen Warnschildern versehen war, auf denen *Betreten der Baustelle verboten. Eltern haften für ihre Kinder* stand, konnte dies Kinder natürlich nicht davon abhalten, das Gelände zu betreten. Erkunden, was sich Geheimnisvolles unter dieser riesigen Zeltplane verbarg, war einfach zu verführerisch.

*

»Wieso schicken die uns eigentlich allein dahin?«, fragte Karl der Maschinist im vorweg fahrenden LF unseren DGL. »Wäre das nicht auch was für die Umweltschutzwache mit ihren Sonderfahrzeugen?«

»Du meinst, weil sie die Spezialfahrzeuge für Tiefbauunfälle haben?«

»Genau.«

»Stimmt schon. Aber die kommen meist mit wenig Personal. Die Manpower müssen wir also stellen.«

»Hm.«

»Was, hm?«

»Na ja, Manpower haben wir. Aber hast du gehört, dass die Spezialfahrzeuge ebenfalls alarmiert wurden? Ich nicht.«

»Stimmt. Ich frag mal nach.«

Der DGL funkte die Leitstelle an und fragte, ob die Wache U auch zu dieser Einsatzstelle käme oder ob wir die Einzigen wären.

»Zu Ihrer Information. Zurzeit sind Sie die einzige Wache, die zu dieser Einsatzstelle fährt. Feuerwache U befindet sich bereits in einem Einsatz. Kommen.«

»Und was ist mit dem Rettungsdienst? Kommen.«

»Notarzt und RTW sind alarmiert und zu Ihnen unterwegs. Kommen.«

»Verstanden. Rettungsdienst ist alarmiert. Danke und Ende.«

Der DGL steckte den Funkhörer zurück in die Halterung und sah zu Karl.

»Und, alles mitbekommen?«

»Ja, Scheiße. Wir erhalten keine Unterstützung.«

»Na komm, so schlimm ist das nicht. Wir haben doch auch schon Hunde aus Karnickellöchern gebuddelt.«

»Ja, 'n Dackel. Kann ich mich noch gut dran erinnern, wie wir geschuftet haben. Metertiefe Löcher, nur mit Schaufeln und Spaten, bis wir das Viech endlich befreit hatten. Aber Dackel sind keine Kinder.«

»Stimmt, Karl. Kinder sind keine Dackel. Da gebe ich dir recht. Also gib Gas, aber fahr vorsichtig.«

Der Maschinist stöhnte gespielt auf. »Was du da verlangst, ist die Quadratur des Kreises.«

»Na und? Verlange ich doch immer!«, beschwichtigte sein DGL.

»Stimmt auch wieder«, sagte Karl seinerseits, gab Gas und fuhr vorsichtig.

*

An der Einsatzstelle stand bereits ein Polizeifahrzeug. Dessen zuckende Blaulichter wiesen uns den Weg. Während der eine Polizist in die Baugrube hinuntergeklettert war, hatte seine Kollegin hier oben auf der Straße auf uns gewartet.

»Es sind zwei Kinder«, erklärte sie. »Höchstens acht, neun Jahre alt.«

»Und, haben Sie Kontakt zu ihnen?«, fragte unser DGL.

»Ja, das schon, aber sie sind zu tief in der Röhre, als dass wir sie dort herausziehen könnten.«

»Durchmesser?«

»Auf jeden Fall zu eng für uns.«

»Okay. Danke.«

Der DGL wandte sich nun an uns und erteilte seine Befehle: »Ihr habt es ja alle gehört. Da wir mit unseren Fahrzeugen nicht in die Grube können, machen wir Folgendes: Der Angriffstrupp und der Schlauchtrupp gehen mit mir. Nehmt eure PAs und die Feuerwehrleinen mit! Und bringt auch Schaufeln, Hacken und Spaten!«

»Alles klar, Chef! Und wir?«

»Ihr wartet mit Leiterbesatzung erst einmal hier oben, bis ich die Lage erkundet habe. Möglicherweise benötigen wir ja auch noch schwereres Gerät. Das müsst ihr dann hinunterschaffen. Also, Florentinen einschalten und Funk abhören.«

*

Das Kriechen durch enge Gänge und Röhren üben wir mindestens ein Mal pro Jahr in der Atemschutzübungsstrecke. Dort wird man, natürlich unter Atemschutz, durch ein Labyrinth aus über- und hintereinander verschachtelten Gitterkäfigen mit variablen Hindernissen geschickt. Je nach Übungsszenario kann die mit Wärmebildkameras überwachte Anlage verdunkelt und auch verraucht werden. Des Weiteren gibt es eingebaute Wärmequellen und eine Beschallung, die die Illusion eines Brandes fast perfekt nachahmen. Besonders schwierig wird es, wenn man durch Röhren kriechen muss, die so eng sind, dass man sein Atemschutzgerät im Liegen vom Rücken abschnallen und vor sich herschieben muss. Von daher machte es ohne Weiteres Sinn, dass der DGL uns befahl, die Pressluftatmer mit in die Baugrube zu nehmen. Wir wussten zwar noch nicht, ob wir diese Atemschutzgeräte wirklich brauchen würden, aber es war auf jeden Fall richtig, sie jetzt schon bei sich zu haben, als sie nachträglich holen zu müssen.

Über eine von den Bauarbeitern provisorisch errichtete Holztreppe stiegen wir auf den Grund der Baugrube. Sie maß mindestens zwanzig mal zwanzig Meter. Anhand der Stufen schätzte ich sie über fünf Meter tief. Die Luft unter der aufgespannten Zeltplane war warm und stickig, das Licht dämmrig.

»Möglicherweise müssen wir hier auch noch unsere Scheinwerfer aufbauen«, sagte unser DGL mehr zu sich selbst. »Na, mal sehen. Wenigstens ist der Boden lehmig und trocken, das ist gut.«

Der Polizist kniete neben einem Loch auf der gegenüberliegenden Seite, das sich beim Näherkommen als ein altes Metallrohr entpuppte, welches waagerecht im Erdreich verlegt war. Der Polizist hatte seine Taschenlampe eingeschaltet und leuchtete hinein. Als er uns kommen hörte, erhob er sich und winkte uns, schnell näher zu kommen.

»Gut, dass Sie da sind«, sagte er mit besorgtem Gesicht. »Seit etwa zwei Minuten habe ich nämlich keinen Kontakt mehr zu den Jungen.«

»Nicht gut, gar nicht gut«, meinte unser DGL, wobei er bedächtig seinen Kopf hin und her bewegte. »Und davor, haben die vorher noch mit Ihnen gesprochen?«

»Der hintere schon. Zumindest hatte er auf meine Zurufe reagiert.«

»Und der andere?«

»Der Vordere, also der hat die ganze Zeit nur geweint. Aber seit eben sagen beide nichts mehr. Ich hoffe nur, dass die da drin noch genug Luft zum Atmen bekommen, sonst ... «

Was sonst wäre, wollte er lieber erst gar nicht aussprechen, aber uns war auch so klar, was er meinte: Die Gefahr, dass die beiden Jungs in der engen Röhre ersticken könnten, war nicht von der Hand zu weisen. Wir mussten sie daher so schnell wie möglich befreien. Aber das war leichter gesagt als getan. Die Entfernung bis zu der Stelle, wo sie feststeckten, war schwer abzuschätzen. Es konnten vier, vielleicht aber auch fünf oder sechs Meter sein. Darüber lastete fünf Meter fester, lehmiger Boden, auf dem auch noch der aufgeschüttete Aushub aus der Baugrube lag. An ein Ausgraben von

Hand war in dieser Situation überhaupt nicht zu denken. Unsere Schaufeln und Spaten konnten wir also vergessen.

Das größere Rohr in unserer neu erbauten Atemschutzübungs-strecke besitzt einen Durchmesser von 800 Millimetern. Da können wir mit auf den Rücken geschnallten Pressluftatmern so eben noch hindurchkriechen. Das zweite Rohr ist mit gerade mal 600 Milli-metern erheblich schmaler. Hier musste jeder Feuerwehrmann, wie schon beschrieben, seinen Pressluftatmer vor dem Einstieg in die Röhre abschnallen und vor sich her schieben, ansonsten käme keiner von uns da durch. Das mag sich für Laien vielleicht nicht so schwer anhören, ist es aber, weil man das Atemschutzgerät in einem ohnehin schon engen Bereich und oft ohne Sicht zunächst vom Rücken über den Kopf nach vorne führen muss, wobei die daran angeschlossene Luftdruckleitung mit dem Lungenautomaten natürlich weiterhin mit der eigenen Atemschutzmaske verbunden bleiben muss. Und dann, wenn man es endlich geschafft hat und wieder aus dem Rohr hinauskriecht, muss man sich sein Gerät in umgekehrter Reihenfolge wieder auf den Rücken schnallen. Versuchen Sie so etwas mal am Tag, also bei guter Sicht und im Liegen, mit einem etwa 16 Kilogramm schweren Rucksack, dann können Sie vielleicht erahnen, wie kompliziert dieser Vorgang für uns Feuerwehrmänner ist.

Und dieses Rohr, mit dem wir es hier zu tun hatten, besaß einen noch schmaleren Durchmesser als das in unserer Atemschutz-übungsstrecke. Damit war es zu schmal für die meisten meiner Kollegen. Von denen war zwar niemand wirklich dick, aber um da hineinzukriechen, musste man entweder ein Kind sein oder wirk-lich gertenschlank. Von uns, die wir hier vor Ort waren, kamen daher nur drei Feuerwehrmänner infrage. Einer davon war mein Kollege Stefan, der andere stand noch draußen bei den Fahrzeugen, und der Dritte war ich.

Der C-Dienst, der aufgrund des Stichworts »Menschenleben in Gefahr« ebenfalls aktiviert worden war und jetzt bei uns stand, besprach sich mit unserem DGL. Viel zu sagen gab es dabei nicht. Einer von uns musste da rein, so viel stand fest. Und da Stefan und ich die Einzigen waren, die dafür infrage kamen, sah uns unser DGL auch gleich an.

»Also, wer von euch macht's?«

Wie von ihm nicht anders erwartet, sagten wir beide wie aus einem Munde: »Ich.«

Als wir uns schon anschickten, die Gurte unseres Pressluftatmers zu lösen, meldete sich mein Angriffstruppführer und schlug vor: »Schick den Martin, der hat darin Erfahrung.«

»Wieso?«

»Weil der selber schon mal in so 'nem Rohr steckte. Hat er uns vorhin auf der Anfahrt zumindest noch erzählt.«

Daraufhin wendete sich der C-Dienst an mich und fragte: »Stimmt das?«

»Ich nickte.«

»Und … Schiss gehabt?«

»Und wie.«

Der C-Dienst wechselte einen kurzen Blick der Verständigung mit unserem DGL. Nachdem der zustimmend nickte, meinte er: »Dann erhältst du heute die Chance, das zu korrigieren. Los, Jacke aus und rein mit dir.«

Ganz so schnell ging es dann aber doch nicht, da wir beziehungsweise meine Kollegen vorher noch einige Vorbereitungen an mir trafen. Als Erstes musste ich mich bis auf die Unterwäsche entkleiden, dann halfen mir zwei Männer in einen eilig herbeigebrachten Overall, der von uns gewöhnlich als sogenannter »Schutzanzug leicht« bei bestimmten Chemikalieneinsätzen verwendet wird. Anschließend übergossen sie den Overall mit Motorenöl. Während einer das schmierige Öl noch richtig schön auf mir verrieb, wobei er lediglich meine Hände und das Gesicht verschonte, banden mir zwei andere je eine Feuerwehrleine um mein rechtes und um mein linkes Fußgelenk. Glitschig und flutschig, die Hände nach vorne gestreckt, schoben sie mich anschließend gemeinsam mit dem Kopf voran in die enge Röhre. Die Idee, mich mit Öl einzureiben, war natürlich gut, dennoch war das Vorankommen ungemein kräftezehrend, da ich in dem engen Rohr die Arme nicht zu Hilfe nehmen konnte. Und mich mit den Füßen auf dem glitschigen Boden abstoßen funktionierte auch nicht. So konnte ich mich also nur mühsam Zentimeter für Zentimeter mit den Händen voranziehen.

»Das dauert zu lange!«, rief ich. »Könnt ihr mich nicht von hinten anschieben?«

»Wir lassen uns was einfallen!«, rief mir jemand zurück. Wer das war, konnte ich in dem Rohr, wo meine eigene Stimme seltsam dröhnte, nicht heraushören. Nach einer Zeit, die mir wie eine kleine Ewigkeit vorkam, rief die gleiche Stimme: »Martin! Mach dich ganz steif, wir schieben dich jetzt an!«

Daraufhin spürte ich, wie etwas gegen meine Füße drückte, vermutlich ein Brett oder so was Ähnliches. Sehen konnte ich es ja nicht, da ich hier nicht einmal den Kopf wenden konnte. Auf jeden Fall kam ich jetzt so zügig voran, dass ich im Licht meiner Stirnlampe bereits die Schuhsohlen des hinteren Jungen erkennen konnte.

»Noch zwei Meter! Noch einen! Langsam! Uuuuund … stopp!«

Ich lag jetzt unmittelbar hinter dem letzten Jungen, rief ihn an und zog an seinem Bein – keine Reaktion. Das war gar nicht gut. Eilig zog ich die Rettungsschlinge aus dem linken Ärmel meines Overalls und legte sie ihm um seine Fußgelenke.

»Fertig! Zieht mich raus!«

Sofort zogen meine Kollegen die um meine Füße geschlauften Feuerwehrleinen stramm. Dann ging alles ganz schnell. Den Jungen im Schlepptau, erreichte ich das Ende des Rohres in wenigen Sekunden. Schon wurde ich gepackt und, da ich mich steif machte, wie ein Baumstamm, na ja, wohl eher wie ein Baumstämmchen, horizontal aus dem Rohr gezogen. Kaum draußen, löste auch schon ein Kollege die Bandschlaufe von den Beinen des Jungen, und ehe ich mich's versah, wollten mich zwei andere schon wieder in die Röhre schieben.

»Halt! Die Bandschlaufe!«

Irgendwer drückte mir noch schnell die Bandschlaufe in die Hand, dann war ich auch schon wieder drin in dem Rohr. Diesmal musste ich selbst überhaupt nichts mehr tun. Hätte im Übrigen auch nicht mehr funktioniert, denn der ganze Bereich vor mir war völlig ölverschmiert – meine eigene »Schleimspur«. Dafür leisteten meine schiebenden Kollegen ganze Arbeit. Ich flutschte nur so durch die Röhre. Das ging mir fast schon zu schnell.

»Langsamer!«, rief ich. »Nicht so schnell! Ich bin fast da … jetzt stooopp!«

Sekunden zuvor, als sie mich mit dem ersten Jungen herausgezogen hatten, war ich mir ziemlich sicher gewesen, dass er mehrmals leise gestöhnt hatte. Jetzt beim zweiten hörte ich nichts, absolut nichts. Dafür glaubte ich mein eigenes Herz in der Brust schlagen zu hören, aber nicht wegen der körperlichen Anstrengung, denn die hielt sich in Grenzen, sondern vor Aufregung.

Den Eingang der Röhre erreichten wir genauso schnell wie beim ersten Mal. Nachdem man mir wieder herausgeholfen hatte, setzte ich mich auf den lehmigen Boden und löste mir selbst die Feuerwehrleinen von den Füßen. Die Kollegen von draußen hatten inzwischen zwei tragbare Akkuscheinwerfer heruntergebracht, sodass der Bereich um das Rohr jetzt hell erleuchtet war. Ich sah mich um. Der erste Junge war bereits auf dem Weg nach draußen.

»Und, wie geht es ihm?«, fragte ich Stefan, der mir beim Ausziehen des ölverschmierten Overalls behilflich war.

»Ich denke, der könnte es schaffen.«

»Wie, ›Ich denke, der könnte es schaffen‹? Und er? Was ist mit ihm da?«, fragte ich geschockt und zeigte auf den anderen Jungen, der nur wenige Meter neben uns auf dem Boden lag. Im Licht der Akkuscheinwerfer konnte ich sein Gesicht deutlich erkennen. Es war bläulichgrau marmoriert.

»Der atmet nicht mehr«, sagte mein Kollege Stefan leise. »Der Notarzt will ihn noch hier unten intubieren.«

Das Leben dieses Jungen stand also auf der Kippe. Die Frage, womit mich meine Kollegen durch die enge Röhre geschoben hatten, stellte ich Stefan anschließend nur, um mich von der schockierenden Nachricht abzulenken. Das gelang mir jedoch nicht wirklich, denn immer wieder musste ich zu dem Jungen hinübersehen.

Stefan stieß mich an. »He, hast du mir überhaupt zugehört?«

»Was?« Ich riss den Kopf herum.

»Ob du mir überhaupt zugehört hast?« Stefan zeigte auf die andere Seite. »Da, das Brett.«

»Das Brett?«

»Mann, das ist das Brett, mit dem wir dich durch die Röhre geschoben haben. Wolltest du doch wissen.«

»Ach so, *das* Brett«, sagte ich wie abwesend, da ich in Gedanken schon wieder bei dem Jungen war, dem der Notarzt in diesem Moment den Endotrachealtubus mithilfe des Laryngoskops in die Luftröhre einführte. Links neben ihm kniete mein Kollege Jochen und assistierte. Rechts davon hockte Ralf mit dem Teamführer vor dem geöffneten Medikamentenkoffer. Während Ralf alles für den venösen Zugang vorbereitete, zog der Teamführer die bei Atemstillstand üblichen Medikamente auf. Als ich das sah, wurde mir schlagartig bewusst: Hätte ich an diesem Vormittag nicht an der Feuerwehrschule unterrichtet, wäre ich jetzt der Teamführer, der neben dem Medikamentenkoffer säße, und würde die Spritzen aufziehen. Und weil es sich hier um ein Kind handelte, wäre ich bestimmt wieder hochgradig angespannt. Na ja, das war ich jetzt auch. Und nicht nur ich. Im Grunde genommen geht es uns allen so, wenn Kinder betroffen sind, was natürlich nicht heißen soll, dass wir bei Erwachsenen nicht angespannt wären. Aber da Kinder unsere Schutzbefohlenen sind, liegt es in der Natur des Menschen, wenn sie in Gefahr geraten, besonders emotional zu reagieren. Als professionelle Retter dürfen wir uns von solchen Emotionen jedoch nicht überwältigen lassen.

Nicht überwältigen lassen … das hört sich so kalt und nüchtern an, dabei wühlt es in unserem Inneren genauso wie bei jedem anderen auch. Ich kann mich zum Beispiel noch sehr gut daran erinnern, wie mir bei meinem ersten Kind mit Atem- und Herzstillstand die Hände gezittert hatten, als ich die Medikamente aufziehen musste. Die eigenen Emotionen zumindest so weit in den Griff zu bekommen, dass man die notwendigen Arbeiten schafft, ist eben keine leichte Sache, deshalb haben viele Menschen ja auch so große Probleme, wenn sie bei Unfällen Erste Hilfe leisten sollen. Über diesen Punkt sind wir natürlich schon längst hinaus, müssen wir auch, und trotzdem – selbst wir geraten immer wieder in so extreme Einsatzsituationen, wo diese Gefühle von Angst, von Versagen und von Hilflosigkeit in einem wieder hochkommen. Aber ein Zurück oder ein Kneifen gibt es für uns nicht! Wir müssen uns unseren Ängsten und Emotionen stellen, müssen professionelle Arbeit leisten und dürfen nicht versagen. Wie es dir allerdings geht, wenn der Tod doch wieder einmal Sieger geblieben ist, wie es dann hinterher in dir und deinem Inneren aussieht, das steht auf einem anderen Blatt.

*

»Gut. Ich denke, der Tubus liegt«, erklärte der Notarzt mit ruhiger Stimme. »Bitte einmal kurz beatmen!«

Jochen steckte den Beatmungsbeutel mit der daran angeschlossenen Sauerstoffflasche auf den Konnektor des Endotrachealtubus und presste ihn zusammen. Sofort hob sich der Brustkorb des Jungen.

»Noch einmal«, sagte der Notarzt, während er mit dem Stethoskop den Brustkorb des Jungen abhörte, um die korrekte Lage des Tubus zu überprüfen. Jochen presste den Beatmungsbeutel erneut zusammen.

»Perfekt«, nickte der Notarzt und hob den Daumen. »Fixieren und weiter beatmen. Was sagt das EKG?«

»Sinusrhythmus ist noch vorhanden, wird aber schwächer.«

»Lass mal sehen.«

Der Teamführer drehte das Akku-betriebene Cardio-Gerät so, dass der Notarzt dessen hell leuchtenden Monitor im Sichtfeld hatte.

»Stimmt. Wirklich stabil ist was anderes. Die Infusion liegt?«

Der Teamführer nickte.

»Gut. Hast du die Medikamente?«

»Ja, hier.« Der Teamführer reichte dem Notarzt die fertig aufgezogenen und beschrifteten Spritzen.

Nachdem der dem Jungen zwei Ampullen in den Anschluss der laufenden Infusion gepresst hatte, warf er noch einmal einen prüfenden Blick auf das hell leuchtende Monitorbild. Das Medikament wirkte.

»Okay Jungs, so sieht das schon besser aus. Ich befürchte allerdings, dass das nicht lange so bleiben wird. Nutzen wir also die Gelegenheit und bringen unseren kleinen Patienten schnell in den NAW.«

Zwei meiner Kollegen halfen beim Hinaustragen des Jungen, der auf der Vakuummatratze lag. Jochen ging daneben und führte weiterhin die Beatmung durch. Stefan ging ebenfalls mit. In jeder Hand trug er einen der Notfallkoffer. Ich sah der kleinen Gruppe nachdenklich hinterher, wohl wissend, dass der Kampf um das Leben dieses Jungen im NAW gleich weitergeführt werden würde, wobei der Ausgang dieses Kampfes noch vollkommen ungewiss war.

*

Zurück auf der Feuerwache hatten wir wie nach jedem Einsatz zunächst die Einsatzbereitschaft unserer Fahrzeuge noch einmal überprüft, gründlicher als das vor Ort geschehen konnte. Danach hatten wir uns im wacheigenen Unterrichtsraum zu einer Einsatznachbesprechung zusammengefunden. Das tun wir – wie vermutlich die meisten anderen Feuerwehren auch–, weil wir dabei den gesamten Einsatzablauf noch einmal in aller Ruhe und ohne den unvermeidlichen Einsatzstress rekapitulieren können. Außerdem geben uns solche Besprechungen die Möglichkeit, Fehlerquellen zu analysieren, um es beim nächsten Mal besser zu machen. Kritik ist dabei ohne Weiteres erwünscht, allerdings nur, solange sie von allen als konstruktiv erkannt und angenommen wird. Ist sie jedoch diffamierend oder trifft den einzelnen Feuerwehrmann oder gar die gesamte Truppe, so wirkt sie nur verletzend und verdreht ihre ansonsten erwünscht positive Wirkung ins Gegenteil. Gute Einsatzleiter wissen das sehr wohl einzuschätzen, zudem werden sie für solche Gespräche geschult. Und wenn sie darüber hinaus auch noch über genügend Menschenkenntnis verfügen, sind sie ohne Weiteres in der Lage, selbst gravierende Fehler Einzelner mit dem nötigen Feingefühl anzusprechen. Leider, das muss man ganz offen sagen, schaffen das nicht alle Einsatzleiter, aber die meisten. Und wir befanden uns in der glücklichen Lage, solche guten Einsatzleiter zu haben. Davon abgesehen gab es zu diesem Einsatz keine wirklichen Kritikpunkte.

»Männer«, lobte daher auch der C-Dienst, »das war gute Arbeit. Ich denke, besser hätte man es nicht machen können. Oder wie seht ihr das? Gibt es vielleicht von euer Seite Wesentliches, das noch verbessert werden könnte?«

Wir freuten uns natürlich über sein Lob und sahen uns gegenseitig fragend an, aber unsere Mienen sprachen eine eindeutige Sprache.

»Schön, wenn dem keiner von euch mehr etwas hinzufügen will, dann …«

»Mooooment«, unterbrach ihn da unser DGL. »Ich hätte da sehr wohl noch einen Kritikpunkt. Oder …«, korrigierte er sich lächelnd, »sagen wir eher einen Wunsch.«

»Der da wäre?«

»Na ja, da ist die Sache mit dem Rohr. Dass das Ding verdammt eng war, hat ja wohl jeder gesehen. Deshalb kamen ja auch nur drei Kollegen infrage, die dort hineinpassten. Ich frage mich also, *wieso* nur drei?« Dann tätschelte er selbsterklärend die kleine Wölbung, die sich über seinem Hosengürtel abzeichnete. »Na, deshalb.«

Wir lachten.

»Ja ja, lacht nur. Zugegeben, mein Bauch ist noch nicht so dick wie der von … na egal. War auf jeden Fall aber schon zu viel, um mich selbst durch das enge Rohr zu zwängen.«

»Deshalb haste ja auch unseren Hungerhaken da reingeschickt!«, kicherte einer, der direkt neben mir saß.

Großes Gelächter!

»Ich muss doch sehr bitten, Kollege«, ermahnte ihn unser DGL.

»Na, stimmt doch«, konterte der. »Wenn unser Martin am Teich steht und Enten füttert, werfen die ihm vor Mitleid ja schon das Brot zurück.«

Noch größeres Gelächter.

»Vorsicht, Kollege! Vorsicht!« entrüstete ich mich. »Ich geb dir gleich Hungerhaken und Enten füttern.«

»So, jetzt reicht's aber wirklich!«, funkte der C-Dienst dazwischen. »Ich finde, wir beruhigen uns jetzt alle wieder und hören erst mal, was euer DGL noch zu sagen hat. Bitte.« Er machte eine auffordernde Geste.

»Äh ja, also …«, sagte der leicht verstört. Anscheinend hatten ihn die Kollegen mit ihrem lauten Gelächter aus dem Konzept gebracht. Dann winkte er ab. »Ach, vergesst das einfach.«

»Nö, jetzt wollen wir das auch wissen!«, protestierten sie lauthals, ich auch.

»Aber was ich sagen wollte, war mehr 'n Scherz.«

»Und? Na los, jetzt spuck's schon aus!«

»Also gut«, sagte er, und seine Haltung straffte sich. »Ab nächste Dienstschicht ist Mittagessen gestrichen! Kapiert?«

Hä? Wir sahen uns zum zweiten Mal fragend an. Was sollte *das* denn?

»Ja, gestrichen!«, verkündete er lachend. »Und zum Frühstück bekommt jeder auch nur noch zwei halbe Brötchen und nicht fünf oder gar sechs, wie sie sich einige verfressene Kerle ständig reinwürgen. So, jetzt wisst ihr's. Und in spätestens vier Wochen habe ich, falls wir wieder so einen Einsatz bekommen sollten, wenigstens eine größere Auswahl an Hungerhaken. Oder besser noch, ich schicke euch gleich alle in die Röhre.«

Nachdem er das gesagt hatte, war auch bei den letzten von uns »verfressenen Kerlen« der Groschen gefallen.

Unsere heiter ausgelassene Stimmung erfuhr jedoch einen jähen Dämpfer, als kurz darauf die NAW-Besatzung den Unterrichtsraum betrat. Sie kamen gerade aus der Uniklinik, wohin die beiden Jungs gebracht worden waren, und hatten keine guten Nachrichten. Der erste Junge, also der, den wir zuerst aus dem Rohr befreit hatten, befand sich zwar außer Lebensgefahr, würde aufgrund von Sauerstoffmangel aber möglicherweise bleibende Schäden zurückbehalten. Um den zweiten stand es noch schlechter. Er wurde weiterhin künstlich beatmet. Über ihn konnten die Ärzte noch keine Prognose abgeben. Das Einzige, was sie unserm Team gesagt hatten, war, dass man mit dem Schlimmsten rechnen musste.

Die Eltern dieses Jungen befanden sich bereits in der Klinik und wurden von unserem Feuerwehrseelsorger betreut, die des anderen befanden sich gerade auf dem Weg. Wie es ihnen ging, kann sich wohl jeder, der eigene Kinder hat, selbst ausmahlen. Wir waren auf jeden Fall tief betroffen und mussten wieder einmal schmerzhaft erfahren, dass der Tod ein nicht zu unterschätzender Gegner ist.

NACH(T)TRAG

An diesem Tag hatte es keinen weiteren Einsatz mehr für unsere Feuerwache gegeben. Oder, um das noch etwas genauer zu präzisieren: Für die Löschfahrzeug- und die Drehleiterbesatzung hatte es keinen weiteren Einsatz mehr gegeben. Davon konnten unsere Rettungswagenbesatzung und das NAW-Team nur träumen. Sie wurden so gut wie jede Nacht alarmiert, und das nicht nur einmal. Da ich in dieser Nacht schlaflos auf meinem Bett liegend gegen die Decke starrte, bekam ich mit, wie unser RTW schon zum zweiten Mal vom Hof fuhr. Unmittelbar danach hörte ich sein Martinshorn, aber nicht so laut, als wenn die Kollegen es schon auf dem Feuerwehrhof eingeschaltet hätten. Ich lauschte dem immer leiser werdenden auf- und abschwellenden Sirenenton, bis er schließlich irgendwo in der Ferne verebbte. Jetzt, nachdem wieder alles totenstill war, vernahm ich deutlich Piets gleichmäßige Atemzüge. Er hatte das Bett rechts neben mir und schlief. Stefan, der uns gegenüberlag, schien auch zu schlafen. Ihr Glücklichen, dachte ich, und mein Blick wanderte zum wiederholten Male zu der Wanduhr über der Tür. Es war bereits kurz nach zwei Uhr, und ich war hundemüde, fand aber einfach keinen Schlaf. Immer wieder kreisten meine Gedanken um die beiden Jungen, die wir heute aus dem Rohr gezogen hatten. Das war jetzt gerade mal elf Stunden her, und eigentlich müsste ich längst abschalten. Müsste, sollte, würde gerne – ging aber nicht, da mich immer wieder eine Frage quälte: Was wäre, wenn wir nur einige Minuten früher an der Einsatzstelle gewesen wären? Was, wenn uns dieser blöde Lieferwagen, der da im Halteverbot parkte, nicht den Weg versperrt hätte? Geschlagene zwei Minuten hatte uns dieser Arsch gekostet! Na ja, vielleicht nicht ganz zwei Minuten, aber rechnete ich noch den Stau an der Ampel hinzu, wo einige Autofahrer wieder mal nicht in der Lage waren, für unsere Einsatzfahrzeuge eine Rettungsgasse zu bilden, dann kam ich mindestens auf drei, wenn nicht sogar vier Minuten. Vier Minuten, die wir eher hätten da sein können! Da sein müssen? Okay, uns traf daran keine Schuld, und doch … Was hätten diese vier Minuten alles bewirken können!?

Piet räusperte sich.

»Piet … Piet … bist du wach?«, rief ich leise.

»Mmmm.«

»Kannst du auch nicht schlafen?«

»Mmmm.«

»Piet?«

»Was – ist – denn?«

»Ob du auch nicht schlafen kannst?«

Neben mir ertönte sein tiefes Ausatmen.

»Wie bitte schön soll ich denn schlafen können, wenn du mich nervst?«

»Ich wollte ja nur wissen, ob du auch nicht schlafen kannst?«

»Uuuuahhhh!«, gähnte er laut. »Jetzt jedenfalls nicht mehr.«

»Ruhe da drüben!«

»Stefan? Bist du das?«

»Wer sonst, ihr Hirnis!«, brummte Stefan von gegenüber. »Und jetzt haltet endlich die Klappe. Ich will schlafen.«

»Will ich auch«, gähnte Piet erneut.

»Und warum tust du's dann nicht?« fragte Stefan.

»Weil mich irgend so ein lieber netter Kollege gerade geweckt hat.«

»Ich hab dich jedenfalls nicht geweckt.«

»Weiß ich doch.«

Plötzlich ging bei Stefan das Licht an. Auf die Ellenbogen gestützt, starrte er wütend zu uns herüber.

»He ihr zwei! Ihr habt doch wohl ein Rad ab, mich für so 'n Scheiß mitten in der Nacht zu wecken!«, schimpfte er und schaltete sein Licht wieder aus. Dann drehte er sich auf die Seite und knurrte: »Und jetzt herrscht hier Ruhe, verstanden?«

»Ich kann aber nicht schlafen.«

»Dein Problem.«

»Ich muss ständig an die beiden Jungs denken.«

»Ohhhh Mann!«

Drüben ging das Licht wieder an.

»Hör zu, Martin, uns geht das mit den Kindern auch an die Nieren, aber wir wollen trotzdem schlafen, kapiert? Und du solltest das auch. Ich sag dir nur eins: Falls du ab jetzt vorhaben solltest, nach jedem Einsatz nachts so 'n Theater zu veranstalten, landest du schneller in der Klapse, als dir lieb ist.«

»Da gehört der doch eh hin«, kicherte Piet.

Wusch!

Ich schleuderte mein Kopfkissen zielgenau in Richtung Nachbarbett, wo es Piet am Kopf traf. Zweifellos wäre das der Auftakt zu einer unserer legendären Kissenschlachten geworden, wenn, ja wenn uns da nicht der Alarmgong dazwischengefunkt hätte.

∗

Eine dreiviertel Stunde später lagen wir wieder in unseren Betten. Es war lediglich ein Fehlalarm gewesen, einer, bei denen wieder irgend so ein durchgeknallter Spinner auf der Leitstelle angerufen und einen Brand gemeldet hatte, den es überhaupt nicht gab. So etwas gab es leider viel zu oft, und nicht immer sind es nur Kinder oder Jugendliche, die sich einen dummen Streich erlauben. Einige notorische Wiederholungstäter gibt es auch, wie mir unsere Kollegen von der Leitstelle versicherten.

»Und«, hatte ich gefragt, »könnt ihr die nicht der Polizei melden?«

»Tja, wenn das so einfach wäre«, klagte einer der Disponenten. »Da gibt es welche, die entwickeln regelrecht ein schauspielerisches Talent. Solche Typen erzählen dir alles Mögliche von Leuten, die angeblich vom Dach springen wollen oder aus Fenstern, weil deren Wohnungen schon in hellen Flammen stehen. Einige dieser Lügengeschichten sind wirklich gut und nur schwer zu durchschauen. Bei anderen blicken wir schon durch. Na ja, und einige dieser Anrufer werden ja auch ermittelt. Für die wird das dann richtig teuer.«

Ob derjenige auch geschnappt wurde, der uns heute durch Düsseldorfs nächtliche Straßen gescheucht hatte, habe ich nie erfahren. War mir offen gestanden auch ziemlich egal. Viel wichtiger war, dass ich danach endlich schlafen, genauer gesagt ruhen konnte, denn offiziell schlafen Feuerwehrmänner ja nicht. Den Schwachsinn, dass sie nur ruhen, hatte man uns früher tatsächlich so verklickert, weshalb unsere Schafräume ja auch nicht Schlafräume genannt werden, sondern Ruheräume.

Nun ja, vielleicht hatten die das früher wirklich mal geglaubt. Aber wenn, dann nur ganz früher, denn die modernen Feuerwehrmänner schlafen sehr wohl, es sei denn, sie lägen nach ihren Einsätzen wie ich wach auf ihren Betten und grübelten darüber nach, was gewesen wäre, wenn …

FRIEDE, FREUDE, EIERKUCHEN

Wer wie ich so viele Jahre auf einem NAW gefahren ist, kommt mit den unterschiedlichsten Menschen aller Gesellschaftsschichten in allen nur erdenklichen Situationen und Verhältnissen zusammen. Da gibt es die vereinsamten Alten, die durchgeknallten Jugendlichen, die verwahrlosten Kinder, die bekifften Junkies, die hysterischen Mütter, die besoffenen Väter, die Suizidgefährdeten, die Kriminellen, die Erhängten, die Erschossenen, die Erstochenen, die Drogentoten, die Toten nach Brandeinsätzen, und und und. Und immer wieder Schwerverletzte oder unter Schock stehende Menschen. Viele blutend und vor Schmerzen schreiend. Besonders bei Verkehrsunfällen, aber auch nach Unfällen im Haushalt oder während der unterschiedlichsten Freizeitaktivitäten. Oder, wie letztens erst wieder, als wir zusammen mit dem Rüstzug der Feuerwache 10 als Notarztteam einen Arbeiter befreien mussten, dessen rechter Arm in eine Maschine hineingezogen worden war und dabei vollkommen zerquetscht wurde.

Überall werden wir hingerufen und geben unser Bestes, um zu retten, was und wer noch zu retten ist. Nicht selten kommen wir dabei an unsere eigenen Grenzen, und manchmal gehen wir sogar darüber hinaus. Wie kann man das alles als Feuerwehrmann und Rettungsassistent verkraften? Kann man das überhaupt?

Ja, man kann, behaupte ich – man kann es, weil unsere Arbeit Gott sei Dank nicht nur aus solch schlimmen Ereignissen besteht und weil man diese Einsätze nicht allein bewältigen muss, sondern mit Kollegen, die, wenn's gut läuft, weit mehr sind als nur Kollegen. Sie werden nämlich zu Freunden, egal ob sie dir gleichgestellt oder deine Vorgesetzten sind.

Zu pathetisch, sagen Sie?

Ja, vielleicht. Dennoch könnte ich Ihnen aus dem Stand sehr viele Feuerwehrkollegen aufzählen, auf die meine Aussage zutrifft. Und manch einem verdanke ich sogar mein Leben.

Na ja, denken Sie jetzt vielleicht. *Leben verdanken! Jetzt übertreibt er aber wirklich.*

Keineswegs. Ich behaupte sogar, dass ich viele dieser Momente, in denen mein eigenes Leben bei Einsätzen gefährdet war, wo mich ein anderer Feuerwehrkollege durch sein umsichtiges Handeln gerettet oder vor Schaden bewahrt hat, nicht einmal kenne oder bemerkt habe.

Glauben Sie nicht?

Nun, dann gehen Sie doch bitte einmal in sich und fragen sich ehrlich, ob Sie als Teilnehmer im Straßenverkehr immer alles richtig gemacht haben. Ob nicht andere in der einen oder anderen Situation für Sie gebremst haben, bei der es sonst möglicherweise gekracht hätte.

Sehen Sie. Das ist es, was ich meine. Das müssen nicht die großen »heldenhaften« Taten sein, über die man später spricht. Ich rede hier von Handlungen, die man unwillkürlich ausführt, ohne vorher darüber lange nachzudenken. Handlungen, die wir Feuerwehrmänner ständig im Einsatz ausüben, Handlungen, ohne die wir unsere Arbeit überhaupt nicht erbringen könnten. Wenn da nicht einer für den anderen da wäre, dann stünde es wahrlich schlecht um die Feuerwehr, denn das ist immer Teamarbeit, und gute Teamarbeit ist unverzichtbar, weil darin eine unserer großen Stärken liegt.

*

Die Wohnung befand sich auf der vierten Etage. Eine 83-jährige Nachbarin namens Henriette Werner, die ein Stockwerk darunter wohnte, hatte zunächst die Polizei gerufen, weil sie über sich verdächtiges Stöhnen gehört hatte, das immer lauter wurde und schließlich in ein Wimmern übergegangen war. Danach hätte es einen dumpfen Schlag und einen spitzen Schrei gegeben, so als ob … ich zitiere den Originalton von Frau Henriette Werner, … »als ob der alte Giftzwerg da oben seine kleine Frau abmurksen würde.«

»Verstehe«, nickte einer der beiden Polizisten, der kurz zuvor bei ihr angeschellt hatte, mit feinem Lächeln.

»Nichts verstehen Sie, nichts, junger Mann«, erklärte sie dem Beamten. »Das sehe ich Ihnen doch an. Aber als eine besorgte Bürgerin habe ich daraufhin natürlich sofort handeln müssen und bei Ihnen angerufen.«

»Natürlich.«

»Jaaaa, man sieht ja schließlich so einiges im Fernsehen.«

»Ach sooo, im Fernsehen«, meinte der Polizist. »Wo denn zum Beispiel?«

»Bei *XY… ungelöst*, Sie ungehobelter Klotz«, entgegnete Frau Werner spitz. »Und Sie brauchen auch gar nicht so abfällig zu grinsen. Ich sehe mir nämlich jede Folge an.«

*

Ich war mit meinem Kollegen Hans im Zuge der Amtshilfe von der Polizei zum Türöffnen angefordert worden und musste ebenfalls grinsen, verbarg mich aber hinter dem Rücken des einen. Das war kein Problem für jemanden, dem die Enten aus Mitleid das Brot aus dem Teich zurückwerfen. Nein, das war 'n Scherz. Das breite Kreuz des Polizisten hingegen war, äh … ja, wirklich sehr breit. Ich würde sagen, mittlerer zweitüriger Kleiderschrank.

Hans stieß mich an. »Was ist jetzt, sollen wir nicht schon mal hochgehen und versuchen, die Türe zu öffnen?«

Der zweitürige Kleiderschrank drehte sich daraufhin um, sah auf uns hinunter und warf dann einen mitleidigen Blick auf unsere Werkzeugkästen.

»Von mir aus könnt ihr eure Spielsachen ruhig schon auspacken. Und falls ihr Probleme bekommt, könnt ihr mich ja rufen.« Dabei bleckte er die Zähne wie ein Raubtier und zuckte nur einmal kurz mit der Schulter. Die Bewegung dieses menschlichen Rammbocks hatten wir beide sofort kapiert, schnappten unsere Werkzeugkästen und marschierten auf die nächste Etage.

»Arroganter Bulle!«, schimpfte Hans laut. »Spielsachen! Hast du das gehört? Der nannte unser Aufbruchwerkzeug Spielsachen!«

»Ich würd ja noch lauter schreien«, raunte ich.

»Ich schreie doch gar nicht.«

»War jedenfalls laut genug, dass der das hören konnte.«

»Na und? Soll er doch. *Spielsachen!*«

»Mann, halt endlich die Klappe.«

»Haste etwa Schiss vor dem?«

»Quatsch! Der Mann ist Polizist, kein Schläger.«

»Eben. Wozu also die Aufregung?«

»Vergiss es«, winkte ich ab. »Guck dir lieber mal das Schloss an. Was meinst du, ziehen oder aufbohren?«

»Ich denke, erst klingeln und klopfen«, schlug Hans vor.

»Hm, hast recht. Versuchen kann man's ja mal.«

Ich drückte auf den seitlich in der Wand eingelassenen Klingelknopf. Dingdong, erklang es aus der Wohnung.

»Los, drück noch mal«, forderte mich mein Kollege auf und klopfte gleichzeitig kräftig gegen die Tür.

Dingdong! Dingdong! Dingdong! Nachdem wir einen Moment angestrengt gelauscht hatten, schüttelte Hans den Kopf.

»Nee, da rührte sich nix. Komm, wir brechen auf.«

»Moment. Warte noch«, stoppte ich ihn, weil er bereits die Bohrmaschine in der Hand hielt.

»Bevor wir das Schloss kaputt machen, will ich es erst noch mit dem Blech versuchen.«

Das Blech, von dem ich sprach, ist quasi so etwas wie die Kreditkarte, die ja bekanntermaßen in diversen Krimis immer wieder zum

Einsatz kommt. Und obwohl unser Blech jeder Kreditkarte haushoch überlegen ist, funktioniert das bei uns trotzdem nie so gut. Eigentlich komisch. In den Filmen bekommen die Typen mit ihrem blöden Plastikding die Türen immer sofort auf.

»Mist. Das klappt nicht.«

»Lass mich mal.«

Nach einigen weiteren Sekunden vergeblichen Herumstocherns war klar, bei der Tür saß nicht nur der Schnäpper, sondern auch der Schließriegel im Schlosskasten, sonst hätten wir sie mit unserem Spezialblech vielleicht doch noch öffnen können. So gab es nur zwei Möglichkeiten: aufbohren oder Schließzylinder ziehen. Wir entschieden uns fürs Ziehen. Das nötige Spezialwerkzeug dazu befand sich unter unseren »Spielsachen«.

»Weißt du, was mich wundert?«, fragte ich Hans, als er neben dem Werkzeugkasten kniete.

»Und?«

»Na, wo der RTW bleibt? Der müsste doch schon längst hier sein.«

Meine Frage war nicht unbegründet, denn wenn wir irgendwo eine Tür öffnen müssen, wird, wenn Menschen in Gefahr vermutet werden, immer ein Rettungswagen mitgeschickt. Dass der noch nicht hier eingetroffen war, sah mein Kollege Hans allerdings etwas gelassener als ich und betonte: »Haben wir den denn nötig?«

»Na, du bist gut«, sagte ich. »Und was, wenn da drin jemand mit Atemstillstand am Boden liegt?«

»Null problemo«, grinste Hans und setzte die Bohrmaschine an, »du bist doch NAW-Teamführer.«

»Ja, nur leider gerade ohne NAW und ohne mein Team.«

Rrrrrrrrrrrr. Der Spezialbohrer fraß sich in das Türschloss.

»Na und? Bin ich etwa ein Niemand? Schraube bitte.«

»Nein, natürlich nicht«, entgegnete ich und reichte ihm die selbst schneidende Schraube an. »Aber du bist auch kein Beatmungsgerät.«

»Schon mal was von Mund-zu-Mund-Beatmung gehört?«, sagte Hans und drehte die Schraube in das Bohrloch.

»Schon mal was von Hygiene gehört?«, feixt ich und steckte das Ziehgerät über die von ihm in den Schließzylinder eingedrehte Schraube.

»Weichei! Und so was nennt sich Ausbilder.«

Ich tat, als habe ich das überhört, und konzentrierte mich lieber auf die Umdrehungen an der Feingewindestange. Millimeter für Millimeter zog sich den Tropfenzylinder aus dem Beschlagloch. Drei, vier Umdrehungen später riss er mit einem lauten Knack auseinander.

»Das war's«, sagte ich zufrieden, nachdem ich die äußere Hälfte des Schließzylinders in den Händen hielt. »Kannst den Rest übernehmen.«

»Oh danke, Herr Teamführer«, frotzelte Hans und schlug den innen steckenden Teil mit einem Hammer und einem Schraubendreher aus dem Schlosskasten.

»Also was ist jetzt mit der Mund-zu-Mund-Beatmung?«

»Vorschlag zur Güte. Da du ja offensichtlich so heiß darauf bist ...«

»Das habe ich nicht gesagt«, fiel er mir ins Wort.

»Da du so heiß darauf bist«, wiederholte ich unbeirrt und hielt ihm den Architektenschlüssel hin, »übernimmst du, wenn es nötig werden sollte, die Beatmung.«

Hans steckte den Architektenschlüssel in das offene Loch im Türbeschlag.

»Und wieso nicht du?«

»Ähhh, ich ... ich würde das natürlich auch machen, aber nur wenn unsere Patientin weiblich, jung und hübsch ist.«

»Du Ar...!«

»Stopp! Sag jetzt lieber nichts! Du könntest es später bereuen.«

»Was ist?!«, rief einer der Polizisten von unten. »Habt ihr die Tür endlich auf?!«

»Ja, ist auf!«

»Okay, dann kommen wir jetzt hoch!«

»Das war wieder der von eben«, zischte mir Hans ins Ohr.

»Du meinst den Kleiderschrank?«

»Genau. Den hab ich ja gefressen. *Habt ihr die Tür endlich auf?* Mann, das war 'ne Superzeit, nicht mal drei Minuten.«

»Egal. Mach uns deshalb vor dem jetzt bloß keinen Stress, ja?«

»Hm«, brummte Hans mürrisch und stieß die Tür auf.

»Hallo! Jemand zu Hause? Hier ist die Feuerwehr! Hallo!«

Hinter uns erschienen die beiden Polizisten.

»Und? Jemand drin?«

»Sehen wir nach«, sagte ich und trat in den Flur.

Geradeaus ging es in die Küche. Deren Türe stand weit offen, sodass man den recht kleinen Raum von da, wo ich stand, überblicken konnte. Dort befand sich niemand. Blieben noch drei weitere Türen. Zwei gingen rechts und eine links vom Flur ab. Alle waren geschlossen. Ich gab Hans ein taktisches Handzeichen.

»Du da drüben, ich sehe hier nach.«

Hans nickte und ging zu der linken Tür, ich zu der rechten. Dahinter befand sich das Bad. Es war leer, also ab zum nächsten Zimmer. Ich hatte die Türklinke schon hinuntergedrückt, da rief Hans:

»Hier sind sie! Schnell, kommt hierher! Ich hab sie gefunden!«

Sofort eilte ich zu ihm, blieb aber, kaum dass ich in den Raum sehen konnte, mitten im Türrahmen wie angewurzelt stehen. Hinter mir drängte der hünenhafte Polizist nach.

»Na los, mach mal Platz«, herrschte er mich an, aber da ich mich immer noch nicht rührte, packte er mich kurzerhand bei den Armen, presste sie gegen meinen Körper und hob mich wie ein leichtes Möbel in das Zimmer. Immerhin war er so freundlich, mich seitlich neben der Tür wieder abzustellen. Sein Kollege, der ebenfalls in den Raum, es war das Schlafzimmer, gekommen war, konnte sich den Ausruf »Ach du Scheiße, was ist das denn?!« nicht verkneifen.

Das fragte ich mich auch, wenngleich die Situation eigentlich eindeutig war. Vor uns, auf dem mit Ziegelsteinen unterbauten Ehebett, lagen nur spärlich bekleidet ein Mann und eine Frau, genauer gesagt eine Frau auf einem Mann. Aber was für eine! Man möge mir bitte den Vergleich mit jenen kugelartigen Gebilden und dem Aufdruck *Ich bin zwei Öltanks* verzeihen, aber jede kleinere Vergleichsgröße zu diesem fülligen Weib wäre eine maßlose Untertreibung gewesen. Und diese Frau lag beziehungsweise kniete wie ein Gebirge über einem Männlein, dessen spindeldürre Beinchen und Ärmchen zappelnd unter ihr hervorragten.

Ich hatte ja schon vieles gesehen, aber so etwas noch nie!

Die anderen offenbar auch nicht, denn während sich der Kleiderschrank-Polizist ungläubig die Augen rieb, meinte der andere nur: »Boaaah! Was für ein Weib.«

Nur gut, dass uns dieses Weib gerade nicht hören konnte, da sie bewusstlos über diesem kleinen kahlköpfigen Kerlchen thronte, das sich unter ihrer gewaltigen Leibesfülle aus eigener Kraft nicht mehr befreien konnte. Der gewaltigen Beule nach zu urteilen, war sie von der Sektflasche am Kopf getroffen worden, die das nach Luft japsende Männlein unter ihr noch in der Hand hielt. Mit hervorquellenden Augäpfeln, dem Erstickungstod nahe, gelang es ihm nur noch, um Hilfe zu hauchen. Hans, der direkt neben dem Bett stand, schaute hilflos fragend zu uns herüber, so als wolle er sagen: Da kann man nix machen. Erst als ich meinen Schock überwunden hatte und ihm zurief: »Was ist, lebt die Frau noch?«, tastete er nach ihrem Halspuls.

»Alles klar, ist nur bewusstlos!«

Gott sei Dank! Ich atmete erleichtert auf, denn dieses füllige Weib zu reanimieren hätte vermutlich die Grenzen unseres Machbaren gesprengt.

»Und der Mann?« Ich stand noch immer neben der Tür.

»Und der Mann, und der Mann!«, sagte Hans empört. »Vielleicht hätten die Herren ja die Güte und kommen mir zu Hilfe!? Ich kann die Dicke, äh … also diese Frau ja wohl kaum alleine bewegen.«

»Moment! Ich komme!«, rief daraufhin der Kleiderschrank-Beamte und zog die Frau ganz allein (!!!) auf die Nachbarmatratze. Diese Tat hatte alle seine bei meinem Kollegen Hans zuvor entstandenen Ressentiments ausgelöscht, ja, ihm möglicherweise sogar seine ewige Dankbarkeit gesichert. Hans hatte nämlich, wie er mir später gestand, Rücken, und er befürchtete, sich bei der Dicken einen Hexenschuss einzuhandeln.

Jetzt lag die Frau auf dem freien Bett und schnaufte wie ein Walross, was mich zu der Äußerung veranlasste: »Äh … vielleicht sollten wir sie doch lieber auf die Seite drehen«, wobei ich insgeheim hoffte, dass unser neu gewonnener Polizeifreund das auch noch übernehmen würde. Schließlich lautete ihr Slogan doch »Die Polizei, dein Freund und Helfer«. Außerdem hatte ich die Befürchtung, wenn ich die Frau selbst auf die Seite drehen müsste, auch Rücken zu bekommen.

Polizist Kleiderschrank erlöste mich von meinen Ängsten und erledigte auch das zu meiner vollsten Zufriedenheit. Somit hatte er nun schon zwei Feuerwehrmänner, die ihm ewige Dankbarkeit schuldeten!

Hans kümmerte sich inzwischen um das zyanotisch nach Luft schnappende Männlein. Der Kleine war so fix und alle, dass ich unwillkürlich an den Paarungsakt der Gottesanbeterin denken musste. Bei dieser zu den Fangschrecken zählenden Art besitzt das Weibchen einen ungemein größeren Körper als das Männchen. Fatal für ihren kleineren Begatter ist allerdings weniger ihre Größe, sondern dass ihm seine Geliebte oft schon vor dem Paarungsakt den Kopf abbeißt, um ihn anschließend vollständig zu verspeisen. Vielleicht hatte unser Männchen hier Ähnliches befürchtet und seinem Weibchen im Überlebenskampf darum die Sektflasche vor den Kopf geknallt? Völlig abwegig erschien mir der Gedanke nicht. Immerhin soll es ja Menschen geben, die ihren Partner beim Sex würgen, damit der unter Sauerstoffmangel angeblich gesteigert erotische Gefühle entwickelt. Also ich weiß nicht … Spaß durch

Ersticken? Unser halb Erstickter dürfte jedenfalls kaum Spaß daran gefunden haben, da war ich mir ziemlich sicher.

Die kurz darauf erscheinende Rettungswagenbesatzung ließ ihn jedenfalls erst einmal Sauerstoff inhalieren. Eigentlich war das der Moment, wo wir uns zurückziehen und verabschieden wollten, aber dann geschah das Unfassbare – die Ehefrau des Kleinen erlangte ihr Bewusstsein zurück und betrachtete zunächst mit gläsernen Augen ihr Umfeld. Dann betastete sie die mächtige Beule an ihrem Kopf. So weit war das nichts Ungewöhnliches, doch dann sah sie nach links, wo ihr Mann auf der anderen Betthälfte lag, die Inhalationsmaske über Mund und Nase und die Sektflasche immer noch mit der rechten Hand umklammert. Dummerweise, wie ich mir später vorwarf, denn beim Anblick der Flasche dämmerte der Frau wohl, in welchem ursächlichen Zusammenhang ihre Beule und die Sektflasche miteinander standen. Die wundersame Wandlung ihres gerade noch irritiert blickenden Ausdrucks in das wütende Antlitz einer Furie vollzog sich praktisch von jetzt auf gleich. Ehe auch nur einer von uns eingreifen konnte, wälzte sich die wuchtige Frau mit einer unglaublichen Behändigkeit, die ich ihr nie zugetraut hätte, laut kreischend auf ihren Mann. Der Arme lag wie in Schockstarre und ließ ihre Beschimpfungen und Handgreiflichkeiten wehrlos über sich ergehen. Auch wir waren geschockt, kamen ihm dann aber (Männer halten natürlich zusammen) schnell zu Hilfe. Diesmal bedurfte es allerdings weit mehr als nur der Hände von Polizist Kleiderschrank, denn die schwergewichtige Amazone war nicht bereit, sich kampflos von ihrem Opfer wegzerren zu lassen.

Nach diesem Ausbruch häuslicher Gewalt verstand es sich von selbst, dass wir aus Gründen der Sicherheit natürlich noch bei den Kollegen blieben. Man wusste ja nicht, zu welchen weiteren Gewaltausbrüchen diese schwergewichtige Hobbycatcherin sonst noch neigte. Ihren Mann hatte sie jedenfalls so stark malträtiert, dass die RTW-Besatzung sich entschied, ihn mit ins Krankenhaus zu nehmen. Als die Dicke das vernahm, begann sie wie ein Schlosshund zu heulen, was den gerade noch Todgeweihten veranlasste, sich zu ihr hinüberzubeugen und seine, im Verhältnis zu ihrem Körper, viel zu kurzen Arme liebevoll um ihre Schultern zu legen. »Mein zartes Täubchen, mein kleines Engelchen, mein süßes Bärchen«, waren nur einige der Worte, mit denen er sie über den Schmerz der unmittelbar bevorstehenden Trennung hinwegtrösten wollte, denn die Dicke auch noch mitzunehmen kam für meine Kollegen nicht infrage.

»Ich liebe dich! Ich liebe dich, mein Held!«, rief das »Bärchen« ihrem »Helden« mit tränenerstickter Stimme hinterher, als meine Kollegen dieses heldenhafte Leichtgewicht in ihrem eigens für ihn hinaufgeholten Tragestuhl nach unten brachten.

Wie titelten doch damals die Medien über eines der bekanntesten Paare der amerikanischen Filmgeschichte: »Sie schlugen und sie liebten sich«. Und um es mit meinen Worten auszudrücken: Zwischen unseren Schnuckelchen war ebenfalls wieder alles Friede, Freude, Eierkuchen.

»SIE HABEN IHR ZIEL ERREICHT!«

Es war kalt geworden in Deutschland, und das, obwohl wir gerade erst Anfang Oktober hatten. Schuld daran war ein Tiefausläufer, der vom Nordpolarmeer kommend erste Vorboten eines strengen Winters mit sich führte. Dass der kommende Winter tatsächlich streng werden würde, konnte zu diesem Zeitpunkt natürlich noch niemand voraussagen. Dass sich die Erkältungskrankheiten jedoch auf dem Vormarsch befanden war unübersehbar, beziehungsweise unüberhörbar, denn überall niesten und husteten die Menschen. So auch auf unserer Feuerwache, wo sich mit Beginn der Woche gleich drei Kollegen krankgemeldet hatten. Also musste der jede Dienstschicht neu bestimmte Verfügungsdienst ran. Dieser bestand immer aus zwei Kollegen, die, obwohl sie an der betreffenden Dienstschicht normalerweise frei hätten, für genau solche Ausfälle bis acht Uhr Rufbereitschaft hatten. Im Klartext hieß das: Fielen ein oder zwei Kollegen aus, wurden sie zu Hause angerufen und dienstverpflichtet. Unserer Feuerwache fehlten heute aber gleich drei Mann. Pech für den Dienstgruppenleiter, denn wie gesagt, Ersatz durch den Verfügungsdienst erhielt er nur für die beiden ersten Ausfälle.

Ich war Ersatzmann Nummer zwei und hatte die Nacht schlecht geschlafen. Vermutlich kündigte sich bei mir ebenfalls eine Erkältung an. Das Kratzen im Hals und die triefende Nase deuteten zumindest darauf hin. Als das Telefon kurz vor acht Uhr bei mir klingelte, hatte ich schon nicht mehr damit gerechnet, denn meist erfolgt der Anruf aus dem Büro des DGL so zwischen sieben und halb acht.

»Okay, ich komme«, sagte ich müde, dabei hätte ich meinem Chef viel lieber geantwortet: »Ruf bitte jemand anderen an, ich fühle mich überhaupt nicht gut.« Aber das ging natürlich nicht, zumal ich schon Verfüger Nummer zwei war und ihm auch noch ein Dritter fehlte.

Vierzig Minuten später lenkte ich meinen Wagen auf den Feuerwehrhof. Wie gesagt, fahre ich normalerweise nicht mit dem eigenen Wagen, sondern nutze (außer an den Wochenenden) die S-Bahn, aber dann wäre ich heute noch später gekommen. Außerdem, so sagte ich mir, wäre es bestimmt keine so gute Idee, um die Zeit mit der S-Bahn in die Stadt zu fahren, jetzt wo alle Welt schniefte und es in den rappelvollen Waggons vor Bazillen garantiert nur so wimmelte. Nein danke, da fuhr ich doch lieber alleine mit meinen eigenen Bazillen im eigenen Auto.

Den hinteren Hofbereich, also den Bereich, wo wir unsere Privatfahrzeuge parken durften, konnte ich jedoch nicht erreichen, da die Zufahrt dorthin schon vorher mit Flatterband und Warnschildern abgesperrt war. Diese quadratischen Schilder mit dem schwarzen Flügelrad auf gelbem Grund und der darunter befindlichen Aufschrift *Radioaktiv* kannte jeder Feuerwehrmann, und wenngleich dies hier auch nur eine Übung unseres Grundausbildungslehrgangs war, so hatte ich diese Warnhinweise zu beachten und durfte dort nicht einfach hindurchfahren. Hätte auch nicht funktioniert, zumindest nicht, ohne das Flatterband zu zerreißen. Hinter der Absperrung sah ich zwei Feuerwehrmänner in Strahlenschutzanzügen. Sie bewegten sich mit langsamen Schritten und ausgezogenem Teletector auf einen ausgebrannten Kleintransporter zu. Vermutlich hatten die Ausbilder dort den Prüfstrahler versteckt, den sie auffinden und sichern sollten. Der Kleintransporter, den wir neben einigen weiteren Autos für solche und andere Übungen von einem Schrotthändler zur Verfügung stellt bekommen, hatte schon etliche Unfälle und Brände über sich ergehen lassen müssen. Der Ausbilder, der die Einsatzübung leitete, stand innerhalb der Absperrgrenze neben dem Löschgruppenfahrzeug. Es war Heinz.

Ich hatte den Motor ausgeschaltet und war ausgestiegen. Als ich ihn anrief, drehte er sich zu mir um.

»Heinz, ich möchte dahinten parken. Darf ich durchfahren?«

Er nickte und wies zwei Auszubildende an, mir das Flatterband hochzuhalten.

Dankend winkte ich ihnen zu und fuhr unter dem Flatterband hindurch. Zurück machte ich bewusst einen großen Bogen um den Übungsbereich. Die Feuerwehrschule arbeitet zwar nur mit schwach radioaktiven Prüfstrahlern, dennoch war es nicht geraten, durch das Einsatzszenario zu laufen. Zum einen, weil gerade solche Strahlenschutz-Einsatzübungen so real wie nur irgend möglich ablaufen sollen, und zum anderen, weil genau wie bei echten Einsätzen alle nicht zur Übung gehörenden Personen im Absperrbereich nichts zu suchen hatten. Im Übrigen fanden die Ausbilder es auch nicht so prickelnd, wenn ihnen ein Unbefugter durch ihre Einsatzstelle latschte. Das schloss auch mich und meine Kollegen von der Wachbesatzung mit ein, obwohl wir uns den lang gestreckten Feuerwehrhof mit dem dem Wachgebäude angegliederten Schultrakt teilten.

*

Im Eingangsbereich lief ich dem Tagesdienst über den Weg, der mir mitteilte, dass ich mich unverzüglich in der Fahrzeughalle einfinden sollte.

»Umziehen darf mich aber noch, oder? Und beim DGL muss ich mich auch noch melden.«

»Umziehen ja, melden nein!«, sagte er und wollte schon weitergehen.

»Wie, nicht melden?«, fragte ich verwundert, da das für jeden zu spät Kommenden Pflicht war, auch für Verfügungsdienste.

»Nicht nötig«, erklärte er kurz angebunden, »der Chef hat dich schon auf den Hof kommen sehen. Und jetzt mach hin, in spätestens fünf Minuten müssen wir mit dem LF nach Feuerwache 1 fahren.«

Ich hätte ja noch gerne erfahren, warum wir so dringlich »nach Feuerwache 1« sollten, aber da mir der Tagesdienst einen leicht gestressten Eindruck machte, hielt ich es für klüger, ihn mit neugierigen Fragen nicht noch weiter zu stressen. Im Übrigen würde ich eh gleich erfahren, um was es ging.

Es war wieder einmal die Elektronik unserer Feuerlöschkreiselpumpe. Im Gegensatz zu den früheren Generationen von Feuerlöschfahrzeugen, deren Pumpen über eine relativ simple und robuste Mechanik zu bedienen waren, übernehmen bei den heutigen modernen Löschfahrzeugen elektronische Steuerungen diese Aufgabe. Wenn da etwas ausfällt, hat man im Grunde keine Chance mehr, den Fehler zu beheben. Oder kennen Sie einen Feuerwehrmann, der bei Pumpenausfall mal eben ein Schaltrelais aus seiner Hosentasche zieht, um es an der Einsatzstelle in nur wenigen Sekunden gegen das defekte auszutauschen? Ich jedenfalls nicht. Tja, früher war eben nicht alles schlechter! Wenn einem da die Pumpe versagte, kam man als junger Maschinist zwar auch mächtig ins Schwitzen, konnte den Fehler aber meist schnell wieder beheben. Hier ein Handrad schließen, dort ein anderes aufdrehen, noch einen Zug am Gashebel, und schon lief die Pumpe wieder. Und wenn nicht, dann kam einem schnell ein älterer erfahrener Maschinist zu Hilfe. Aber heute …? Also wenn es sich nicht um einen Bedienfehler handelte, sondern um den Ausfall eines elektronischen Bauteils … Wie schon gesagt – keine Chance! Und da unsere Maschinisten bei unserem LF mit ihrem Latein auch am Ende waren, half nur noch die Fahrt in die ZWK, die Zentralwerkstatt, die sich an der Feuerwache 1 befand.

Der Werkstattleiter wusste bereits Bescheid, hatte aber darauf gedrängt, dass wir unverzüglich kommen müssten, weil er später keine Zeit mehr für uns hatte. Falls der Schaden aber nicht sofort repariert werden konnte oder er zunächst ein Ersatzteil besorgen müsste, würden wir ein Austauschfahrzeug bekommen.

»Bääää!«, stöhnte Piet laut. »Bloß kein Ersatzfahrzeug. Dann sind wir ja wieder ewig mit der bescheuerten Übergabe beschäftigt.«

Niemand sagte was dazu. Alle schwiegen betroffen, denn Piet hatte recht. Bei einem Fahrzeugtausch musste eine komplette Übergabeliste sämtlicher auf dem Fahrzeug befindlichen Teile angefertigt werden – vom Stadtplan im Handschuhfach über die Schläuche bis zu den tragbaren Leitern auf dem Fahrzeugdach. Jeder Hammer, jede Brechstange, jeder Handscheinwerfer, alles musste kontrolliert und dokumentiert werden, denn sollte bei dem späteren Rücktausch auch nur ein Teil fehlen, hatte immer der den Schwarzen Peter, der nicht nachweisen konnte, dass das Teil vorher auf dem Fahrzeug gewesen war. Und diesen zeitaufwendigen Vorgang musste man nicht nur bei dem Fahrzeug durchführen, das man abgab, sondern auch bei dem, das man übernahm. Einen Fahrzeugtausch wünschte sich daher keiner von uns.

*

Über die A3, von Arnheim kommend, erreichten Jan-Hendrik van den Boom und seine Frau Mareike in ihrem nagelneuen Volvo-SUV gegen neun Uhr morgens den nördlichen Zubringer in Richtung Düsseldorf. Das Ziel des kunstbegeisterten holländischen Ehepaares war das Museum Kunstpalast im Ehrenhof an der Cecilienallee.

Vom nördlichen Zubringer leitete sie das eingebaute Navigationsgerät über die vierspurig ausgebaute Heinz-Erhardt-Straße bis zu einer Kreuzung, wo ihnen die angenehme Frauenstimme empfahl: *»Jetzt links abbiegen in den Kennedydamm. Dann dem Straßenverlauf weiter folgen über die Homberger Straße in Richtung Altstadt/ Rheinufer.«*

»Brauchst du das Navi überhaupt?«, fragte Mareike, nachdem sich die Frauenstimme aus dem Navi erneut meldete und ihnen *»Jetzt links abbiegen«* soufflierte. »In dem Museum sind wir doch schon so oft gewesen.«

»Ja, schon«, bestätigte Jan-Hendrik und bog links ab. »Aber mit dem Wagen noch nicht, und ich möchte wissen, ob das neue Navi genauso gut arbeitet wie unser altes.«

»Na, dann bin ich ja beruhigt«, lächelte ihn seine Frau an. »Ich befürchtete schon, du wüsstest den Weg nicht mehr.«

»Mareike!« Jan-Hendrik warf seiner Frau einen vorwurfsvollen Blick zu. »Ich bin zwar schon über siebzig, aber noch lange nicht senil.«

»Kurz darauf erreichte das Ehepaar die Cecilienallee.

»*In 400 Metern rechts abbiegen*«, meldete sich die Navistimme erneut.

»Na bitte, wir sind gleich da«, bekräftigte Jan-Hendrik voller Vorfreude.

»Ich weiß, Schatz. Da vorn sieht man ja schon die Rheinterrassen. Was meinst du, sollen wir dort nachher noch etwas essen gehen? Ich finde den Blick, den man von da auf den Rhein hat, so toll.«

»Und das Essen etwa nicht?«

»Doch, das Essen natürlich auch«, lachte sie.

»*Jetzt rechts abbiegen.*«

Ihr Mann setzte den Blinker, bremste leicht ab und bog nach links in die Straße, die vor den Rheinterrassen auf die untere Werft führte. Dort unten gab es jede Menge Parkplätze – optimal auch für die Besucher des Museums Kunstpalast im Ehrenhof, der sich direkt vis-à-vis der Rheinuferstraße befand.

Jan-Hendrik stoppte vor der automatischen Schranke des Ticketautomaten. Nachdem er sich sein Parkticket gezogen hatte, hob sich die Schranke und gab ihnen den Weg frei.

»*Sie haben Ihr Ziel erreicht.*«

Es sollte das letzte Mal gewesen sein, dass Jan-Hendrik van den Boom und seine Frau Mareike die freundliche Frauenstimme aus dem Navigationsgerät hörten.

*

Während der Rest der Mannschaft nach vorne gegangen war, um in der Kaffeebude neben der Fahrzeughalle einen Kaffee zu trinken, war ich mit dem Maschinisten unseres LF in der ZWK geblieben. Nachdem gerade einmal eine viertel Stunde vergangen war, kam der Werkstattmeister, der sich persönlich um unser LF gekümmert hatte, zu uns.

»Fertig. Das war's. Eure Pumpe läuft wieder einwandfrei.«

»Wie, schon fertig?«, sagte ich erstaunt. »Und, woran hat's gelegen?«

»Bist du Elektroniker?«

»Wer, ich? Nee.«

»Na, dann hat es auch keinen Zweck, wenn ich dir das erkläre«, sagte der Werkstattmeister und verdrehte die Augen.

Ich hatte schon eine pampige Antwort auf der Zunge, da legte mir unser Maschinist die Hand auf den Arm. »Lass gut sein, Martin, schätze, das kapierst du wirklich nicht.«

»Äh … hallo?«

»Nichts für ungut«, lachte mich der Werkstattmeister daraufhin an. »Aber dein Kollege hat bestimmt recht. Der Fehler ist nämlich so was von kompliziert. Und eure Pumpe bekommt ihr auch nur deshalb so schnell repariert, weil ich das Ersatzteil vorrätig hatte und es nur austauschen musste. So, reicht dir das als Erklärung?«

»Ja, reicht«, lachte ich jetzt ebenfalls und war gleichzeitig erfreut, weil uns durch die schnelle Reparatur der ungeliebte Fahrzeug tausch erspart blieb.

»Du bist der Maschinist?«

Der Werkstattmeister sprach Jochen an. Der nickte.

»Schön, dann fahr euren Hobel bitte direkt wieder aus der Halle. Wir haben heute nämlich volles Programm, und draußen wartet schon der Nächste, der auf die Bühne muss.

»Okay«, sagte ich, »dann telefoniere ich schon mal mit der Leitstelle und sag denen, dass wir wieder einsatzbereit sind.«

Jochen kletterte in das Fahrerhaus, und da er das LF rückwärts aus der Halle setzen musste, machte der Werkstattleiter den Sicherungsposten. Ich ging zu einem an der Wand hängenden Telefon und wählte die interne Nummer der Leitstelle.

»Wie, schon fertig?«, staunte auch der Kollege am anderen Ende der Leitung. »Das ging aber schnell. Was war's denn?«

»Das willst du nicht wirklich wissen«, lachte ich und konnte mir nicht verkneifen zu sagen: »Außerdem kapierst du das eh nicht.«

»Vorsicht, Kollege Meyer-Pyritz, Vorsicht! Wir von der Leitstelle sind nicht ganz so blöd, wie du denkst. Ich sag nur, für solche böswilligen Unterstellungen kann man auch schon mal ganz leicht die Nacht durchfahren.«

»Das wäre ja Amtsmissbrauch!«, lachte ich.

»Nein, das wäre lediglich die gerechte Strafe für so eingebildete Löschknechte wie dich. Na los, mach, dass du wieder reinkommst.«

»Also zurück zur Wache?«

»Klar, wohin denn sonst.«

＊

Es war ein ganz normaler Wochentag, aber trotzdem war der Parkplatz am Rhein gut besucht. Einige der Parkflächen wurden in den Sommermonaten sogar als Dauerparkplätze an Wohnmobilisten vermietet.

»Da hinten wird gerade einer frei!«, rief Mareike und zeigte mit dem Finger in die Richtung, wo soeben ein Pkw aus Reihe der parkenden Fahrzeuge zurücksetzte.

»Hier vorne sind aber auch noch Plätze frei«, entgegnete ihr Mann.

»Da stehen wir aber direkt am Wasser.«

»Das magst du wohl nicht, wie?«

Mareike schüttelte heftig den Kopf.

»Schatz, ich habe auch nicht vor, im Rhein zu parken.«

»Aber da geht es bestimmt sechs Meter runter.«

»Weshalb die ja auch diese Bordsteine eingebaut haben«, versuchte sie ihr Mann zu beruhigen und steuerte auf die vordere Reihe zu.

*

Nachdem ich das Gespräch mit der Leitstelle beendet hatte, rief ich vorne in der Kaffeebude an.

»Ja, Paule hier. Was gibt's?«, meldete sich ein Kollege von der Wachbesatzung.

»Sind meine Kollegen noch da?«

»Wenn du mir sagst, wer deine Kollegen sind …«

»Na, gib schon her!«, hörte ich eine Stimme im Hintergrund rufen, dann hatte ich meinen Gruppenführer an der Strippe.

»Martin?«

»Ja.«

»Na, wie sieht's aus?«

»Alles paletti. Die Pumpe ist wieder repariert, und ich hab uns auch schon auf der Leitstelle frei gemeldet. Ich hoffe, das war dir recht?«

»Na, aber immer doch. Kommt ihr nach vorne gefahren, oder sollen wir zu euch …?«

»Nein, bleibt da«, antwortete ich. »Wir kommen.«

»Sehr gut.«

Ich bekam noch mit, wie er rief: »Jungs, habt ihr gehört? Wir haben unser eigenes LF wieder und müssen nicht tauschen!« Danach legte ich auf.

*

Freddie Weinzier ging zwar schon auf die vierzig zu, machte aber immer noch einen auf jugendlich. Der bekennende Althippie mit den verfilzten Rastalocken saß in einem Campingstuhl auf dem Dach seines zu einem Wohnmobil ausgebauten Sprinters. Das Fernglas fest an die Augen gepresst, verfolgte er den wilden Ritt seines gut zehn Jahre jüngeren Kumpels, der im Neoprenanzug auf einem Jetski in waghalsigen Sprüngen die gischtenden Wellen auf dem Rhein durchpflügte. Wie gesagt, Freddie machte zwar immer noch gerne einen auf jugendlich, aber für den Spaß war er dann doch nicht mehr zu haben. Zumindest nicht bei so einem saukalten Wetter wie heute. Plötzlich übertönte ein laut aufröhrender Automotor das vom Wasser her schallende heisere Brummen des hochgezüchteten Jetskis. Neugierig schwenkte Freddie sein Glas in die Richtung, von wo das lärmende Motorengeräusch erklang. Zunächst sah er nur den großen SUV, der gerade in der vorderen Reihe einparken wollte. Ein Volvo aus Holland, wie Freddie anhand des schwarzgelben Kennzeichens deutlich erkennen konnte. Dann sah er den Krachmacher. Nein, es waren sogar zwei. Der eine, dessen Motor ebenfalls aufheulte, startete soeben mit qualmenden Reifen. Freddie konnte noch deutlich die Rauchwolken des Gummiabriebs aufsteigen sehen. Der andere, ein giftgrüner Sportwagen, hatte die Nase vorn und raste bereits mit einer wahnsinnigen Geschwindigkeit in die enge Gasse zwischen der vorderen und der dahinter liegenden Reihe parkender Fahrzeuge. Ein illegales Autorennen. Der giftgrüne hielt direkt auf den holländischen Volvo zu und zeigte keine Anstalten abzubremsen. Im Gegenteil, er beschleunigte sogar noch. Wahnsinn! Freddie hielt den Atem an und presste das Glas noch fester an seine Augen.

*

Als die Motoren der PS-starken Boliden aufröhrten, zuckten die van den Booms erschreckt zusammen. Mit weit aufgerissenen Augen sah Mareike einen giftgrünen Sportwagen auf sich zurasen. »Jan!«, schrie sie und griff mit beiden Händen angstvoll nach seinem rechten Arm.

Jan-Hendrik riss den Kopf zur Seite und wurde blass. Der giftgrüne Sportwagen war voll auf Kollisionskurs. Mareike schrie wie am Spieß. Als er nur noch wenige Meter von ihnen entfernt war, trat Jan-Hendrik das Gaspedal voll durch, sodass der Motor ihres Volvo jetzt ebenfalls laut aufheulte und die Räder durchdrehten. Im letzten Moment bekamen sie Grip. Mit einem Panther-ähnlichen Satz schoss der Volvo in die vor ihnen befindliche Parklücke. Hinter ihnen schoss der giftgrüne Sportflitzer in Haaresbreite an seinem Heck vorbei.

Jan-Hendrik spürte, wie ihm ein heftiger Schlag das Lenkrad aus den Händen prellte – die Vorderachse war gegen die im Pflaster eingelassenen Betonsteine gekracht. Reaktionsschnell trat er mit aller Kraft auf das Bremspedal. Ein verhängnisvoller Fehler, denn in seiner Panik hatte er vergessen, dass er seit gestern einen Wagen mit Automatikgetriebe fuhr, und verwechselte in alter Gewohnheit das Brems- mit dem Gaspedal. Schon krachte die hintere Achse gegen die Bordsteinkante. Der unter Vollgas stehende allradgetriebene SUV überwand das Hindernis spielend. Unmittelbar dahinter ging es mehrere Meter senkrecht in die Tiefe. Immer noch beschleunigt, kippte der SUV über die Kaimauer. Als die dunklen Fluten des Rheins vor seinen Augen auftauchten, schrie auch Jan-Hendrik van den Boom auf, dann krachte ihr Volvo laut klatschend auf die Wasseroberfläche. In einem wilden Strudel aus aufsteigenden Luftblasen sank er innerhalb weniger Sekunden wie ein Stein.

✳

Freddie Weinzier hatte alles genau mit angesehen und wäre vor Schreck fast vom Dach seines Wohnmobils gefallen. Ungläubig starrte er immer noch auf die Stelle, an der der holländische Volvo über die Kante ins Wasser gestürzt und von den Fluten verschluckt worden war. Nachdem er wieder einigermaßen klar denken konnte, kramte er umständlich aus der Hosentasche seiner vergammelten Jeans ein altes abgewetztes Handy hervor. Während er mit zitternden Fingern die Notrufnummer der Feuerwehr eintippte, drehte sein Kumpel, inzwischen auf der gegenüberliegenden Seite des Flusses fahrend, weiterhin unbekümmert seine Runden. Offensichtlich hatte er von dem Unfall nichts mitbekommen.

*

Wir waren gerade eingestiegen und wollten schon mit unseren frisch reparierten LF den Hof der Feuerwache 1 verlassen, da ertönte der Vierfachgong – Zugalarm!

»Warte noch«, wies unser Gruppenführer unseren Maschinisten an. »Lass die Kollegen erst rausfahren, danach fahren wir.«

»Alles klar«, grinste der. »Dann können wir ja auch direkt mal feststellen, ob die von Wache 1 wirklich so schnell sind, wie sie immer vorgeben.«

Sie waren so schnell. Wir aber auch, und zwar schneller als uns lieb war, denn nachdem die Alarmdurchsage »*Vermutlich Zimmerbrand, Friedberger Straße 79*« verklungen war, gab es einen zweiten Alarm. Diesmal für die Taucher. Angeblich sollte an der unteren Rheinwerft ein Pkw in den Rhein gestürzt sein.

Der Taucherwagen stand, anders als die Fahrzeuge des Löschzugs und des NAW, nicht in der vorderen Fahrzeughalle, deren Ausfahrttore direkt auf die Hüttenstraße zeigten, sondern in der zweiten Fahrzeughalle auf dem hinteren Hof, dort wo sich auch die ZWK befand. Exakt in dem Moment, als der Taucherwagen samt seinem angehängten Bootstrailer mit eingeschalteten Blaulichtern an uns vorbeifuhr, wurden wir von der Leitstelle angefunkt. »6-46-1 hört«, meldete sich unser Gruppenführer sofort.

»Frage: Standort?«

»Noch an Feuerwache 1.«

»Sehr gut. Dann übernehmen Sie Einsatz untere Rheinwerft, Cecilienallee in Höhe Ehrenhof. Unterstützung der Taucherstaffel bei Pkw in Rhein. Kommen.«

»Verstanden, wir fahren Cecilienallee, untere Rheinwerft in Höhe Ehrenhof.«

»Richtig. Zu Ihrer Information, das Feuerlöschboot und der Kranwagen von Feuerwache U sind ebenfalls alarmiert. Leitstelle Ende.«

Da wir das Funkgespräch über den zugeschalteten Lautsprecher im Mannschaftsraum mithören konnten, wechselte ich einige erstaunte Blicke mit meinen Kollegen, die sich genauso wunderten wie ich. Aber nicht weil wir diesen Einsatz übernehmen sollten, sondern weil wir uns fragten, wieso die Leitstelle nicht die Feuerwache 3 schickte. Die Jungs waren schließlich viel näher an der Einsatzstelle als wir. Die Lösung bekamen wir unterwegs zu hören, nachdem die Feuerwache 3 die Leitstelle anfunkte und die Rückmeldung »*zwei Cäsar, vier PA*« durchgab.

Zwei Cäsar hieß, sie hatten zwei C-Rohre vorgenommen. Und vier PA bedeutete nichts anderes, als dass vier Mann von ihnen einen Pressluftatmer trugen. Es war also wieder mal mächtig was los in der Stadt!

*

Der Taucherwagen der Düsseldorfer Berufsfeuerwehr, ein MB Atego 925 AF, lief unter der Bezeichnung »GW-Wasserrettung«, also »Gerätewagen Wasserrettung«. Rein äußerlich sieht er für einen Laien fast wie unser Löschgruppenfahrzeug aus. Abgesehen davon, dass er eine seinem Zweck entsprechende andere Beladung hatte, wies er aber noch eine weitere Besonderheit auf. Dort, wo sich bei uns der Löschwassertank und die Gerätefächer befanden, besaß er einen »Nassraum« zum Umziehen für unsere tauchenden Feuerwehrkollegen, deren gesamte Truppe aus 36 Mann bestand, von denen jeden Tag mindestens vier im Dienst sein mussten. Wie viele sich heute auf dem uns vorausfahrenden Fahrzeug befanden, wusste ich nicht. Ich wusste nur, dass der Rhein ein verdammt gefährliches Gewässer war und dass unsere Taucher, bevor sie in diesem Fluss tauchen durften, neben ihrer eh schon umfangreichen Ausbildung auch noch einen speziellen Strömungsrettungslehrgang absolvieren mussten. Das Wissen um die gefährliche Strömung verleitete mich dann auch zu der Äußerung: »Also ich glaube ja nicht, dass wir von dem Wagen noch was sehen werden. Bis wir da sind, treibt der garantiert schon längst einige Kilometer weiter stromab.«

»Und? Was willst du damit sagen?«, rief der Gruppenführer verärgert nach hinten. »Etwa, dass wir lieber gleich umdrehen sollten?«

Etwas kleinlaut versuchte ich mich zu verteidigen, aber er fiel mir erneut ins Wort. »Mensch Martin, ich weiß auch, dass die Strömung im Rhein sehr reißend ist. Gerade an der Kaimauer! Das heißt aber noch lange nicht, dass der Wagen schon abgetrieben sein muss!«

»Es sollen aber auch schon Container in den Rhein gefallen sein, die angeblich nie mehr aufgetaucht sind«, warf Piet ein.

»Stimmt. Und die Brückenspringer oder die, die hier von Schiffen fallen, tauchen auch erst im Duisburger Hafen wieder auf. Die meisten jedenfalls.«

»Ja, aber dann nur noch als Leiche.«

»Jetzt reicht's, Männer!«

»Stimmt doch aber«, zischte mir mein Sitznachbar zu.

»Das hab ich gehört, Piet!«

Piet zog die Mundwinkel herunter und rechnete schon mit einem Rüffel, da meldete sich plötzlich der ebenfalls ausgerückte B-Dienst mit einem Funkspruch.

»An alle Einsatzkräfte: Untere Rheinwerft. Laut Feuerlöschboot hängt der Pkw an dem Schiffsausleger Rheinterrasse fest. Schalten Sie auf Kanal XXX und folgen Sie den Anweisungen des Kapitäns vom Feuerlöschboot. Kommen.«

Nachdem der vor uns befindliche GW-Wasserrettung die Funkmeldung bestätigt hatte, tat es ihm unser Gruppenführer gleich und schaltete das Funkgerät auf die Frequenz des Feuerlöschboots.

*

Kurz darauf bogen wir in die Einmündung, die wenige Minuten zuvor auch das Ehepaar van den Boom mit ihrem Volvo genommen hatte. Die Polizei war bereits eingetroffen – ich vermutete die von der nahe gelegenen Altstadtwache. Sie hatten die automatische Schranke zum Parkplatz außer Betrieb gesetzt. Das war clever, da wir so ohne Zeitverzögerung durchfahren konnten. Ein Polizist stand daneben und winkte uns durch, ließ die Spinner, die schon seit einiger Zeit hinter uns herfuhren, aber nicht weiterfahren. Solche risikobereiten Fahrer haben wir immer wieder. Einige glauben anscheinend, wenn sie nur dicht genug hinter uns herfahren, würden rot geschaltete Ampeln für sie nicht gelten. Auf diese sensationsgeilen Typen konnten wir an der Einsatzstelle liebend gerne verzichten.

*

Nach dem Funkspruch des B-Dienstes hatte ich mich schon gewundert, dass das Feuerlöschboot bereits vor Ort war. Gut, von seinem damaligen Liegeplatz im Hafenbecken an der Speditionsstraße bis hierher betrug die Entfernung höchstens drei, vier Kilometer, und das fast 34 Meter lange Feuerlöschboot schaffte zu Tal fast 45 km/h, dennoch benötigte es eine gewisse Vorlaufzeit bis zu seinem Auslaufen. Aber dann sah ich das kleine Rettungsboot auf den Wellen schaukeln, ein Flitzer mit dem Namen Dory 17, der bei Rettungseinsätzen und bei größeren Schadenlagen als Vorauskommando geschickt wird. Damit war klar, wieso die Kollegen so schnell vor Ort sein konnten.

*

Die Feuerwehrtaucher bereiteten sich auf ihren Einsatz vor. Im Gegensatz zu den meisten Hobbytauchern trugen sie Vollmasken und Taucherschutzhelme. Geplant war, dass zunächst nur zwei von ihnen ins Wasser gehen sollten, um den von der Strömung gegen den Ausleger gedrückten Wagen gegen das drohende Abtreiben zu sichern und, falls er sich tatsächlich losreißen sollte, mit einer Schwimmboje kenntlich zu machen.

Unsere Aufgabe bestand darin, die arbeitenden Taucher mit Leinen zu sichern und ihnen die benötigten Werkzeuge anzureichen. Weil wir dabei auf dem gut sechs Meter höheren Kai standen, mussten auch alle Gerätschaften wie Stahlseile, Schäkel und so weiter an Leinen hinuntergelassen werden. Die eigentliche Bergung des Fahrzeugs sollte erst später erfolgen, wenn der Kranwagen eingetroffen war. Dass es in dem Fahrzeug noch Überlebende geben könnte, daran glaubte hier niemand mehr.

Zusammen mit Piet hielt ich eine der Leinen, mit denen die Taucher gesichert waren. Der Zug, der auf der Leine lastete, war enorm.

»Gut, dass gerade keine Schlepper vorbeifahren«, sagte ich zu Piet, »denn wenn deren Wellen gegen die Kaimauer klatschen, ist das für die da unten bestimmt noch gefährlicher. Oder was denkst du?«

»Ich denke, solange die da unten arbeiten, werden hier gar keine Schlepper mehr vorbeifahren dürfen.«

»Meinst du?«

»Na klar. Die Wasserschutzpolizei hat mit Sicherheit sofort das Wasser und Schifffahrtsamt informiert und die Berg- wie die Talfahrt komplett sperren lassen.«

Ich warf einen Blick den Rhein hinauf. Tatsächlich, in einigen Hundert Metern Entfernung stauten sich die ersten Schlepper und Schubschiffe.

Einer der Taucher erschien wieder an der Wasseroberfläche. Er hatte zuvor über das Tauchertelefon ein weiteres Drahtseil und einen Hammer angefordert. Seine Nachricht – *keine Überlebenden* – brachte die traurige Gewissheit, mit der wir zwar sowieso schon gerechnet hatten, die aber dennoch immer deprimierend und niederschmetternd ist.

Einige Minuten später tauchten beide Taucher wieder auf. Die anderen, die sich für den Fall der Fälle zur Sicherung ihrer tauchenden Kollegen vollständig ausgerüstet auf das Feuerwehrrettungsboot begeben hatten, atmeten erleichtert auf. In der reißenden Strömung des Rheins einen ins Wasser gestürzten Pkw mit Stahlseilen an einem Ausleger zu sichern, war ein verdammt gefährliches Unterfangen gewesen, aber sie hatten es geschafft. Inzwischen war auch das große Feuerlöschboot eingetroffen – das einzige Boot übrigens, welches die Sperrzone noch hatte passieren dürfen.

Nachdem der Kranwagen mit einem Begleitfahrzeug von Feuerwache U kam, konnte die Bergung des Volvos in Angriff genommen werden. Die Polizei hatte unseren Arbeitsbereich zwar großräumig abgesperrt, aber dass hier etwas Außergewöhnliches geschehen sein musste, hatte sich doch schnell herumgesprochen. Entsprechend groß war die Zahl der Zuschauer, die sich oben auf der Grünanlage neben der Cecilienallee eingefunden hatte. Wie auf einer hohen Balustrade stehend, konnten sie genau beobachten, was wir hier unten taten. Im Übrigen waren unsere Blaulichter-blitzenden Fahrzeuge, insbesondere der riesige Feuerwehrkranwagen, ja auch nicht zu übersehen. Ganz abgesehen von dem Feuerlöschboot, das, wo auch immer es auftauchte, sowieso schon alle Blicke auf sich zog.

*

Unser C-Dienst stand mit zwei leitenden Beamten der Polizei, dem Chef der Tauchergruppe und unserem Gruppenführer nur wenige Meter von mir entfernt. Was genau sie miteinander besprachen, konnte ich trotzdem nicht verstehen. Jedenfalls erteilten sie dem Kranführer irgendwelche Weisungen, denn der nickte daraufhin und redete kurz mit seinen Kollegen, die ebenfalls nickten. Anschließend kletterte er in den Führerstand seines Geräts und startete den Motor. Kurz darauf schwenkte der mächtige Arm des Feuerwehrkrans über das schnell dahinströmende Wasser des Rheins. An seinem geschmiedeten Metallhaken baumelten zwei hochreißfeste Bandschlaufen, die sogar das Gewicht eines Lkw tragen könnten.

Im Wasser befanden sich diesmal drei mit Leinen gesicherte Taucher. Ihre anderen Kollegen standen wieder in ihren Halbtrockenanzügen komplett ausgerüstet auf dem kleineren Feuerlöschboot, um bei Gefahr, oder falls es sonst irgendwie nötig werden sollte, eingreifen zu können.

Mein Gruppenführer, der immer noch mit dem B-Dienst zusammenstand, winkte mich heran.

»Hör zu, Martin. Wenn der Wagen gleich aus dem Wasser gezogen kommt, wirst du mit dem Piet die beiden Toten herausholen.«

Ich schluckte.

»Ich weiß, keine schöne Aufgabe, aber einer muss es schließlich machen.«

»Tja, einer muss es machen«, sagte ich leise.

»Genau, einer muss es machen«, bekräftigte auch noch der B-Dienst. »Aber bevor ihr die Leichen herausholt, wird der Polizeifotograf noch einige Fotos machen wollen. Also, nicht gleich loslegen, sondern erst noch abwarten. Klar?«

»Klar.«

»Gut. Wenn es so weit ist, werden entweder ich oder euer Gruppenführer euch Bescheid geben. Wo ist der Piet überhaupt?«

»Steht da vorne.« Ich zeigte dorthin, wo mein Kollege neben zwei anderen stand, die die Leinensicherung eines Tauchers übernommen hatten.

»Okay. Am besten du sagst ihm sofort Bescheid, und dann haltet ihr euch so lange im Hintergrund.«

*

Piet war von dem Gedanken, die Leichen aus dem Fahrzeug herausholen zu müssen, genauso wenig angetan wie ich.

»Nein sagen war wohl nicht möglich gewesen, wie?«

Ich schüttelte den Kopf.

»Oder dass jemand anderes das macht?«

»Auch nicht.«

»Scheißjob«, sagte er daraufhin und stieß hörbar die Luft aus.

»Stimmt. Aber einer von uns muss es schließlich machen. Haben die übrigens eben auch gesagt.«

»Ist schon klar«, sagte er resignierend. »Aber warum immer nur wir?«

»Weil wir die Feuerwehr sind«, grinste ich schief. »Oder wüsstest du jemanden sonst, der uns Feuerwehrmännern diese Arbeit abnehmen könnte?«

Piet sah mich lange mit großen Augen an. Dann schüttelte er den Kopf und sagte im Brustton der Überzeugung:

»Nee, Martin! Da gibt es keinen, und da dürfte sich auch wohl kaum einer freiwillig drum reißen.«

125 KUBIKZENTIMETER – TEIL 1

Motorradfahrer sind potenzielle Organspender. Dieser von Feuerwehrmännern oft gesagte Ausspruch spiegelte auch meine Meinung wider, und nicht selten hatte ich ihn genau in diesem Wortlaut verwendet. Meist dann, wenn die Motorradsaison gerade wieder begonnen hatte und sich die schlimmen Motorradunfälle, zu denen wir gerufen wurden, häuften. Und von denen bekamen wir weiß Gott einige zu gesehen – zu viele, wie ich und meine Kollegen fanden. Aber, und jetzt kommt das eigentlich Widersinnige: Trotz dieser vielen schlimmen Unfälle, bei denen übrigens nicht immer nur Motorradfahrer die Verursacher sind, gab es unter meinen Kollegen einige, die selbst Motorrad fuhren. Noch widersinniger war, dass ich, der erklärte Verfechter des Nicht-Motorradfahrens, klammheimlich ebenfalls gerne so einen »Feuerstuhl« besessen hätte. Wie gesagt, ein klammheimlicher Wunsch, der aber schon deshalb nie in Erfüllung gehen würde, weil ich dazu erst den Motorradführerschein machen müsste. Davon abgesehen glaubte ich, wenn ich – als inzwischen fast fünfzigjähriger Familienvater – mich tatsächlich dazu durchgerungen hätte, den Motorradführerschein zu machen, meine Frau vermutlich aufs Heftigste protestiert und mich nicht nur aus eben genannten Gründen für verrückt erklärt hätte.

Das bislang unmöglich Geglaubte wurde möglich, nachdem der Gesetzgeber die Fahrerlaubnis für Motorräder mit einem Hubraum bis maximal 125 Kubikzentimeter für die Führerscheinklasse-3-Besitzer freigab – vorausgesetzt, man hatte seinen »alten Lappen« vor dem 01.04.1980 erworben, was auf mich zutraf. Dennoch sollten noch einige Jahre vergehen, bis ich mir, man lese und staune, mit Billigung meiner Frau eine nagelneue Suzuki GN 125 zulegte! Eine Einzylinder-Viertaktmaschine mit 11 kW und 106 km/h

Höchstgeschwindigkeit! Laut Straßenverkehrsbehörde lief so was noch unter der Bezeichnung Leichtkraftrad, was mich aber nicht störte. Für mich war das schicke Teil mit den Speichenrädern ein Motorrad, ein kleines zwar, aber eben doch schon ein Motorrad. Die ungetrübte Fahrfreude hielt sich jedoch in Grenzen, wenn mich Pkw überholten oder mir Lkw auf Autobahnen buchstäblich im Nacken saßen und mir die Hölle heiß machten. Das Ding war eben doch ein wenig leicht und damit verdammt seitenwindempfindlich und mit seinen maximal 106 km/h auch nicht gerade eine Rakete. Autobahnen, das stellte ich sehr schnell fest, sollte ich daher lieber meiden. Trotzdem ließen sich Autobahnfahrten natürlich nicht immer verhindern. So wie an jenem Vormittag, als ich mich auf einer Spritztour in der Nähe von Essen befand und mich die Deutsche Flugambulanz über meinen Funkmeldeempfänger anpiepste, weil sie mich noch am selben Tag auf einen Rettungsflug nach Spanien schicken wollte. Jetzt hieß es eilig zurück nach Hause. Mein ursprünglicher Plan, in das Tal der Ruhr hinunterzukurven, um dann über Essen-Kettwig nach Hause zu fahren, hatte ich danach natürlich aufgegeben und nahm stattdessen den kürzeren Weg über die Autobahn. Einen Abschnitt auf der A52 bildet dabei die 1830 Meter lange und 65 Meter hohe Mintarder Ruhrtalbrücke. Die das Tal der Ruhr überquerende Brücke war nach ihrer Fertigstellung im Jahr 1966 zu einer traurigen Berühmtheit gelangt. Mit bis zu vier Suiziden jährlich nannte man sie in der Bevölkerung nur noch die Selbstmörderbrücke. 1980 wurde dem selbstmörderischen Treiben endlich ein Riegel vorgeschoben, indem man auf dem Brückengeländer einen meterhohen Zaun errichtete. Doch auch dieser Zaun konnte einige Verzweifelte nicht davon abhalten, sich von der Ruhrtalbrücke in die Tiefe zu stürzen. Sie kamen, so unglaublich das klingt, tatsächlich mit Leitern angefahren. Gegen so viel Lebensverdruss konnte selbst ein Zaun nichts ausrichten. In den darauf folgenden Jahren stürzten sich nur noch selten Menschen von dieser Brücke. Vermutlich weil der hohe Zaun letztlich doch seine erwünschte Wirkung erbracht hatte und die Suizidgefährdeten andere Objekte oder Möglichkeiten gesucht und gefunden hatten.

Mir persönlich war die Brücke aus einem anderen Grund in unguter Erinnerung. Ich hatte damals, ebenfalls von Essen kommend, allerdings im Auto, diese Brücke befahren, als ich unfreiwilliger Zeuge eines Unfalls wurde. Da ich diese Geschichte bereits in einem meiner anderen Bücher geschildert habe, möchte ich hier nicht näher darauf eingehen. Nur so viel: Bei diesem Unfall, bei dem ich als Privatperson Erste Hilfe geleistet hatte, war ein Motorradfahrer grausam zu Tode gekommen. Genau daran musste ich denken, als ich mich jetzt auf meiner eigenen Maschine sitzend dieser Brücke näherte. Wegen der in dieser Höhe oft herrschenden starken Seitenwinde war hier Tempo 100 vorgeschrieben – eine Geschwindigkeit die meine Suzuki laut Fahrzeugschein sogar noch um 6 km/h überschreiten sollte, die ich in der Realität jedoch nur unter besten Bedingungen erreichte. Realistisch waren so knapp über 90, aber auch nur wenn ich keinen Gegenwind hatte und keine Steigungen zu überwinden waren. Das war hier und heute alles nicht der Fall, und die gefürchteten seitlichen Böen gab es heute auch nicht. Dafür rückte mir wieder mal ein Lkw-Fahrer bedenklich nahe auf den Pelz. Wenn man aber selbst nicht schneller fahren kann, und der hinter einem dann auch noch mit Lichthupe nervt und dazu sein extrem lautes Presslufthorn hören lässt, hat man ein verdammt mulmiges Gefühl. Nachdem auf der Überholspur vier, fünf Pkw an mir vorbeigefahren waren, zog der Sattelzug nach links und schob sich langsam an mir vorbei. »Arschloch!«, rief ich unter meinem Helm und hätte ihm am liebsten auch noch den Stinkefinger gezeigt. Aber da sich so etwas nicht gehört und man als Motorradfahrer, zumal wenn man gerade von einem Sattelzug überholt wird, beide Hände am Lenker lassen sollte, verzichtete ich besser darauf. Und das war auch gut so, denn kaum als das Heck des Truck an mir vorbei war, bekam ich von links eine Breitseite, die sich gewaschen hatte. Mehr mit Glück als mit Können konnte ich meine um fast zwei Meter abgedriftete heftig trudelnde Maschine im letzten Moment wieder auf Kurs bringen. Schweißgebadet und mit einem hochgeschossenen Puls von gefühlten 200 Schlägen pro Minute setzte ich danach meine Fahrt fort.

Wie gesagt, mit einer 125er sollte man Autobahnen lieber meiden.

125 KUBIKZENTIMETER – TEIL 2

Zweieinhalb Stunden nach meinem Beinaheunfall auf der Mintarder Ruhrtalbrücke düsten wir in einem anderen Gefährt und mit einer wesentlich höheren Geschwindigkeit in südliche Richtung.

Wir, das waren der versierte Arzt und Notfallmediziner Dr. Alfred Gerlach sowie die beiden erfahrenen Berufspiloten Murschall und Peters. Der Flieger, mit dem wir vor wenigen Minuten vom Flughafen Düsseldorf gestartet waren, war ein Learjet 35 – ein Düsenjet, den die Deutsche Flug-Ambulanz nicht nur auf europäischen Kurzstrecken einsetzte, sondern auch auf ihren weltweiten Rettungsflügen. Mit zwei je 1.550 PS starken Triebwerken erreichte unser zu einer fliegenden Intensivstation ausgestatteter Learjet eine Reisegeschwindigkeit von 850 km/h bei einer Reichweite von 3.700 Kilometern. Seine extrem leistungsstarke Druckkabine kann selbst in einer Flughöhe von 24.000 Fuß (8.000 Meter) noch den Druck in Meeresspiegelhöhe aufrechterhalten, was besonders für den Transport von Herzpatienten von Bedeutung ist. Mit einer maximalen Flughöhe von 14.000 Metern, die aber nur auf Langstreckenflügen erreicht wird, befindet sich der Jet zudem über dem Wettergeschehen, wodurch der Patient nur minimalen Erschütterungen ausgesetzt ist. Davon abgesehen garantiert dieser Flugzeugtyp in jeder Hinsicht einen schonenden Transport.

Unser heutiges Ziel war die zentral gelegene spanische Landeshauptstadt Madrid, wo wir einen Patienten namens Konrad Fellhauer aus dem Hospital Universitario Ava de Cordoba abholen sollten.

Herr Fellhauer befand sich im Auftrag seines deutschen Arbeitgebers in Madrid und war bei einem Verkehrsunfall schwer verletzt worden. Nach einer Not-OP, bei der ihm die spanischen Ärzte die

Milz entfernen mussten, und mehreren kritischen Tagen auf der Intensivstation hatte sich sein Zustand schließlich so weit gebessert, dass er auf die Normalstation verlegt werden konnte. Seine Familie, die schon lange auf diesen Rückholflug gedrängt hatte, musste sich allerdings noch etwas gedulden. Gestern dann gaben die behandelnden Ärzte endlich grünes Licht. Nach ihrer Einschätzung sei Herr Fellhauer jetzt so weit stabil und transportfähig, dass aus medizinischer Sicht einem Rückholflug nichts mehr im Wege stand.

*

»Was genau für Verletzungen hat dieser Fellhauer eigentlich?«, fragte ich Alfred, während ich aus dem Fenster sah, wo sich riesigen Wolkengebilde auftürmten, die keine Sicht mehr nach unten zuließen.

»Schädelhirntrauma, Schlüsselbeinfraktur, multiple Frakturen der beiden oberen Extremitäten und einen Milzriss«, las er laut, ohne von den Unterlagen aufzusehen, die auf seinen Knien lagen.

Jetzt sah ich doch zu ihm hinüber. »Sind das da seine Patientenunterlagen?« Ich zeigte auf die Mappe mit dem darin befindlichen Papierstapel.

»Ja, alles was uns die spanischen Kollegen gefaxt haben.«

»Ziemlich umfangreich.«

»War ja auch ein schlimmer Unfall.« Alfred blickte von den Unterlagen hoch und mich an.

»Martin, ich sag's ja immer, Motorradfahren ist extrem gefährlich.«

»Oh! Das war ein Motorradunfall?«

»Hast du das nicht gewusst?«

Ich schüttelte den Kopf.

»Als mein Piepser losging, stand im Display lediglich *dringend DFA anrufen* und *Ambulanzflug nach Spanien noch heute geplant.*«

»Und der Axel hat dir am Telefon auch nichts weiter gesagt?«

»Doch, natürlich hat er mir gesagt, dass unser heutiger Patient einen Verkehrsunfall erlitten hatte. Er sagte nur nicht, dass es sich dabei um einen Motorradunfall gehandelt hatte.«

»Na ja, ob nun mit dem Auto oder mit dem Motorrad ist für unsere Arbeit auch nicht von Wichtigkeit. Hauptsache, wir bekommen den Mann wieder heil nach Hause.«

»Heil ist gut«, lachte ich. »Nach dem, was du mir gerade vorgelesen hast, dürfte der wohl alles andere als heil sein.«

»Du weißt aber schon, wie ich das gemeint habe«, betonte Alfred.

»Ja, sicher«, beeilte ich mich zu sagen.

»Und, um bei dem Begriff zu bleiben«, ergänzte er, »bisher haben wir noch immer alle unsere Patienten heil nach Hause gebracht. Stimmt's?«

»Stimmt«, bestätigte ich, was absolut der Wahrheit entsprach. In den vielen Jahren, die ich jetzt schon als medizinischer Flugbegleiter für die Deutsche Flug-Ambulanz tätig war, war mir kein Fall bekannt, bei dem ein Patient auf einem unserer Rückholflüge verstorben war. Zu sagen, dass das nur an unserer guten medizinischen Betreuung lag, wäre sicher etwas vermessen, aber ganz von der Hand zu weisen war es sicher auch nicht. Immerhin führte die DFA ihre Rettungsflüge ausschließlich unter fachärztlicher Begleitung durch, die, assistiert von bestens ausgebildeten Rettungsassistenten der Düsseldorfer Berufsfeuerwehr, dieser genehmigten Nebentätigkeit in ihrer Freizeit nachgingen. Alfred und ich waren also nicht das einzige Team, aber eines mit der größten Flugerfahrung, wobei Alfred vom Alter her ohne Weiteres mein Vater hätte sein können.

»So, ihr zwei Hübschen!«, rief Kapitän Murschall von vorne. »Wir landen in zwanzig Minuten. Das Wetter ist leider nicht so gut. Schnallt euch schon mal an, die Landung könnte nämlich etwas ruppig werden.«

Der Flughafen Madrid-Barajas trägt den Namen Adolfo Suárez. Er ist nicht nur Spaniens größter Flughafen, sondern auch einer der größten in Europa und somit ein internationales Drehkreuz für Flieger aus aller Welt. Die Landung, die Murschall und Peters hinlegten, war übrigens butterweich. Ein Follow-me-Fahrzeug geleitete uns zu unserer Parkposition im Bereich General Aviation Terminal, wo bereits ein Rettungswagen auf uns wartete, der uns sofort in die Klinik fahren sollte. Wie immer, wenn es galt, einen Patienten aus einer Klinik abzuholen, nahmen wir auch jetzt wieder einen Teil unseres umfangreichen medizinischen Equipments mit. Darunter befanden sich die Vakuummatratze, zwei Perfusoren, ein Beatmungsgerät, ein EKG-Defibrillator sowie der Koffer »Atmung/Kreislauf« und der Koffer mit den Notfallmedikamenten. Außerdem gab es immer noch einige weitere Dinge, die jeder Arzt individuell, je nachdem, welcher den Rettungsflug begleitete, für unverzichtbar hielt. Wir Rettungsassistenten hatten natürlich auch so unsere Vorlieben. So schleppte ich zum Beispiel seit einem meiner letzten Rettungsflüge immer eine Gipsschere mit.

Über die Hinfahrt zum Hospital Universitario Ava de Córdoba sowie über die anschließende Fahrt zurück zum Flughafen gibt es nichts Besonderes zu berichten, außer dass wir jetzt nicht nur unseren Patienten, sondern noch dessen Ehefrau mit nach Hause nehmen sollten. Ein weiterer Fluggast war zwar ursprünglich nicht eingeplant, die Mitnahme von Frau Fellhauer ließ sich aber nach ein paar Telefonaten problemlos einrichten.

Herr Fellhauer lag auf unserer Vakuummatratze. Die behandelnden Ärzte hatten ihn kurz vor dem Transport zum Flieger noch sediert, sodass er von der Fahrt und dem anschließenden Umlagern in den Learjet kaum etwas mitbekommen hatte. Seine Frau saß jetzt neben ihm und hielt seine Hand. Ihr Gesicht war blass und wirkte eingefallen. Das alles hatte sie doch mehr mitgenommen, als sie uns zeigen lassen wollte, aber ich sah, dass sie immer wieder mit den Tränen kämpfte.

Alfred hatte das natürlich ebenfalls bemerkt und fand einige tröstende Worte, die von ihr mit einem dankbaren, aber erschöpften Lächeln aufgenommen wurden. Nach einer Weile, wir hatten inzwischen längst unsere Flughöhe erreicht und befanden uns irgendwo über den Pyrenäen, griff Frau Fellhauer in ihre Handtasche und zog einen Umschlag hervor.

»Möchten Sie einmal sehen, wie das passiert war?«

Alfred nickte, woraufhin Frau Fellhauer dem Umschlag einige Fotos entnahm, die sie ihm reichte. Ich saß am Kopfende unserer fest eingebauten Krankentrage auf der hinteren Sitzbank und rückte ein wenig zur Seite, um ebenfalls einen Blick auf die Fotos zu werfen. Es waren Aufnahmen von der Unfallstelle. Schreckliche Bilder, auf denen ihr Mann schwer verletzt und blutend zu sehen war, kurz bevor er von den Rettungskräften in die Klinik gefahren wurde.

»Diese Fotos …«, fragte Alfred sichtlich betroffen, »wer hat die gemacht?«

»Die stammen von einem Arbeitskollegen meines Mannes, der ihn auf diesem Ausflug begleitet hatte«, antwortete Frau Fellhauer leise.

»Und diesem Arbeitskollegen ist nicht passiert?«

Sie schüttelte stumm den Kopf.

Alfred gab die Fotos kommentarlos an mich weiter, aber sein Gesicht sprach Bände. Nachdem ich sie eingehend betrachtet hatte, gab ich sie ihm genauso schweigsam zurück.

»Würden Sie mir freundlicherweise auch den Papierumschlag geben?«, fragte Alfred und streckte Frau Fellhauer die Hand entgegen.

»Sicher, aber …«

Alfred tütete die Fotos ein und verschloss den Umschlag mit einem Steifen Leukosilk. »So«, sagte er bestimmt und hielt ihr den Umschlag entgegen. »Und die sehen Sie sich in den nächsten Wochen nicht mehr an. Das ist ein ärztlicher Rat, den Sie unbedingt beherzigen sollten.«

»Ja, aber …«

»Kein Aber«, betonte Alfred eindringlich. »Konzentrieren Sie sich lieber darauf, welche Fortschritte Ihr Mann machen wird. Das hier …«, er hielt den Umschlag immer noch in seiner Hand, »das hier macht Sie nur unglücklich.«

Wir wissen natürlich nicht, ob Frau Fellhauer Alfreds Rat beherzigt hatte, aber selbst wenn, und da war ich mir ganz sicher, hatten sich die Bilder von dem schrecklichen Unfall, auch ohne sich die Fotos noch einmal anzusehen, längst in ihr Gehirn eingebrannt.

In meinem saßen sie übrigens auch, allerdings nicht wegen ihrer erschreckenden Deutlichkeit, sondern weil Konrad Fellhauer auf einer 125er Maschine verunfallt war. Genauso einer Suzuki, wie ich eine fuhr, oder zumindest einer, die so ähnlich aussah wie meine, soweit man das anhand der Fotos erkennen konnte. Dazu kam, dass Herr Fellhauer in meinem Alter war und genau wie ich einen kleinen Sohn hatte. Einen Sohn, mit dem er nie wieder gemeinsam spielen können würde? Dem er vielleicht nie mehr ein vollwertiger Vater sein könnte? Und dem er nicht wie andere Väter beim Erwachsenwerden zusehen und hilfreich zur Seite stehen könnte?

Könnte, könnte, könnte, kreiste es in meinem Kopf. Ja, das alles könnte passieren, denn die Prognose seines Schädelhirntraumas sah düster aus, und das, obwohl der Mann einen Helm getragen hatte! Und ich fragte mich, was ist, wenn dir das passiert? Was ist, wenn du mit deiner Maschine auch so schlimm verunglückst? Und dann kamen sie wieder, diese Bilder von dem zerquetschten Motorradfahrer auf der Mintarder Brücke; oder die Bilder von einer jungen Frau, der nach dem Motorradsturz in Garath über dem Asphalt rutschend beide Brüste abgeschliffen waren; oder von einem Motorradfahrer, der verblutete, nachdem ihm ein Arm unter der Leitplanke abgerissen worden war.

Nein, ich konnte nicht mehr, und ich wollte nicht mehr!

Einige Tage später verkaufte ich meine 125-ccm-Maschine, wobei ich zugeben muss, dass auch noch andere Gründe für diesen Verkauf ausschlaggebend waren.

STAUENDE

»Sie übernehmen neuen Einsatz, verdächtiger Rauch, S-Bahn-Gelände hinter den Schrebergärten und der Straße Am Landforst. Kommen.«

»Verstanden«, meldete sich unser DGL und bestätigte den neuen Einsatz. »Verdächtiger Rauch, Am Landforst zwischen S-Bahn und Schrebergärten.«

»Richtig. Zu Ihrer Information, die Polizei ist ebenfalls alarmiert.«

»Ist das nicht tiefstes Wache-7-Gebiet?«, fragte Ralf, der heute Maschinist auf dem LF war. Der Unmut, der dabei in seiner Stimme schwang, war unüberhörbar, was unserem Gruppenführer natürlich genauso wenig entgangen war wie meinen Kollegen, mit denen ich hinten im Mannschaftsraum saß.

»Was willst du damit andeuten?«, fragte unser DGL bissig. »Du fragst dich doch garantiert, wieso *wir* da hin müssen und *die* sich die Eier schaukeln dürfen. Stimmt's?

»Na ja«, druckste Ralf herum. »Ist doch so, besonders wo wir gerade erst stundenlang auf der Autobahn malocht haben.«

»So, ist das so? Und, schon mal darüber nachgedacht, dass die Jungs von Wache 7 vielleicht auch gerade im Einsatz sind, hm?!«

»Na, das hätte ich ja am Funk wohl mitbekommen.«

»Irrtum, mein Lieber, Irrtum. Als die ihren Einsatz bekommen hatten, standest du nämlich oben auf dem Dach des LF und hast das bei dem Krach überhaupt nicht mitbekommen. So ist das. Und jetzt erzähl mir bitte nicht noch mal so 'n Scheiß von wegen ist nicht unser Revier und so.«

Ralf schwieg betreten, und wir anderen hielten uns auch lieber mit Kommentaren zurück.

Dass unser DGL so gereizt reagierte, hatte einen guten Grund. Der Einsatz, der uns gerade erst mehr als vier Stunden auf der A46 beschäftigt hatte, war wieder einmal einer dieser berüchtigten Unfälle gewesen, bei denen ein Lkw auf ein Stauende aufgefahren war. Dabei hatte es drei Tote gegeben, unter denen sich auch zwei Kinder befanden. Die beiden, ein acht- und ein neunjähriges Mädchen, hatten auf der Rückbank gesessen, als der 18-Tonner nahezu ungebremst gegen das Heck des Opel Kadett gekracht war. Wir hatten ihre bis zur Unkenntlichkeit zerquetschten Körper aus dem völlig zusammengedrückten Opel mit hydraulischen Geräten herausschneiden müssen. Ihr Vater, der den Wagen gesteuert hatte, war dabei ebenfalls ums Leben gekommen. In den insgesamt fünf Fahrzeugen, die durch die Wucht des Aufpralls von dem Lkw wie Spielzeuge zusammengeschoben worden waren, hatte es weitere Verletzte gegeben. Einzig der Lkw-Fahrer war unverletzt geblieben. Allerdings hatte er einen schweren psychischen Schock erlitten, einen, der ihn vermutlich noch den Rest seines Lebens verfolgen wird.

Wir befanden uns auch nicht gerade in der besten Verfassung, und ich müsste lügen, wenn ich hier schriebe, dass ich nach diesem schrecklichen Unfall nicht auch lieber zurück zur Wache gefahren wäre, als jetzt noch hinter irgendeinem Bahngelände die Ursache von unklarem Rauch aufspüren zu müssen. Dabei musste ich unwillkürlich daran denken, wie es jetzt wohl den Kameraden von der freiwilligen Feuerwehr ging, die uns bei dieser emotional hoch belastenden Arbeit unterstützt hatten. Diejenigen, die die Körper der toten Kinder, beziehungsweise das, was von ihnen übrig geblieben war, gesehen hatten, waren anschließend richtig fertig gewesen. Wir aber auch. Piet hatte sich sogar übergeben müssen, und einige hatten anschließend geheult – ich auch.

Falls sich jetzt immer noch jemand fragen sollte, wieso ich über diesen Einsatz nur so wenige Zeilen geschrieben habe, dann kann ich nur antworten: weil sich alles in mir dagegen sträubte! Schriftstellerisch bin ich bei diesem Buch eh schon an meine persönliche Grenze gegangen. Und würde ich wirklich über diesen Einsatz noch mehr und noch detaillierter schreiben, hieße das für mich die selbst erwählte rote Linie zu überschreiten, wozu ich nicht bereit bin. Es war schon schlimm genug, dass wir das aushalten mussten, und ich kann Ihnen versichern: Manchmal ist es wirklich nicht leicht, ein Profi zu sein.

EIN MENSCHENLEBEN KOSTET 2.368,44 EURO

Jetzt fuhren wir also zu diesem Bahngelände zwischen den Schrebergärten und der Straße Am Landforst. Wobei, so einfach, wie sich das liest, war das nicht. Wir sahen zwar schon von Weitem eine dunkle Rauchsäule aufsteigen, aber der Weg dorthin erwies sich als ziemlich verzwickt. Nachdem wir schon zwei Mal falsch gefahren waren und jetzt auf einem im Nichts endenden Waldweg zurücksetzen mussten, weil der Weg zu eng zum Wenden war, machte Ralf seinem Unmut lauthals Luft.

»So eine verfluchte Scheiße! Das gibt's doch gar nicht!«

Doch, das gab es, wenngleich ich zugeben musste, dass ich so eine vertrackte Einsatzstellensuche zuvor auch noch nie erlebt hatte.

»Jochen! Martin! Ihr steigt aus und sichert den Weg nach hinten!«, befahl unser DGL.

»Alles klar!«, rief ich und kletterte schon aus der rechten hintere Tür zum Mannschaftsraum, da quetschte sich gerade noch ein Fahrradfahrer an mir vorbei.

»Arschloch!«, schrie der Fahrradfahrer. »Wohl keine Augen im Kopf, wie!?«

»Selber Arschloch!«, schrie ich ihm hinterher. Meine Nerven lagen wie bei den meisten von uns immer noch blank.

Piep piep piep piep piep! Ralf setzte rückwärts. Nach etwa zwanzig Metern verbreiterte sich der Weg endlich so weit, dass er mit mehrmaligem Hin-und-her-Fahren wenden konnte.

»Einsteigen! Es geht weiter!«

Ja, es ging weiter, aber niemand wusste so recht wohin. Ralf war mit seinem Latein am Ende, und unser DGL starrte fluchend auf den aufgefalteten Stadtplan auf seinen Knien.

»Das gibt's doch nicht!« Er hielt Ralf die Karte hin und zeigte mit dem Finger auf den Punkt, an dem wir gerade standen. »Ich verstehe das nicht. Wir befinden uns genau hier. Siehst du, da ist die Bahnlinie, und exakt hier müsste laut Karte doch ein Weg abzweigen.«

»Da ist aber nix«, sagte Ralf und zog ein langes Gesicht.

»Ja genau, da ist nix.«

Jochen hing mit dem halben Oberkörper aus dem Fenster und hielt nach der Rauchsäule Ausschau. Plötzlich rief er: »Dahinten kommt Martins neuer Freund von vorhin angeradelt. Ich glaube fast, der fährt uns hinterher.« Er zog sich wieder in den Mannschaftsraum zurück und feixte: »Kannst den ja mal fragen, ob er den Weg kennt.«

»Mmm. Gerade den werd ich fragen, den Arsch.«

»Na na na!«, rief unser DGL von vorne. »Ich muss doch sehr bitten, ja. Etwas mehr Contenance, du bist schließlich Beamter.«

»Und Arsch bleibt Arsch«, entgegnete ich bockig, worauf unserem DGL der Kragen platzte.

»So, mein Freund, und für diese Äußerung wirst du jetzt tatsächlich aussteigen und den Mann fragen.«

»Nee, ne?«

»Oh ja! Und jetzt raus mit dir.«

Die anderen grinsten schamlos. Besonders Jochen.

»Verräter«, zischte ich, als er mir, ohne mir in die Augen zu sehen, die Tür aufhielt.

Der Mann mit dem Fahrrad war inzwischen herangekommen, hatte aber einige Meter hinter unserem LF angehalten. Vorhin auf dem Waldweg hatte ich ihn nur ganz kurz von der Seite und dann nur noch von hinten gesehen. Jetzt, wo er nur wenige Meter von mir entfernt stand, erkannte ich, dass er wesentlich jünger war, als ich angenommen hatte. Eigentlich war er kein Mann, sondern fast noch ein Kind – ein verdammt langes Kind. Schlaksig und hoch gewachsen stand er, einen Fuß seitlich auf die Straße gestemmt, abwartend über seinem Fahrrad. Als er mich erkannte, zuckte er erschreckt zusammen. Dabei lief sein Gesicht rot an. Ob vor Scham oder vor Schreck, keine Ahnung, auf jeden Fall riss er seinen Lenker herum und wollte sich schon aus dem Staub machen, da rief ich ihm zu: »He Junge, warte doch mal! Ich will dir doch nichts!«

Er zögerte, und ich ging langsam ein paar Schritte näher.

»Tut mir echt leid wegen vorhin! Wirklich!«

Er lächelte verlegen.

»Hör mal. Vielleicht kannst du uns helfen.«

»Ja?«

»Kennst du dich hier aus?«

»Ein wenig. Wieso?«

»Wir suchen einen Weg, der hier irgendwo zwischen dem Bahngelände und der Straße abgehen soll. Kennst du den?«

»Ihr sucht bestimmt das Feuer, habe ich recht?«, grinste er frech.

»Und wenn? Was weißt du denn darüber?«

»Wer, ich?« Er zog eine empört unschuldige Miene. Als ich ihn daraufhin nur eindringlich ansah, stieß er hastig hervor: »Ey Mann, ich weiß nichts von einem Feuer. Wirklich. Ich schwöre!«

»Hab ich auch nicht behauptet. Und, was ist jetzt mit dem Weg, kennst du ihn?«

Jetzt tat er gelangweilt, zuckte mit den Schultern und streckte den Arm aus.

»In fünfzig Metern kommt 'ne breite Einfahrt. Sieht mehr aus wie 'ne Hofeinfahrt, ist es aber nicht.«

»Sondern?«

»Na da müsst ihr rein. Von da kommt man direkt zu den Bahngleisen.«

»Super, danke!«

Ich sprang zurück in den Mannschaftsraum und knallte die Tür hinter mir zu.

»Gib Gas, Ralf! In fünfzig Metern soll rechts eine Einfahrt kommen. Da musst du rein!«

»Hat der das gesagt?«

»Ja, hat er. Und jetzt fahr endlich!«

*

Das mit der Einfahrt stimmte, auch dass man von da direkt zu den Bahngleisen gelangen sollte. Vor dem Bahndamm war allerdings Schluss mit dem befestigten Weg. Ab dort gab es nur noch wildes Gelände, dadurch führte zwar ein Weg, aber der glich mehr einem breiten Trampelpfad. Außerdem standen hier mehrere hohe Bäume, die uns die Sicht in die Ferne versperrten.

»Und jetzt!?« Ralf stoppte erneut. »Sieht jemand von euch noch die Rauchsäule? Rechts oder links?«

»Sperr deine Augen auf, Mann, oder bist du blind!?«, rief Jochen, der schon wieder mit dem halben Oberkörper aus dem Fenster hing. »Nach links natürlich!«

So natürlich, wie er das fand, war es aber nicht, denn der Rauch war inzwischen viel weniger geworden, und das Wenige war wegen der hohen Bäume nur schwer auszumachen.

Der lange Junge mit dem Fahrrad flitzte an uns vorüber.

»Da lang! Ihr müsst da lang!«, brüllte er und trat wie wild in die Pedale.

»Na gut«, meinte Ralf trocken und gab wieder Gas. »Fahren wir eben da lang. Wenn der das sagt.«

Schneller als das jetzt uns vorauseilende Fahrrad zu fahren, wäre lebensgefährlich gewesen. Also zuckelten wir mit Tempo 20 über den unebenen, teils mit Gras bewachsenen, teils von Schotter bedeckten und mit Schlaglöchern »gepflasterten« Boden. Nachdem wir so etwa 200 Meter wie auf einem schwankenden Schiff hin und her geschuckelt worden waren, gab es tatsächlich wieder so etwas wie eine Straße. Das hieß, statt der vorherigen Grasflächen gab es jetzt nur noch Schotter und Schlaglöcher.

Unter unseren Rädern knirschten die Schottersteine.

Da ich mit dem Rücken zur Fahrtrichtung saß und selbst nichts sehen konnte, rief ich besorgt nach vorne: »Seht ihr den Jungen noch?«

»Nee! Dein Freund ist weg«, kam es von vorne zurück, wobei Ralf das *Dein Freund* auffällig betonte. »Der Typ ist wie vom Erdboden verschwunden. Wie der mit seinem Rad hier lebend durchgefahren sein will, ist mir ein Rätsel.«

»Mir auch«, stöhnte Piet laut. »Noch eine Minute länger, und ich muss kotzen.«

»Hast du doch eben schon«, kreischte Jochen vergnügt, worauf wir anderen in ein lautes Gelächter einstimmten. Offensichtlich hatten wir die schlimmen Eindrücke von vorhin doch schon wieder halbwegs verarbeitet, oder zumindest so weit verdrängt, dass wir bereits wieder unsere üblichen Scherze machten. Wobei, so fragte ich mich, ob Piets soeben gemachte Äußerung dafür nicht der falsche Anlass war?

*

Die Leitstelle meldete sich. »Frage Standort? Kommen.«

»Wir fahren parallel zwischen der Straße Am Landforst und den Bahngleisen auf einem unbefestigten Gelände in südlicher Richtung. Kommen.«

»Sehr gut. Haben Sie den Schrottplatz schon erreicht? Kommen.«

»Nein, einen Schrottplatz können wir bisher nicht sehen. Hier ist nur ein Schotterweg und wildes Gestrüpp. Kommen.«

»Ja, Sie sind da aber trotzdem richtig. Folgen Sie einfach dem Weg bis zu dem Schrottplatz, wo Sie die Polizei schon erwartet. Kommen.«

»Verstanden. Fahren weiter bis zu einem Schrottplatz.«

»Richtig verstanden. Leitstelle Ende.«

»Schrottplatz? Wo soll es denn hier 'nen Schrottplatz geben?«, fragte Ralf den DGL und rief: »Oder weiß einer von euch was von 'nem Schrottplatz?«

Wir schüttelten die Köpfe und sahen uns verwundert fragend an. Offensichtlich gab es in unserem Einzugsbereich immer noch Wege und Orte, die selbst unsere alten Hasen nicht kannten.

»Ich glaube, da vorne ist es!«, rief unser DGL etwas später. »Los, fahr da mal hin.«

Der sogenannte Schrottplatz schien mir mehr ein völlig verwahrlostes Gelände zu sein, auf dem mehrere Schuppen-ähnliche Gebäude ihrem allmählichen Verfall entgegenfristeten. Die sehr niedrigen Gebäude und das sich dazwischen auftürmende Gerümpel konnten wir aber auch nur sehen, weil wir in unserem hohen LF saßen. Ansonsten hätten wir den mehr als mannshohen, vor sich hin rostenden Wellblechzaun nicht überblicken können.

»Dahinter sieht es ja richtig idyllisch aus!«, feixte Jochen, der schon wieder halb aus dem Fenster hing. »Ich frage mich nur, wo es hier brennen soll. Also Qualm sehe ich jedenfalls keinen mehr.«

In der Tat, der Brandrauch, den wir eben, als wir durch die Hofeinfahrt auf die Gleise zufuhren, noch gesehen hatten, war verschwunden. Ein großes Feuer konnte es hier demnach wohl kaum gegeben haben.

Neben einem weit offen stehenden Tor stand ein Polizeifahrzeug mit laufenden Blaulichtern. Ralf stoppte.

»Soll ich da etwa reinfahren?«, fragte er skeptisch.

Unser DGL warf einen abschätzenden Blick auf den dahinter liegenden Bereich. Von hier bis zu dem Eingang des halb verfallenen Gebäudes betrug die Entfernung gute zwanzig Meter. Rechts und links davon türmten sich Berge aus rostendem Metallschrott auf. Dazwischen befand sich die Einfahrt, in die man besser nicht mehr hineinfahren sollte, da überall Glasscherben, Stacheldraht und kleinere Metallteile herumlagen. Keine guten Bedingungen für Autoreifen.

»Bleib hier draußen stehen«, entschied der DGL und befahl: »Angriffstrupp in Bereitstellung!«

»Wie? Angriffstrupp in Bereitstellung. Hier brennt doch nix mehr!«

Unser DGL zog verärgert die Stirn kraus und hatte sicher schon eine geharnischte Antwort auf den Lippen, da erschien im Hauseingang ein Polizist.

»Ah! Die Kollegen von der Feuerwehr!«, rief er spöttisch lachend. »Ist ja nett, dass ihr auch noch kommt! Das Feuer haben wir aber schon selbst gelöscht.«

Unser DGL konnte darüber allerdings überhaupt nicht lachen, und als er sah, dass sein Angriffstrupp immer noch unschlüssig neben den LF stand, riss ihm die Geduld.

»Was steht ihr da noch immer rum wie die Ölgötzen?! Habe ich mich etwa nicht klar genug ausgedrückt? Angriffstrupp in Bereitstellung!«

»Äh … ja…«, der Angriffstruppführer nickte in Richtung des Polizisten, »aber der da sagte doch…«

»Der da! Der da!«, schnaubte der DGL. »Bin ich hier euer Chef oder der da?!« Dabei zeigte er mit dem Daumen über seine Schulter und wedelte mit der anderen Hand vor seiner Stirn. Die Geste war eindeutig. Dann fixierte er mich und forderte mich auf, mit ihm zu kommen.

Während ich unserem DGL in das verfallene Gebäude folgte, der wiederum dem Polizisten hinterherging, entwickelte der Rest der Mannschaft, gemäß der Vorgabe *Angriffstrupp in Bereitstellung* eine rasante Geschäftigkeit. Und so dauerte es nicht einmal eine Minute, da hatten meine zurückgebliebenen Kollegen eine B-Leitung samt angeschlossenem Verteiler bis in die Nähe des Eingangs verlegt und dem Angriffstrupp, der mit Atemschutz und allem Pipapo ausgerüstet in Bereitschaft stand, eine aus drei C-Schläuchen bestehende Schlauchreserve in Buchten zurechtgelegt.

Ralf, unser Maschinist, hatte sich nach dem Donnerwetter des Chefs sofort hinter das Heck an seinen Pumpenbedienstand begeben und die Feuerlöschkreiselpumpe angeworfen. An die fest montierte abklappbare Leiter, die auf das Dach des LF führte, hatte er sein eingeschaltetes Handsprechfunkgerät gehängt.

»Ralf! Hörst du mich?!«, quäkte es aus dem Lautsprecher.

»Ja, was gibt's?«, meldete er sich.

»Wir brauchen hier Licht. Legt uns mal 'ne Leitung und schick mir zwei Männer mit dem Stativ und 'ner Scheinwerferbrücke.«

»Mir einem oder mit zwei Scheinwerfern?«

»Besser zwei.«

»Geht klar, Chef!«

*

In dem Gebäude war es, obwohl es helllichter Tag war, stockdunkel. Das lag daran, dass hier jemand sämtliche Fenster mit Brettern zugenagelt hatte. Das einzige Licht, das diese ekelig nach verbranntem Kunststoff stinkende Bude ein wenig erhellte, fiel durch die geöffnete Tür herein.

»Was ist, gibt es hier kein Licht?«, fragte der DGL den vorausgehenden Polizisten. Der hatte seine Taschenlampe eingeschaltet.

»Kein Strom«, erklärte er, woraufhin wir ebenfalls unsere Taschenlampen einschalteten. Mein Lichtkegel fiel auf einen schmuddeligen Tisch und drei alte Holzstühle. Auf dem Tisch lagen vergammelte Essensreste zwischen Batterien leerer und halb angetrunkener Bierflaschen. Dahinter deckenhoch undefinierbares Gerümpel.

»Boahhh, was für ein Loch!«

»Das ist noch gar nichts«, sagte der Polizist. »Gleich kommt's noch schlimmer.«

Er führte uns in einen zweiten Raum, der mindestens ebenso verdreckt und vollgestopft war wie der erste. Unzählige Schmeißfliegen erfüllten die Luft mit ihrem Brummen. Der typische Gestank von Verwesung stach mir in die Nase, einer, den man, wenn man ihn einmal gerochen hat, nicht mehr so leicht vergisst. Und hier war er so penetrant, dass er sogar den des verbrannten Kunststoffs noch übertraf. Ich atmete nur noch durch den geöffneten Mund und ahnte schon, was jetzt kommen würde.

»Hier, leuchtet mal da hin«, forderte uns der Polizist auf.

Der Schein seiner Taschenlampe fiel auf ein am Boden liegendes blutverschmiertes Matratzenlager, bei dessen Anblick sich mir der Magen umdrehte.

»Sieht nicht gerade appetitlich aus, was?«

Nein, ein Mann, dem man beide Hände abgehackt hatte und in dessen faulendem und aufgeplatztem Leichnam sich bereits die fettesten Maden tummelten, sah weiß Gott nicht appetitlich aus!

Mein DGL atmete genau wie ich nur noch durch den geöffneten Mund, dann leuchtete er dem Polizisten direkt ins Gesicht.

»Deswegen habt ihr uns aber nicht gerufen, oder?«

»Nein, natürlich nicht. Eure Baustelle befindet sich draußen. Kommt mit.«

Mann, war ich froh, als wir diesen fürchterlichen Raum verließen, um über einen weiteren endlich nach draußen ins Freie zu gelangen. Dort stank es zwar auch gewaltig, aber wenigstens nicht mehr nach menschlicher Verwesung. Der Grund dieses Gestanks war ein Haufen Kupferkabel, die man in Brand gesteckt hatte, um deren Ummantelung abzubrennen. Neben dem Haufen, der jetzt nur noch kokelte, stand ein zweiter Polizist. In der Hand hielt er einen Gartenschlauch, aus dem aber jetzt kein Wasser mehr floss.

»Günter, die Feuerwehr ist da«, stellte der erste uns seinem Kollegen vor.

»Jetzt schon?«, sagte der mit dem Gartenschlauch süffisant. »Tja Jungs, ihr kommt leider ein wenig zu spät. Wie ihr seht, habe ich das Feuer bereits für euch gelöscht. Ich hoffe, ihr seid mir deshalb nicht böse?«

»Mach dir darum keine Gedanken, *Kollege*«, antwortete mein DGL schlagfertig. »Wenn wir den Mord da drin aufgeklärt haben, bekommst du nachher dafür von meinem Assistenten«, er zeigte auf mich, »auch ein Fleißkärtchen. Nein, aber jetzt mal im Ernst. Was genau ist hier eigentlich los?«

»Könnt ihr euch das nicht denken?«

273

»Klar können wir das, aber man möchte ja doch … du verstehst?«

»Ja, pass auf.« Der zweite Polizist legte den Gartenschlauch auf den Boden. »Wir sind genau wie ihr wegen der Rauchentwicklung alarmiert worden.«

»Und der Tote da drin?«

»Jaaa, der hatte uns dann allerdings auch überrascht. Wir gehen davon aus, dass es der Schrotthändler ist, dem die Bude und der Platz hier gehören. Unsere Kollegen hatten schon lange den Verdacht, dass der Kerl Kupfer klaut oder zumindest mit geklautem Kupfer handelt. Einige Leute, die drüben auf der anderen Seite der Bahn leben, hatten schon öfter angerufen und sich über eine starke Rauchbelästigung beschwert. Wahrscheinlich hatte der immer nur nachts die Ummantelungen von dem Kupfer abgebrannt, damit niemand den Qualm sieht.«

»Und wieso wissen wir davon nichts?«

»Von welcher Wache kommt ihr denn?«

»Wache 6, Frankfurter Straße.«

»Ah, die in Garath. Na, dann könnt ihr das ja auch nicht wissen. Für den Stadtteil sind nämlich eure Kollegen von Wache 7 zuständig.«

»Du scheinst dich ja gut auszukennen. Trotzdem frage ich mich, wieso man nie die Feuerwehr alarmiert hat.«

»Keine Ahnung, das kann ich dir auch nicht sagen.« Der Polizist schüttelte den Kopf.

»Und, was habt ihr wegen der Anrufer unternommen?«

»Tja, wir haben das Gelände am nächsten Tag natürlich kontrolliert, haben aber nie was Auffälliges feststellen können.«

»Am nächsten Tag!«, lachte mein DGL laut auf. »Das ist doch klar, dass ihr dann nix mehr gefunden habt. Der Typ wird wohl kaum so blöd gewesen sein, das Kupfer, das er in der Nacht abgebrannt hat, am Tag hier offen herumliegen zu lassen.«

»Heute war er jedenfalls blöd genug dazu«, stellte der Polizist lakonisch fest.

»Von wegen heute«, warf ich ein. »Der Tote da drin liegt da mindestens schon seit einer Woche.«

»Kann sein«, sagte jetzt der andere Polizist. »Auf jeden Fall vermuten wir, dass er mit seinen Lieferanten in Streit geraten ist, die dann das Kupfer hier abgebrannt haben.«

»Am Tag.«

»Weil die eben blöd waren.«

»Und ihr seid natürlich mit Tatütata hier angerauscht. Und die sind dann natürlich stritzen gegangen. Stimmt's?«

»Und ihr seid so langsam hierhergeschlichen, weil ihr in Wirklichkeit Hasenfüße seid und Angst vor Feuer habt. Stimmt's?«

»Aha, die Herren scheinen sich ja prächtig zu amüsieren. Stimmt's?«

Huch, wer war das denn? Hinter dem Sprecher, einem Mann in Zivil, traten noch weitere aus der Tür.

»Berger, Mordkommission«, stellte sich der vordere vor. »Und das ist Hauptkommissar Lohmann von der Soko Kupfer und Frau Dr. Glinn von der Rechtsmedizin. Und wer sind Sie?«

*

Der Tote war tatsächlich der Besitzer des Schrottplatzes. In seinen Unterlagen fand die Polizei genügend Beweise, die ausgereicht hätten, ihn als Kupferdieb und Hehler für mehrere Jahre hinter Schloss und Riegel zu bringen. Durch seinen gewaltsamen Tod, von dem ich nicht weiß, ob er jemals aufgeklärt wurde, hatte er sich quasi dieser Haft entzogen.

In einem Verschlag entdeckte die Polizei später auch noch eine nagelneue Kabelschälmaschine, mit der man Hunderte von Metern Kabel in kürzester Zeit von ihrer Kunststoffummantelung befreien konnte.

»Offensichtlich hatte der ›gute‹ Mann geplant, noch größer in das Geschäft mit dem geklauten Kupfer einzusteigen«, erzählte uns einer der Polizisten und erklärte: »Bei einem Kupferpreis von momentan 2.386,44 Euro pro Tonne* ist das für Kriminelle eine riesige Versuchung und ein recht lukratives Geschäft.«

»Das hieße in diesem Fall, dass ein Menschenleben unter Kupferdieben gerade mal 2.386,44 Euro wert ist?«

»Kann man so sehen«, sagte der Polizist nachdenklich. »Zumindest auf den armen Kerl hier könnte das zutreffen. Aber auf unser Leben garantiert nicht.«

»Und wieso haben die Täter dem Mann beide Hände abgehackt? Die hätten ihn doch auch einfach nur erschießen können.«

»Tja, das kann ich dir auch nicht sagen. Müssen die Ermittlungen ergeben. Auf jeden Fall hat der sich verdammt billig verkauft.«

»Oder verdammt teuer.«

---

* Anmerkung des Autors: Als ich diese Einsatzgeschichte Anfang Oktober 2016 schrieb, kostete eine Tonne reines Kupfer schon 4.255,59 Euro, und die Anzahl der Kupferdiebstähle ist seither ebenfalls ständig gestiegen.

VON WEGEN S-BAHN-SURFER!

Es war Sonntagabend kurz nach 21 Uhr. Der Einsatz bei dem illegalen Schrotthändler war uns noch gut im Gedächtnis, da bekamen wir schon wieder einen Einsatz zu dieser Bahnstrecke. Angeblich ein Stromunfall mit S-Bahn-Surfern. Ich hatte es mir mit
mehreren meiner Kollegen in unserem Aufenthaltsraum gemütlich
gemacht, wo wir uns einen *Tatort* ansahen, da riss uns der Vierfachgong unliebsam aus den Sesseln.

»So ein Mist!«, fluchte Hotte, als wir aus dem Aufenthaltsraum
zu den Rutschstangen rannten. »Immer dann, wenn es gerade spannend wird!«

»Dann musste eben Rosamunde Pilcher gucken! Die ist nicht so
spannend«, rief Piet lachend und düste in die Tiefe.

»Nein, tu das bloß nicht!«, betonte Jochen, der Sekunden später
zwischen Hotte und mir in der Fahrzeughalle vor unserem Kleiderständer stand und seine Überhose hochzog. »Wenn *du* das siehst,
muss du nur ständig heulen!«

»Idiot!«

*

»Schon komisch«, sinnierte Piet, als wir uns mit eingeschalteten
Blaulichtern und heulendem Martinshorn der Einfahrt näherten,
die wir letztens nur mithilfe dieses langen, Rad fahrenden Jungen
gefunden hatten. »Stimmt«, nickte Jochen, »aber wisst ihr, was ich
auch seltsam finde?«

»Was?«

»Na, dieser Junge, dieser lange Lulatsch. Zuerst radelte der doch
ständig hinter uns her …«

»Ja, und dann hat er uns, da vorne war das, glaube ich, sogar überholt!«

»Genau. Und danach war er wie vom Erdboden verschwunden.«

»Und was findest du daran so seltsam?«, fragte ich mit gelangweiltem Tonfall.

»Na, hör mal!«, entrüstete sich Piet. »Wenn das nicht seltsam ist. Und übrigens war das ja auch dein Freund.«

»Mein Freund, mein Freund. Was redest du denn da für 'n Quatsch? Ich kannte den doch gar nicht.«

»Na, immerhin kanntest du seinen Namen.«

»Ich!? Seinen Namen? Wie kommst du denn darauf?«

»Hast ihn ja selber genannt.«

»Wie selber genannt. Du fantasierst wohl. Und wie bitte schön soll ich ihn denn genannt haben?«

»Na, Arschloch!«, prustete Piet lachend hervor.

»Genau!«, bekräftigte jetzt auch noch Ralf lauthals von vorne. »Wir wissen nur noch nicht, ob Arschloch sein Vorname oder sein Familienname ist!«

»Habt ihr's bald?«, mischte sich unser DGL ein. »Wenn ich es nicht besser wüsste, könnte ich fast annehmen, ich fahre hier nicht mit erwachsenen Männern, sondern mit einem Stall voller kleiner Kinder.«

*

Frank Müller, der sich gerne Frank Miller nannte, das klang amerikanischer, war zwar noch keine 18, konnte aber schon eine beachtliche kriminelle Karriere aufweisen. Vom mehrfachen Ladendiebstahl über diverse Handtaschenraube an alleinstehenden älteren Damen hatte er sich zu einem im Viertel gefürchteten Schläger entwickelt. Einige aufgebrochene Autos gingen ebenfalls auf sein Konto, aber davon wusste die Staatsanwaltschaft nichts. Der Polizei war der ihrer Meinung nach nicht resozialisierbare Jugendliche hinlänglich bekannt, und einige Beamte frustete es gewaltig, dass der Bursche immer wieder an milde Richter geriet, die gegen ihn lediglich Bewährungsstrafen verhängten. Vor Gericht spielte Frank Müller jedes Mal überaus glaubhaft den reuigen Sünder, der Besserung gelobte. Insgeheim lachte er sich jedoch über die, wie er meinte, bekloppten Richter kaputt, und kaum aus dem Gerichtssaal, plante er schon wieder seinen nächsten Coup. Momentan hatte er sich auf den Diebstahl von Kupfer spezialisiert. Egal ob Dachrinnen, Kabel oder was auch immer – Frank ließ alles mitgehen, Hauptsache, es war aus Kupfer. Er scheute sich nicht einmal davor, Blumenvasen und Bronzeskulpturen von Friedhöfen zu rauben. Ärgerlich für ihn war nur, dass sein Hehler, der sein Lager gut versteckt hinter der S-Bahn gehabt hatte, letzte Woche tot aufgefunden worden war. Angeblich, so stand es zumindest in der Zeitung, soll jemand dem illegalen Schrotthändler sogar seine Hände abgehackt haben. Scheiß drauf, sagte sich Frank, der alte Halsabschneider hatte es eh nicht anders verdient. Die Frage war nur, an wen konnte er jetzt seine Beute verticken? Darüber hinaus beschäftigte ihn auch noch eine andere Frage, und die betraf den Typen, der mit ihm das neue Ding drehen sollte. Bisher hatte er nämlich immer alles ohne einen Mittäter gemacht. Alleine, so fand er, war in mehrerlei Hinsicht besser. Zum einen musste man seine Beute nicht teilen, und zum anderen gab es niemanden, der ihn, wenn was schiefging, verpfeifen konnte. Aber das, was er jetzt vorhatte, ging nicht alleine, dafür brauchte er auf jeden Fall einen zweiten Mann. Einen richtigen Mann hatte Frank zwar nicht gefunden, wollte er aber auch nicht, denn Erwachsene ließen sich nicht gerne von Jugendlichen herumkommandieren. Nein, was er brauchte, war jemand in seinem Alter oder besser noch jünger. Jüngere konnte man leichter unter Druck setzen und, wenn es ihm in den Kram passte, auch besser bescheißen. Seine erste Wahl wäre ja sein Namensvetter, der Frank Vorderbeck gewesen, aber der saß seit einem Monat in der Jugendhaftanstalt. Der Idiot, lachte Frank in sich hinein, hat der sich doch tatsächlich von so 'ner alten Oma leimen lassen. Als der bei ihr diesen bescheuerten Enkeltrick versucht hatte und vor deren Wohnung aufgetaucht war, um das Geld abzuholen, hatten ihn die Bullen in Empfang genommen. Der andere, den er hätte fragen können, wäre Wolle gewesen. Wolle hatte auch schon einige Dinger gedreht, nur schwatzte der ihm einfach etwas zu viel. Somit blieb eigentlich nur noch der lange Bernie übrig. Der war zwar erst 14, hatte aber zumindest schon einige Ladendiebstähle begangen und vor einem halben Jahr sogar ein Moped geklaut, das er dann an diesen Schrotthändler vertickt hatte. Frank lachte auf. Garantiert hatte der alte Scheißkerl den unerfahrenen Bernie damals übers Ohr gehauen. Na ja, der lange Bernie war schon immer etwas Banane im Kopf, aber sonst … Frank wusste nur nicht, wo der Kerl wohnte. Er wusste nur, dass er hier in der Gegend ständig mit seinem Fahrrad herumfuhr. Mit seinen 1,90 Meter war er jedenfalls nicht zu übersehen. Frank musste einfach nur die Augen aufhalten.

*

Wir waren nicht die Einzigen, die mit laufenden Blaulichtern und heulendem Martinshorn zu dieser Einsatzstelle fuhren. Nur wenige Meter hinter uns folgte der C-Dienst, der ebenfalls seine Sondersignale eingeschaltet hatte. Meistens ist es eher umgekehrt, dann fahren wir hinter dem C-Dienstfahrzeug, aber in diesem Fall kannten wir den Weg, und der, das war uns vom letzten Einsatz noch allzu deutlich im Gedächtnis, war verdammt schwer zu finden gewesen. Neben diesen beiden Fahrzeugen hatte die Leitstelle von der benachbarten Feuerwache 7 einen RTW und von Feuerwache 1 den Notarzt alarmiert. Dass die RTW-Besatzung von Wache 7 sich hier auskannte, davon durften wir ausgehen, schließlich lag die Einsatzstelle in ihrem Revier. Bei dem Notarzt, der von Feuerwache 1 aus der Innenstadt von der Hüttenstraße kam, sah das anders aus. Der C-Dienst hatte daher, kurz bevor wir in diese Hofeinfahrt einbogen, unseren DGL über Funk angewiesen, einen Mann hier zurückzulassen, der die nachfolgenden Kollegen einweisen sollte.

»Meinst du wirklich, das ist nötig?«, hatte unser DGL daraufhin geantwortet. »Schließlich haben wir denen doch genau gesagt, dass sie hier einbiegen müssen?«

»Tu's trotzdem. Zumindest für den NAW. Ich will nicht riskieren, dass die nachher doch noch die gleichen Probleme bekommen wie ihr letztens.«

»Na gut«, antwortete unser DGL, und wir konnten hören, wie schwer ihm die Entscheidung fiel. »Ich lasse also einen für den NAW zurück. Aber gib denen Bescheid, dass mein Mann hier auf sie wartet. Nicht, dass die den stehen lassen.«

»Geht klar«, kam es zurück.

»Halt da vorne kurz an, Ralf. Martin, du steigst aus!«

Scheiße! Wieso denn ich? Aber es hatte keinen Sinn zu diskutieren. Befehl war Befehl.

*

Frank hatte den langen Bernie nur durch einen blöden Zufall gefunden, einen, bei dem ihn Bernie mit seinem Rad beinahe über den Haufen gefahren hätte. Das war mit ein Grund dafür, dass Bernie den Vorschlag, den Frank ihm gemacht hatte, nicht ablehnte. Hauptausschlaggebend war allerdings, dass man Frank gegenüber besser überhaupt nie Nein sagte, selbst wenn man wie er gerade die Hosen gestrichen voll hatte. Auf die abgestellten Güterwaggons hinter der Bahnstrecke zu klettern und mit einem Bolzenschneider die Oberleitung zu kappen, um das darin befindliche Kupfer verhökern zu können, war das nicht saugefährlich?

»Und wenn da noch Strom drin ist?«, wandte Bernie ängstlich ein.

»Quatsch! Das ist doch 'n Abstellgleis. Wieso sollte da nachts Strom drauf sein?«

»Und wenn doch? Ich hab mal gelesen, dass zwei Jungs auf so 'nen Waggon geklettert sind, und die waren danach tot.«

»Boah! Bernie, du langweilst. Das waren S-Bahn-Surfer. Bekloppte, die bei der ersten Unterführung vom Dach geflogen sind.«

»Echt?«

»Ja klar, echt. Oder denkst du, ich erzähl dir hier irgend so 'n Scheiß?! Also was ist jetzt, Mann, bist du dabei?«

Bernie war dabei, und nicht nur das. Er sollte sogar das volle Risiko tragen und quasi für Frank die »Kastanien aus dem Feuer holen«.

*

Es war nach 20:15 Uhr, als die beiden mit fortschreitender Dunkelheit, einen Handkarren ziehend, sich dem toten Gleisstück mit den abgestellten Waggons näherten. Frank hatte die Zeit bewusst so gewählt, weil die meisten da schon vor der Glotze saßen. Nach der *Tagesschau* würden die meisten bestimmt noch den Krimi gucken. Sie hätten also genügend Zeit, bis die Ersten mit ihren verschissenen Kötern wieder Gassi gingen und dabei möglicherweise bei ihnen vorbeikämen.

»Sollen wir nicht doch lieber später gehen?«, hatte Bernie zögerlich vorgeschlagen. »So nach elf, dann kommt bestimmt keiner mehr mit seinem Hund.«

»Ja klar, du Hirni. Damit die von der Straße unsere Taschenlampen sehen und noch die Polizei anrufen. Vergiss es! Wir machen das so, wie ich gesagt hab, und nicht anders.«

Bernie hatte danach nichts mehr gesagt, und jetzt, wo sie die Waggons fast erreicht hatten, waren Frank selbst Bedenken gekommen.

Wenn der lange Bernie doch recht hatte und da doch noch Strom auf der Leitung war? Frank beschloss, besser nicht selbst auf das Dach zu klettern, und drückte dem armen Bernie den Bolzenschneider in die Hand, den er tags zuvor erst in einem Baumarkt geklaut hatte.

*

Seit meine Kollegen mit dem LF weitergefahren waren und mich unser DGL hier zurückgelassen hatte, war nicht einmal eine halbe Minuten vergangen, da hörte ich das Martinshorn eines Einsatzfahrzeugs. Bestimmt der RTW von Feuerwache 7, dachte ich und schaltete meinen Handscheinwerfer ein. Dazu stellte ich mich so an den Straßenrand, dass ich nicht zu übersehen war. Das Martinshorn kam näher. Schon sah ich die blitzenden Blaulichter und schwenkte den Handscheinwerfer. Aber dann stoppte nicht der RTW, sondern ein Einsatzfahrzeug der Polizei neben mir. Die Seitenscheibe summte hinunter, und eine tiefe Stimme fuhr mich in vorwurfsvollem Ton an: »Hör mal, du komischer Vogel! Was bist du denn für einer?! Uns hier mit 'nem Scheinwerfer zu blenden!« Dann erst erkannte er in mir den Feuerwehrmann und lenkte entschuldigend ein: »Oh! Sorry. Hab dich im ersten Moment nicht erkannt. Wieso stehst du überhaupt hier? Etwa wegen des Unfalls dahinten an der Bahn?«

»Ja«, nickte ich. »Ich warte hier nur noch auf unseren Notarzt. Meine Kollegen sind schon weitergefahren.«

Der Polizist hinter dem Lenkrad beugte sich daraufhin zu seinem Kollegen hinüber und meinte sarkastisch: »Deinen Notarzt kannst du getrost vergessen! Wenn das stimmt, was man uns gesagt hat, wartest du hier besser auf den Leichenwagen.«

»Und was hat man euch gesagt?«

»Tut mir leid. Keine Zeit. Wir müssen weiter«, rief er und gab Gas. Mit quietschenden Reifen fuhr der Wagen los.

»Aber wir sehen uns ja gleich wieder!«, rief der andere mir noch aus dem geöffneten Fenster zu.

Die beiden waren nicht einmal eine Minute verschwunden, da hörte ich das Martinshorn eines weiteren Einsatzfahrzeugs näher kommen. Zu meiner Verwunderung war auch das nicht der RTW von Wache 7, sondern der NAW von Feuerwache 1.

»Boahhh! Wie habt ihr das denn geschafft? Seid ihr geflogen oder wie?«

»Ja Junge, wir von der Hauptwache waren schon immer was schneller als ihr hier draußen in der Diaspora«, lachte der Teamführer, den ich gut kannte, da ich ihn selbst ausgebildet hatte. Er hielt mir die Tür auf. »Los, komm rein, Martin.«

»Und wo bitte schön soll ich sitzen?«

»Kalle. Ab nach hinten zum Doc.«

»Was ist?«, rief der Notarzt. »Wieso halten wir hier? Sind wir etwa schon da?«

»Nein, noch nicht, Doktor. Hier kommt nur der Lotse an Bord.«

*

»Sind Sie der Mann, der uns angerufen hat?«, fragte der C-Dienst.

Der Mann, dessen Hund an der Leine zerrte, nickte.

»Ja, ich habe angerufen, aber nicht bei der Feuerwehr, sondern bei der Polizei. War das etwa verkehrt?«

»Nein, natürlich nicht. Sie haben alles richtig gemacht«, versuchte der C-Dienst, den völlig aufgelösten Mann zu beruhigen. »Und jetzt erzählen Sie mir doch bitte einmal, was genau Sie vorhin gesehen haben.«

»Ja also, da waren diese beiden Männer.«

»Sie meinen diese Jungen.«

»Ja ja, die Jungen. Aber dass es sich dabei um Jungen handelte, konnte ich nicht erkennen. Ich war ja noch so weit weg.«

»Verstehe. Und dann?«

»Na, dann sah ich, wie der eine, so ein ganz Langer, auf den Waggon da kletterte.« Der Mann streckte den Arm aus.

»Und der andere, was machte der andere?«

»Der stand einfach nur unten.«

»Hmm«, brummte der C-Dienst nachdenklich. »Der ist nicht auch noch auf den Waggon geklettert? Da sind Sie sich ganz sicher?«

»Ja, da bin ich mir ganz sicher«, bekräftigte der Mann seine Aussage, wobei er die ganze Zeit wie gebannt zu dem Gleis schaute, wo meine Kollegen mit Erdungsstangen die Einsatzstelle sicherten. »Aber Moment …«, sagte er plötzlich. »jetzt, wo Sie mich so fragen, fällt mir ein, dass der Zweite sich mit der Hand an der … na an dieser Leiter da festgehalten hatte.«

»Sie meinen die Metallleiter, die auf das Dach des Waggons führt?«

»Ja genau die. Aber dann gab es ja auch schon diesen lauten Knall und diesen grellen Lichtblitz, bei dem sich mein Hund fast von der Leine gerissen hätte.«

»Und danach haben Sie sofort angerufen, oder?«

»Genau. Und dann sind wir da hingelaufen, mein Hund und ich.« Der Hund zerrte immer noch an der Leine.

»Racker, aus! Bei Fuß! Sitz!«

Nachdem er vergeblich seinen Hund zur Ruhe ermahnt hatte, sah er unseren C-Dienst mit kreidebleichem Gesicht an. »So etwas Grauenvolles habe ich noch nie gesehen. Der Lange, also der vom Dach geschleudert worden war, der brannte wie eine Fackel. Und der andere rührte sich auch nicht mehr.«

»Sie haben die beiden aber nicht angefasst, oder?«

»Um Gottes willen, nein!«, wehrte der Mann ab. »Ich hatte ja schon genug damit zu tun, meinen Racker von den fernzuhalten. Sehen Sie nur, der ist immer noch ganz durcheinander. Aus, Racker! Aus!«

*

»Alter Schwede«, klagte der Fahrer, nachdem der Vorderreifen seines NAW zum wiederholten Male in ein tiefes Schlagloch krachte. »Das ist ja wirklich ein beschissener Weg.«

»Hab ich dir doch gesagt. Fahr lieber etwas langsamer, denn gleich wird das noch schlimmer.«

*

Wir hatten soeben den Schrottplatz erreicht.

»Boahhh, Mann, hoffentlich ist diese irre Schaukelei hier bald zu Ende. Wie weit noch, Martin?«

»Keine Ahnung. Beim letzten Einsatz mussten wir ja nur bis zu dem Schrottplatz fahren.«

Endlich sahen wir in der Dunkelheit Blaulichter zwischen den Bäumen aufblitzen.

»Da, da vorne ist es!«

»Doc! Lebst du noch?«, rief der Teamführer nach hinten.

Keine Antwort.

*

Die Einsatzstelle wurde von unseren Scheinwerfern ausgeleuchtet. Inzwischen waren noch weitere Fahrzeuge eingetroffen, darunter auch ein Spezialfahrzeug der Deutschen Bahn, welches speziell für Reparaturarbeiten bei Schäden im Bereich der Oberleitung zuständig war. Über den beiden Leichen hatten die ebenfalls anwesenden Kriminaltechniker jetzt ein Zelt errichtet. Zuvor hatte sich der Notarzt die am Boden liegenden Körper angesehen und offiziell für tot erklärt – eine Feststellung, die, so grauenvoll wie die beiden aussahen, jeder Laie ebenfalls hätte machen können.

Ich stand mit dem Teamführer und zwei anderen Kollegen hinter ihm und starrte entsetzt auf die beiden Toten. Beide waren fürchterlich verbrannt, wobei der eine, es musste der sein, der auf das Dach geklettert und vom Lichtbogen getroffen wieder hinabgeschleudert worden war, auf fast die Hälfte seiner ursprünglichen Körpergröße zusammengeschrumpft war. Während wir immer noch auf die beiden grausam entstellten Leichen hinabschauten, erschienen die zwei Polizisten, die vorhin neben mir auf der Straße angehalten hatten.

»Ach du je!« rief der eine entsetzt. »Der rechte da, dessen Gesicht man noch so halbwegs erkennen kann, ist das nicht der lange Bernie, der Junge mit dem Fahrrad?«

»Tatsächlich«, sagte der andere erstaunt nachdem er noch einmal genauer hingesehen hatte.

Mir kam ein fürchterlicher Verdacht. »Seid ihr sicher?« fragte ich schockiert und biss ich mir auf die Unterlippe.

»Wieso? Kennst du den?«

»Na ja, nicht wirklich«, sagte ich und wollte schon erklären, wie und wann wir uns begegnet waren, da schob mich jemand zur Seite.

»So, genug geschaut, Männer. Jetzt macht mal Platz und lasst uns da ran.«

Ich drehte mich um und sah mich einem Mann im weißen Overall gegenüber. »Also?«

Wir traten zur Seite. Der Pathologe warf nur einen kurzen Blick auf die Leichen, dann sah er mich an und meinte: »So sieht man aus, wenn man sich mit 15 kV anlegt. Jetzt darfst du den langen Bernie also ab sofort den kurzen Bernie nennen. So und jetzt Abmarsch, wir müssen hier arbeiten.«

»Ziemlich respektlos, euer Kollege«, sagte ich zu den Polizisten, die sich danach mit uns entfernten.

»Ach, weißt du«, entgegnete mir der eine, »wenn du das alles sehen müsstest, was der zu sehen bekommt …«

»… und später auch noch obduzieren muss«, fiel ihm der andere ins Wort, »dann«, ergänzte wiederum der Erste, »würdest du wahrscheinlich auch so reden.«

Würde ich nicht, dachte ich. Und wenn der wüsste, was wir Feuerwehrmänner so alles mitansehen müssen … Aber ich sagte nichts. Mein Bedarf an Grausamkeiten war wieder einmal mehr als gedeckt!

RAUCHEN KANN TÖDLICH SEIN!

Am 1. Oktober 2003 trat ein EU-Gesetz in Kraft, welches die Zigarettenindustrie verpflichtete, den Spruch *Rauchen kann tödlich sein* auf jede ihrer Packungen zu drucken.

Ob der fromme Wunsch der Politiker, Menschen – vornehmlich Jugendliche – damit vom Rauchen abzubringen, tatsächlich den erwünschten Erfolg gebracht hat, möchte ich bezweifeln. Politiker seien, so sagen zumindest viele, die ich kenne, in dieser und noch anderer Hinsicht viel zu blauäugig. Und von den heutigen Schockfotos weiß ich, dass einige rauchende Jugendliche die Bildchen sogar schon sammeln und untereinander tauschen. Krass! Früher, als ich in deren Alter war, hatte man Panini-Bildchen von Fußballspielern gesammelt. Zugegeben, ich selbst hatte nie Panini-Bildchen gesammelt, aber ich hatte auch nie geraucht. Abgesehen von den heimlichen Zigaretten auf dem Spitzboden über der Garage des Vaters eines befreundeten Spielkameraden, hatte die Zigarettenindustrie an mir also keine müde Mark verdienen können. Ja, gut, da gab es auch noch diese Weihnachtszigarren, die wir an Heiligabend auf der Feuerwache gepafft hatten, und ich besitze sogar eine Pfeife und ein Feuerzeug. Nein, keine St.-Martins-Pfeife aus Ton, wie sie in Weckmänner eingebacken sind, sondern eine richtige. Das Ding liegt heute noch ungenutzt in meiner Schreibtischschublade, genau wie das Feuerzeug. Übrigens ein echtes Zippo, das ich zeitweise mit mir herumgeschleppt hatte. Wenn mich dann jemand gefragt hatte, wozu *ich* denn ein Feuerzeug bräuchte, hatte ich gerne geantwortet, um bei Waldbrand ein Gegenfeuer legen zu können. Die ungläubigen Blicke, die ich danach oft zu sehen bekam, hätten Sie mal sehen sollen.

Aber vermutlich wird Sie all das nicht sonderlich interessieren, und ich will Sie auch nicht länger mit meinen alten Kindheitserinnerungen langweilen. Kommen wir also zum Kern der Sache. Nur eins noch: Da Sie dieses Buch bis hierher tapfer durchgelesen haben, möchte ich unbedingt noch einmal darauf hinweisen, dass meine Tage bei der Feuerwehr natürlich nicht nur von Einsätzen mit Tod und Teufel geprägt waren. Zwischen all diesen schlimmen Erlebnissen gab es auch zahllose Einsätze der harmloseren Art. Gut, es gab auch solche, die weniger schön und nicht selten auch gefährlich waren, aber wie gesagt, nicht immer und ausschließlich endeten sie tödlich. Für den Unternehmer Friedhelm Kranenbacher, von dem ich nun berichten werde, allerdings schon.

*

Friedhelm, Gründer und Hauptanteilseigner der Im- und Export-Spedition Kranenbacher & Söhne, feierte heute seinen 75. Geburtstag. Das heißt, seine Familie feierte seinen 75. Geburtstag. Er selbst wollte von dem ganzen Rummel nichts wissen, da er seit fast einen Jahr sein Bett nur noch für wenige Stunden im Rollstuhl verlassen konnte, und das auch nur mit Hilfestellung. Kranenbacher war zeit seines Lebens ein starker Raucher gewesen. Vierzig Zigaretten am Tag waren für ihn Normalität, bis ihn ein sich rasant entwickelndes Lungenemphysem an dieses verfluchte Bett gefesselt hatte. Inzwischen hatte er neben dem Bett ein Sauerstoffgerät stehen. Und wenn ihn einer seiner beiden Söhne im Rollstuhl durch den hauseigenen Park schob, so musste immer ein kleineres tragbares Sauerstoffgerät mitgenommen werden. Ohne zusätzlich inhalierten Sauerstoff ging bei Friedhelm Kranenbacher gar nichts mehr. Allerdings kam es nur äußerst selten vor, dass sich einer seiner Söhne die Zeit nahm, den Vater durch den Park zu schieben. Für solche und alle anderen Dienstleistungen hatte seine vermögende Familie ja schließlich eine private Pflegekraft eingestellt. Trotz des inhalierten Sauerstoffs überkamen den ehemals stattlichen und jetzt ausgemergelten und abgezehrten Kranenbacher ständig krampfartige Hustenanfälle.

Die Zeitabstände, in denen sie auftraten, wurden immer kürzer, und bei manchen glaubte er sich dem Erstickungstod näher als dem Leben. Aber was für ein Leben war das? Unten feierte seine Familie ausgelassen seinen Geburtstag, schlug sich den Wanst mit sündhaft teuren Leckereien voll und trank ihm seinen guten Wein weg. Und er? Er lag hier oben und verreckte langsam und qualvoll. »Scheiß Leben!«, fluchte Kranenbacher und hustete. Nicht einmal mehr rauchen ließen sie ihn! Dabei hätte er jetzt nichts lieber als eine Zigarette. Plötzlich öffnete sich die Tür, und sein Enkel Moritz stahl sich ins Zimmer.

»Hallo Opa«, flüsterte er, »bist du wach, oder schläfst du wieder?«

»Natürlich bin ich wach, mein Kleiner. Komm her.«

Moritz war sein Lieblingsenkel, weil er der Einzige war, der ihn trotz seiner Krankheit immer noch besuchte. Die anderen hätten angeblich Angst, hier hoch zu kommen, weil sie sich vor dem Sauerstoffgerät fürchteten. Aber das war natürlich Quatsch, glaubte Kranenbacher zu wissen. Wieso sollten sich seine Enkel auch vor einer blöden Sauerstoffflasche fürchten? Nein, es waren ihre Eltern, seine eigenen Söhne und Schwiegertöchter, die nicht wollten, dass ihre Kinder ihn hier so liegen sehen sollten. *Scheiß Familie.*

»Moritz, tust du dem Opa einen Gefallen?«

»Klar, Opa«, nickte der Kleine.

»Dann geh doch mal da drüben an meinen Schreibtisch. In der Schublade ganz unten liegt eine Schachtel mit Zigaretten, und da muss auch noch ein Feuerzeug sein. Bringst du mir das bitte?«

»Mama hat aber gesagt, du darfst nicht mehr rauchen«, antwortete der Kleine unbekümmert.

»Ach was«, wehrte sein Opa ab. »Ich soll nur nicht mehr so oft rauchen, weißt du.«

Sein Enkel nickte, zögerte aber noch.

»Na, jetzt geh schon. Kannst dir auch einen von den Schokoriegeln nehmen, die auf dem Schreibtisch liegen. Sind die mit den Nüssen. Die magst du doch so gerne.«

Die Aussicht auf seinen Lieblingsschokoriegel gab den Ausschlag. Nachdem er seinem Opa das Feuerzeug und die vermutlich letzte Zigarettenschachtel gebracht hatte, alle anderen hatte die Familie aus seinem Zimmer entfernt, gab Friedhelm Kranenbacher seinem Enkel einen freundlichen Klaps auf den Po.

»So, und jetzt schieb wieder ab, mein Kleiner. Opa wird jetzt eine paffen.« Er legte den Zeigefinger an seine Lippen. »Und kein Wort zu niemand. Versprochen?«

»Versprochen.«

Nachdem sein Enkel gegangen war, wartete er noch einen Moment. Dann schraubte er die Ventileinstellung seines Inhalationsgeräts etwas höher. Seine Ärzte hatten ihn eindringlich gewarnt und ihm mit drastischen Worten geschildert, was geschehen könnte, wenn er auch nur eine einzige weitere Zigarette rauchen würde. Aus Angst davor inhalierte er vorsichtshalber noch einmal intensiv den ausströmenden Sauerstoff. Anschließend zog er mit zittrigen Fingern eine Zigarette aus der Packung, legte die Inhalationsmaske, die er sich zuvor auf Mund und Nase gedrückt hatte, auf die Bettdecke und steckte die Zigarette zwischen seine blassen blutleeren Lippen. Genau wie sein Enkel vorhin zögerte er einen Moment, aber die Sucht nach dem Nervengift Nikotin war größer als seine Angst.

Friedhelm Kranenbacher griff nach dem Feuerzeug. Das hätte er besser sein gelassen, denn als sich das Flämmchen entzündete, gab es eine gewaltige Stichflamme, die seinen halben Oberkörper, seinen Hals, sein Gesicht sowie seine Arme und Hände verbrannte. Schuld daran war der weiter aus dem Inhalationsgerät ausgeströmte Sauerstoff. Der schwer verbrannte Kranenbacher schrie, so laut es ihm seine kranke Lunge erlaubte, da stand auch schon sein gesamtes Oberbett in Flammen. Dunkle Rauchschwaden stiegen auf. Kranenbacher schlug einige Sekunden wie wild mit den Armen um sich, dann ließen seine Bewegungen nach, und sein Schreien erstarb in einem gurgelnden Röcheln.

»Einsatz für Feuerwache 6 und Feuerwache 7 zur Benrather Schloßallee. Vermutlich Zimmerbrand. Es rücken aus: An Feuerwache 6,
6-46-1, 6-33-1 und der NAW 6-81-1. An Feuerwache 7 der Löschzug, der C-Dienst und der RTW 7-83-2.«

Der Leitstellendisponent hatte die Aufzählung der zu diesem Einsatz aufgerufenen Fahrzeuge noch nicht ganz beendet, da sprangen
die Ersten in ihre dicken Einsatzklamotten. Als der Vierfachgong
ertönte, befand ich mich mit Piet oben im Schultrakt. Der kürzeste
Weg in die Fahrzeughalle führte von hier über die auf dem nördlichen Gang befindliche Rutschstange. Wir rannten sofort dorthin.
Nur Sekunden später entriegelte Piet die Tür, die den Rutschschacht
verschloss, umklammerte die armdicke Edelstahlstange mit beiden Beinen und rutschte sofort in die Tiefe – ich hinterher. Über
mir rauschte der Ventilator, der sich immer einschaltete, wenn der
Rutschschacht geöffnet wurde. Neun Meter tiefer erreichte Piet den
Boden der Fahrzeughalle. Eine Sekunde später landete ich auf dem
nachgebenden runden Moosgummipolster.

Obwohl wir uns so beeilt hatten, waren unsere Kollegen schneller gewesen. Die ersten bestiegen schon die Fahrzeuge, und die
Maschinisten hatten auch schon die Stromzufuhr und die Press-
luftleitungen abgekoppelt.

»Tempo, Jungs!«, rief unser DGL. »Ihr seid die Letzten! Los jetzt,
anziehen könnt ihr euch auch im Fahrzeug!«

»Ja, wir kommen ja schon!«, rief ich und riss noch schnell meine
Einsatzjacke vom Kleiderständer. Die dicken Überhosen und die
Feuerwehrstiefel hatten wir uns trotz seiner Aufforderung dann
aber doch noch draußen vor dem LF angezogen. Sich während
einer Alarmfahrt da hineinzwängen zu müssen, kann man nämlich vergessen. Klar, es würde schon gehen, aber erstens ist es in
dem Mannschaftsraum dafür viel zu eng, und zweitens muss man
sich in den Löschfahrzeugen der neueren Generation auch hinten
anschnallen. Ich fand es schon schwer genug, mir im Wagen meine
Einsatzjacke anziehen zu müssen. Den langen Reißverschluss im

Sitzen zuzuziehen funktionierte überhaupt nicht. Aufrecht stehen konnte ich hier drin aber auch nicht. »Mann!«, schimpfte ich und zerrte vergeblich an dem Reißverschluss, »wieso geht das blöde Mistding denn nicht zu?!«

Jochen saß mir gegenüber und schob meine Hände zur Seite. »Halt mal still«, forderte er mich auf. »So, fertig. Hochziehen musst selbst.«

»Danke.«

*

Gott sei Dank, das mit der Jacke war geschafft! Jetzt aber fix. Als Angriffstruppmann musste ich mir nämlich noch die Gurtbänder meines Pressluftatmers anlegen, die Atemschutzmaske und die Flammschutzhaube überziehen und mir meinen Helm aufsetzen. Die Benrather Schloßallee lag am Rhein, ein gutes Stück von unserer Wache entfernt. Glück für mich, denn hätte sie in der unmittelbaren Nähe gelegen, hätte ich das sicher nicht alles geschafft. So aber war ich noch rechtzeitig fertig geworden und konnte bei unserem Eintreffen ohne Zeitverzögerung mit meinem Angriffstruppführer in das Haus eindringen. Das Haus war übrigens eine recht pompöse Villa mit einer breiten Einfahrt.

»Fahr bloß langsam«, warnte der DGL seinen Maschinisten, als er die auffallend elegant gekleidete Menschenmenge sah, die, in dem weitläufigen Vorgartenbereich stehend, händeringend auf uns zu warten schien. Noch bevor wir anhielten, kamen zwei Männer auf uns zugerannt.

»Um Gottes willen, beeilen Sie sich! Unser Vater liegt noch da oben!«

»Wo genau?«, hörte ich unseren DGL fragen.

»Gleich die Treppe hoch, die dritte Tür rechts.«

»Sind noch andere Personen im Gebäude?«

»Nein, nur unser Vater.«

»Gut. Angriffstrupp mitgehört?«

»Ja!«

»Dann los! Nehmt den P12 mit. C-Leitung kommt nach! Wasser-trupp! Schlauchleitung verlegen und …« Aber das hörte ich schon nicht mehr, da ich sofort nach der Befehlsgabe an das Fach geeilt war, hinter dessen Rollo sich der zwölf Kilogramm schwere Hand-feuerlöscher befand. Mein Angriffstruppführer war Hans. Er war mir bereits einige Schritte voraus, wartete aber vor dem Eingang auf mich. Da hier unten noch kein Brandrauch zu sehen war, fragte ich ihn: »Was ist, sollen wir trotzdem schon anschließen?«

»Auf jeden Fall«, sagte er. »Besser wir bereiten uns hier schon vor.«

Er hatte recht. Wenn es da oben tatsächlich schon richtig knis-tern sollte, wäre es zu riskant gewesen, wenn wir uns erst dort die Lungenautomaten in die Anschlussgewinde unsere Atemschutz-masken eingedreht hätten. Also taten wir dies hier unten, dann stürmten wir die Stufen hinauf.

Dritte Tür rechts hatte es geheißen. Hans hatte einen Handschuh ausgezogen und fühlte routinemäßig über das erste Türblatt

»Kalt!«

Trotzdem warf er kurz einen Blick in den dahinter liegenden Raum. Wäre schließlich nicht das erste Mal, dass sich ein unter Stress stehender Angehöriger vertan hätte, was die Angaben zum Brandort anging.

Ich war weiter zur nächsten Tür gelaufen.

»Auch kalt! … Und leer!«

Dann standen wir vor der dritten, hinter der laut Aussage des Mannes sein Vater läge und in dem es brennen sollte.

»Auch kalt!«

Ein kaltes Türblatt bedeutet, entweder brennt es in dem Raum dahinter noch nicht lange, nur schwach oder überhaupt nicht. Ein warmes oder sehr heißes Türblatt, dessen Lack sich möglicherweise schon bräunlich verfärbt oder Blasen gebildet hat, oder eines, durch dessen Ritzen Brandrauch nach außen dringt, signalisiert immer höchste Gefahr. Wer unvorsichtig aufrecht davor stehend die Türe öffnet, dem kann es ziemlich übel ergehen. Schon manchem ist danach die Tür entgegengeschlagen, oder er erhielt von aus dem Raum herausschießenden Langflammen schwere Verbrennungen. Wenn man sich, was ebenfalls geschehen konnte, lediglich seine Hand an der heißen Klinke verbrannte, konnte man noch von Glück reden. Wir Feuerwehrmänner sind zwar durch unsere besondere Bekleidung bestens geschützt, dennoch waren auch wir gut beraten, vor dem Betreten des Raumes diese kurze Überprüfung durchzuführen.

Obwohl das Blatt kalt war, öffneten wir die Tür aus gebückter Stellung. Der dahinter liegende Raum lag wie in dichtem, aber dunklem Nebel – Brandrauch! Flammen waren nicht auszumachen, aber den Brandherd erkannten wir dennoch. Es war ein Bett, das frei vor der linken Wand stand. Das weitgehend verbrannte Bettzeug schwelte nur noch vor sich hin. Der Mann, der darin lag, wies fürchterliche Verbrennungen auf. Für ihn kam jede Hilfe zu spät. Was für ein grausamer Tod!

Hans signalisierte mir, das Fenster zu öffnen, damit der Brandrauch abziehen konnte, und drehte das Ventil der Sauerstoffflasche zu. Dass die Reste des Bettzeugs nach dem Öffnen des Fensters noch einmal aufflammen könnten, stand nicht zu erwarten, trotzdem hielt ich den Feuerlöscher griffbereit.

Hans funkte.

»Gruppenführer für Angriffstruppführer, kommen!«

»Gruppenführer hört, kommen.«

»Schwelbrand von Bettzeug. Eine männliche Person tot im Bett vorgefunden. Den C-Schlauch brauchen wir hier nicht. Es reicht, wenn uns jemand die Kübelspritze zum Ablöschen des Bettzeugs bringt. Und schick den Notarzt für die Todesfeststellung hoch.«

»Geht klar. Kübelspritze und Notarzt. Braucht ihr sonst noch Hilfe?«

»Nein, das ist alles.«

Das Bettzeug schwelte immer noch. Den Pulverfeuerlöscher wollte ich trotzdem nicht einsetzen, das hätte nur eine Riesenschweinerei gegeben. Also versprühte ich kurzerhand den Inhalt zweier Mineralwasserflaschen darüber, die auf einem Tisch neben dem Bett standen. Dabei stieß mein Feuerwehrstiefel gegen einen am Boden liegenden Gegenstand. Ein schlidderndes Geräusch entstand. Ich schaute nach unten, da lag ein kleines silbriges Feuerzeug. Ich machte Hans darauf aufmerksam. Dabei sah ich auch noch eine Zigarettenpackung am Boden liegen. In fetten Druckbuchstaben stand darauf zu lesen: **Rauchen kann tödlich sein!**

»ES TUT MIR LEID!«

Der Termin der Gerichtsverhandlung, zu der ich mit meinem Kollegen Frank als Zeuge geladen war, war auf 11:00 Uhr angesetzt. Es ging um einen Unfall bei dem ein achtjähriges Mädchen von einem unter Alkoholeinfluss stehenden Autofahrer überfahren worden war. Wir hatten an dem Tag Dienst und befanden uns mit dem Rettungswagen auf dem Rückweg vom Krankenhaus zur Feuerwache als wir Augenzeugen dieses schrecklichen Unfalls wurden.

Der mattschwarze Golf GTI erfasste das Mädchen frontal, mitten auf dem Zebrastreifen. Wir hatten alles in unserer Macht stehende getan, hatten das Mädchen bis zum Eintreffen des Notarztes reanimiert, obwohl wir genau wussten, dass die Kleine keine Chance mehr hatte. Wenn ich meine Augen schließe, meine ich heute noch den dumpfen Aufprall hören zu müssen, und sehe, wie ihr kleiner Körper durch die Luft geschleudert wurde. Dann erst erfolgte das Quietschen der Reifen – zu spät. Viel, viel zu spät. Und überhaupt, wieso war der Wagen mit einer solch hohen Geschwindigkeit auf den Zebrastreifen zugerast? Wieso hatte sein Fahrer nicht, wie der Opel vor uns, gestoppt, sondern war links an ihm und zuvor auch an uns vorbeigerast? Fragen die auch der Staatsanwalt stellte.

Es täte ihm leid, sagte der Angeklagte, ein junger Mann, der erst seit wenigen Monaten den Führerschein besaß.

Es täte ihm leid! Er sagte das mit einen frechen Grinsen ohne den gesenkten Kopf zu heben. Nein, dem Typ tat das nicht leid. Der machte diese Aussage nur, weil ihm das sein Anwalt eingeflüstert hatte, da war ich mir ziemlich sicher. Angeblich hatte ihn an dem besagten Morgen seine Freundin verlassen, weshalb er seinen Kummer im Alkohol ertrunken hätte.

Ich hätte kotzen können. Besoffen Auto fahren und dann wie ein Irrer durch die Innenstadt rasen und dabei ein Kind, ein unschuldiges Kind über den Haufen fahren, das war für mich das Allerletzte!

Die Verhandlung war öffentlich und eigentlich hätten wir, nachdem wir unsere Zeugenaussagen gemacht hatten, wieder direkt zurück zur Wache fahren müssen, aber wir blieben, weil wir unbedingt erfahren wollten, wie das Gerichtsurteil ausfiel und welches Strafmaß der Richter verhängte.

Aufgrund der Tatsache, dass der Angeklagte bisher noch nicht straffällig geworden war und Reue zeigte (wie seine Aussage – es täte ihm leid – bestätigte) bekam er lediglich eine auf zwei Jahre zur Bewährung ausgesetzte Strafe und zwanzig Sozialstunden »aufgebrummt«, die er in einer sozialen Einrichtung abzuleisten hatte.

Als der Richter zum Ende der Verhandlung im Namen des Volkes diese Urteilsverkündung verlas, war das wie eine Ohrfeige für die anwesenden Eltern. Die Mutter des getöteten Mädchens brach unter Tränen zusammen und der neben ihr sitzende Ehemann und Vater des Kindes sprang mit kreidebleichem Gesicht auf und rief wo denn die Gerechtigkeit bliebe? Als es danach zu tumultartigen Szenen kam, verließ ich mit meinem Kollegen den Gerichtssaal.

»Es tut mir leid«, oder »das habe ich nicht gewollt.« Wie oft habe ich solche Sätze bei vielen meiner späteren Einsätze noch hören müssen. Ja, manchen konnte ich das abnehmen, aber immer dann, wenn sie von betrunkenen Autofahrern getätigt wurden, oder von brutalen Typen, die ihre Frauen krankenhausreif geprügelt hatten, musste ich schon sehr an mich halten, um nicht die Contenance zu verlieren.

EINE FEUERWEHRFRAU IST AUCH
NUR EIN FEUERWEHRMANN

Was nun genau Pyromanen antreibt, Feuer zu legen, haben namhafte Psychologen, denke ich, längst hinreichend erklärt. Ich verzichte deshalb lieber darauf, hier auch noch meine eigene unmaßgebliche Meinung dazu kundzutun.

Für uns als Feuerwehrmänner spielt es letztlich eh keine Rolle, aus welcher Motivation oder aus welcher krankhaften Sucht jemand Feuer legt. Gier, Rache, ein gekränktes Ego, der klassische Versicherungsbetrug, das Vertuschen einer anderen Straftat oder eben eine krankhafte Neigung zum Feuerlegen, es gibt so viele Gründe. Für uns haben alle Brände in letzter Konsequenz aber immer eines gemein – sie bescheren uns jede Menge Arbeit, und nicht selten bringen sie andere Menschen in große Gefahr. Aber auch für uns als Einsatzkräfte kann es oft gefährlich werden, sehr gefährlich sogar. So wie bei diesem Einsatz, als mich der Alarmgong weit nach Mitternacht aus einer Tiefschlafphase riss.

Verwirrt schoss ich hoch. Boahhh! Was war das denn? Ich klatschte mir mit beiden Händen ins Gesicht und starrte auf die Wanduhr. Es war kurz vor drei. Als ich meinen Geist einigermaßen sortiert hatte, rannte ich aus dem Zimmer auf den Gang, von wo die Rutschstange in die Fahrzeughalle führte. Neun Meter mit immer noch leicht betüddeltem Kopf hinunterzurutschen, war sicherlich nicht die beste Idee, aber die Zeit drängte, und die uns zugestandenen neunzig Sekunden bis zum Verlassen der Fahrzeughalle wurden auch nicht mehr, nur weil es mich mal wieder eiskalt erwischt hatte.

*

»Wo fahren wir überhaupt hin?«, fragte ich meine Kollegen, nachdem wir mit blitzenden Blaulichtern und eingeschaltetem Martinshorn in die parallel zu unserer Fahrzeughalle verlaufende Frankfurter Straße in Richtung Süden fuhren.

»Haste das nicht mitbekommen?«

Nee, hatte ich nicht.

»Wohl ein kleines Schläfchen gehalten, wie?«, spottete Jochen.

»Von wegen klein! Guck dir den doch an, der schläft ja immer noch.«

Anscheinend musste ich auf meine Kollegen ja einen reichlich verpennten Eindruck machen. Trotzdem stellte ich die Frage noch einmal.

»Und, was ist jetzt, wohin geht es?«

»Hellerhof«, sagte Hans.

»Und?«

»Was und?«

»Na, was soll da sein? Brennt's da?«

»Mann, der hat ja wirklich gepennt«, sagte Jochen erstaunt und sah mich beinahe vorwurfsvoll an. »Klar brennt es. Was hast du denn gedacht? Wahrscheinlich hat wieder irgend so ein Irrer Strohrollen angezündet.«

»Oh, dann ist die Nacht vermutlich gelaufen.«

»Die Nacht *ist* gelaufen, Jungs!«, rief unser Maschinist. »Seht mal nach vorne.«

»Ach du Scheiße!«, rief ich. »Das ist ja genau wie im vergangenen Jahr.«

»Das kannste wohl laut sagen!«

Auf einem Stoppelfeld vor uns erstreckte sich eine Flammenfront von annähernd hundert Metern. Es war fast die gleiche Stelle, an der schon im letzten Jahr Strohrollen gebrannt hatten. Das konnte kein Zufall sein. Das war hundertprozentig Brandstiftung, da war ich mir ganz sicher, besonders weil die übereinandergestapelten Strohrollen nicht nur auf einer Seite brannten, sondern auf der gesamten Länge. Mit unserem einen LF und den wenigen Männern, die wir waren, sahen wir dagegen ziemlich alt aus.

»Was ist?«, rief ich deshalb nach vorne. »Bekommen wir Verstärkung?«

»Wir sind die Verstärkung!«, rief unser DGL zurück.

»Wie? Wir sind die Verstärkung?«

»Na, guck mal da vorne rechts! Da steht bereits das LF der Freiwilligen Feuerwehr von Garath. Die haben *uns* nachgefordert. Aber die Feuerwehr Monheim müsste auch jeden Moment hier eintreffen.«

Tatsächlich, da hinten stand das Löschgruppenfahrzeug der FF Garath. Ich musste ja wirklich sehr tief geschlafen haben, dass ich nicht mitbekommen hatte, wie die Kameraden alarmiert worden sind, zumal deren LF in einem Trakt unserer Wache untergebracht war.

Brennende, fest verpresste Strohballen sind sehr schwer zu löschen, weil Löschwasser kaum in sie eindringt. Im Grunde bekommt man sie nur abgelöscht, indem man sie auseinanderreißt. Einen oder zwei Ballen, meinetwegen auch noch drei würden wir ja noch mit unseren Dungharken schaffen, aber das hier waren bestimmt weit über zweihundert! Da musste man schon mit größeren Kalibern wie Treckern mit angesetzten Heugabeln oder Radladern rangehen. Außerdem benötigten wir gewaltige Mengen an Löschwasser, womit wir vor einem weiteren Problem standen, da es auf dem Feld keinen Hydranten gab. Wir mussten das Löschwasser also entweder aus einem nahe gelegenen Fluss oder aus einem offenen Gewässer mit Schlauchleitungen heranführen. Da es hier jedoch weder einen Fluss noch ein offenes Gewässer gab, blieb nur der Pendelverkehr mit Tanklöschfahrzeugen. Diese Art der Löschwasserheranführung ist mindestens ebenso aufwendig wie der Aufbau einer langen Wegestrecke mit Schläuchen und dazwischengeschalteten Tragkraftspritzen. Aber da wir wie erwähnt weder einen Fluss noch einen Teich oder See in der Nähe hatten, lief es wohl auf den Pendelverkehr hinaus.

»Wir werden die brennenden Strohballen von beiden Seiten gleichzeitig angreifen!«, rief unser DGL.

Klar, dachte ich, dann benötigen wir allerdings nicht nur zwei, sondern gleich vier Tanklöschfahrzeuge. Und bis dahin? Mit den lächerlichen 1.800 Litern Wasser in unserem mitgeführten Tank würden wir ja nicht weit kommen.

Plötzlich fegte ein kräftig aufkommender Wind über den Stoppelacker und fachte das Feuer zusätzlich an. Dadurch bekamen wir ein noch viel größeres Problem – der Brandrauch trieb genau auf die Stallungen eines in unmittelbarer Nähe liegenden Reiterhofs zu. Es bestand die Gefahr, dass es dort durch Funkenflug zu einer Brandausweitung kommen könnte.

*

Mein DGL stand mit dem Gruppenführer der FF Garath und einem Kollegen von der inzwischen ebenfalls eingetroffenen Feuerwehr Monheim zusammen und winkte mich zu sich.

»Hör zu, Martin, Sonderauftrag. Ihr geht zu zweit zu dem Reiterhof und seht euch dort einmal um. Ich muss wissen, wie gefährdet die Gebäude da sind. Und da niemand von uns weiß, ob in den Stallungen auch Pferde über Nacht untergebracht sind, solltet ihr dort unbedingt auch einmal hineinsehen. Und ich will wissen, ob da auch Menschen wohnen.«

»Alles klar«, nickte ich. »Wen soll ich mitnehmen?«

»Ich gebe dir einen von meinen Leuten mit«, sagte der Monheimer Feuerwehrkollege.

»Aber ihr geht mir da nicht ohne Atemschutzmasken mit Filter hin«, warnte mein DGL und zeigte auf den Brandrauch, der mittlerweile schon den ganzen Stall einhüllte.

»Ich werd mich hüten«, sagte ich und wandte mich schon zum Gehen, da hörte ich, wie einer von denen zu meinem DGL sagte: »Hoffentlich versteht dein Mann auch was von Pferden.«

Daraufhin blieb ich noch einmal stehen, drehte mich kurz um und betonte: »Keine Sorge, Kollege, ich hab alle Bücher von Karl May gelesen.«

»Na dann ...«, lachten die drei, »kann ja nichts schiefgehen!«

Ging es aber doch. Nur davon ahnte ich jetzt noch nichts.

*

Ich musste noch einmal zurück zu unserem LF gehen, um die Atemschutzmaske und den Schraubfilter zu holen. Nachdem ich mir die Maske schon am Fahrzeug angezogen und den Schraubfilter eingedreht hatte, kam mir der Monheimer Kollege entgegen.

»Ich glaube, da hinten kommen die TLFs und ein Tieflader mit dem angeforderten Radlader!«, rief er, wobei seine Stimme unter der Maske, er hatte die Atemschutzmaske ebenfalls schon aufgezogen, ziemlich piepsig klang.

Der schmächtig wirkende Feuerwehrmann machte mir überhaupt noch einen recht jungen Eindruck. Egal, was soll's, sagte ich mir. Man soll Menschen ja schließlich nicht nur nach ihrem Äußeren bewerten. Im Übrigen war ich auch mal so jung gewesen und deshalb kein schlechterer Feuerwehrmann als heute – nur halt noch nicht so erfahren.

»Ich bin der Martin von der Feuerwache Garath«, sagte ich und streckte dem Kollegen die Hand entgegen.

»Hallo, ich bin Karl von der Feuerwehr Monheim. Aber von der Freiwilligen«, fügte Karl fast ein wenig schüchtern hinzu und schüttelte mir die Hand. Sein Händedruck war zwar fest, seine Hand aber auffallend schmal. Ich schätzte, der Junge war gerade erst 18 oder 19, also noch ein richtiger Grünschnabel. Ich nahm mir daher vor, ein besonderes Auge auf ihn zu haben.

»Und, können wir?«

Karl nickte.

»Na, dann los.«

Wir liefen zu der rechten Seite der brennenden Strohballen, wo die FF Garath ein C-Rohr vorgenommen hatte. Andere versuchten, den oberen Ballen, der von der darunter brennenden Doppelreihe bereits hinabgestürzt war, mit Dungharken von den Flammen wegzuziehen.

Jungs, das funktioniert nicht, dachte ich mir. Das sind gepresste Ballen mit eingerollter Grassilage. Von denen wiegt jeder einzelne circa eine Tonne. Ich verkniff mir aber eine diesbezügliche Äußerung und lief an ihnen vorbei. Karl immer ein, zwei Meter hinter mir.

»Jaaaa! Geschafft!«, hörte ich sie plötzlich jubeln.

Das gibt's doch gar nicht, dachte ich, und dann schrie auch noch einer: »Los! Und jetzt den nächsten!«

*

Der Reiterhof lag doch etwas weiter entfernt, als wir das von unserer vorherigen Position aus eingeschätzt hatten. Weit genug jedenfalls, als dass die Strahlungswärme des Brandes ihm noch hätte schaden können. Der Funkenflug, den der kräftige Wind hierhertrieb, blieb aber weiterhin eine Gefahr. Und Pferde waren da auch untergebracht. Jetzt, nachdem wir die Stallungen fast erreicht hatten, konnten wir deutlich ihr unruhiges Schnauben und ängstliches Wiehern hören.

»Mensch Karl, wenn die hier Pferde haben, müssen die auch Wasser haben.«

»Ja sicher«, nickte Karl und trat ein armlanges brennendes Strohbündel aus, das der Wind bis hierher getrieben hatte.

»Ja, aber dann muss es hier doch auch irgendwo einen Hydranten geben.«

»Bestimmt.«

Ich sah besorgt weiteres brennendes Stroh durch die Luft wirbeln. Einiges kam uns bedenklich nah.

»Komm, wir suchen jetzt als Erstes den Hydranten!«

»Und was ist mit den Pferden?«

Die Pferde in dem Stall wurden immer unruhiger. So wie das hier krachte, traten einige anscheinend schon mit den Hufen gegen die hölzerne Rückwand. »Okay«, sagte ich. »Du siehst zu, dass du den Hydranten findest, und ich schaue nach den Tieren.«

*

Mir brummte der Schädel. Als ich die Augen wieder aufschlug, hockte Karl neben mir. Er hatte seinen Helm abgenommen und zog sich gerade die Atemschutzmaske herunter. Erstaunt blickte ich in ein glatt rasiertes ebenmäßig frauliches Gesicht. Nachdem er sich auch noch die Flammschutzhaube vom Kopf zog, fielen lange feuerrote Locken auf mich herunter. Was für ein seltsamer Traum, dachte ich, und so real. Dann wurde es um mich wieder dunkel.

Als ich beim nächsten Mal aufwachte, dämmerte es mir, dass das kein Traum gewesen war. Immer noch leicht verwirrt sah ich mich um. Ich lag in einem unserer RTW auf der Patientenliege.

»Ah, er wird wach«, hörte ich eine männliche Stimme sagen und wollte mich aufrichten und an den Kopf fassen, da drückte mich jemand sanft zurück und fasste meine Hand.

»Nein, nein. Davon lässt du mal schön deine Finger.«

»Was ... was ist passiert?«

»Das weißt du wohl nicht mehr, wie?«

Ich wollte den Kopf schütteln, aber ein heftig stechender Schmerz hinderte mich daran.

»Tja Junge, man sollte sich eben nicht mit einer Stalltür anlegen. Besonders wenn dahinter ein Gaul verrückt spielt.«

»Hab ich die etwa aufgemacht?«

»Scheint so. Auf jeden Fall ist sie dir vor den Kopf geknallt. Also ... schön liegen bleiben.«

»Und Karl? Was ist mit ihm? Wie geht es dem? Hat der mich gefunden, oder ...?«

»Karl ist gut!«, lachte mein Kollege. Guck mal, wer da noch neben dir steht.«

Ich drehte meinen Kopf vorsichtig ein Stück nach rechts. Da stand eine junge Feuerwehrfrau mit langen feuerroten Haaren und lächelte mich freundlich an.

»Na Martin, wieder unter den Lebenden?«

*

Die Nacht verbrachte ich wegen einer Commotio zur Beobachtung im Krankenhaus. Als ich einige Tage danach wieder zum Dienst durfte, ließ mich mein DGL in sein Büro kommen.

»Du musst noch einen Unfallbericht schreiben. Hier«, er schob mir einen doppelseitigen DIN-A4-Bogen über seinen Schreibtisch. »Den Kopf mit deinen Personalien habe ich schon ausgefüllt. Den Unfallhergang musst du aber schon selber schreiben.«

»Äh … ja … der Unfallhergang. Hm. Also offen gestanden, darüber weiß ich nichts mehr.«

Mein DGL sah mich ungläubig an.

»Wirklich. Ist alles weg. Retrograde Amnesie nennt man so was«, erklärte ich. »Haben mir die Ärzte auch bestätigt.«

»Klar. Das würde ich auch behaupten, wenn ich wie du ein Taekwondo-Kämpfer wäre und ich mir von jemandem, der keine Eier mehr zwischen den Beinen hat, die Türe vor den Kopf treten ließe.«

»Hä?«

»Ja, nix hä«, grinste er und betonte: »Dein liebstes Hottepferdchen war nämlich kein feuriger Hengst, sondern ein Wallach. Ach ja, und was diesen Karl betrifft. Falls du es noch nicht wissen solltest, der Kollege heißt in Wirklichkeit Karla und ist 'ne Feuerwehrfrau.«

»Weiß ich schon«, gab ich zerknirscht zu.

»Schön, dann weißt du ja ab jetzt, dass eine Feuerwehrfrau auch ein Feuerwehrmann ist, nur mit schönerer Ausstattung.«

»... WIR ABER AUCH NICHT!«

Weitere Jahre vergingen. Jahre, in denen meine Feuerwehrkollegen und ich viele Brände gelöscht, zahllose technische Hilfeleistungen erbracht, mehrere Tiere aus Notlagen befreit und, unsere wichtigste Aufgabe, Menschen das Leben gerettet hatten. In diese Zeit fiel auch mein weiterführender Lehrgang an der Landesfeuerwehrschule in Münster. Nach erfolgreich bestandener Prüfung wurde ich zum Hauptbrandmeister befördert. Einige Jahre danach bewarb ich mich um eine ausgeschriebene Stelle als Dienstgruppenleiter. Der lang gehegte Wunsch wurde wahr – ich erhielt die Stelle und bekam meine eigene Feuerwache.

Die Feuerwache 7 ist eine von zehn Wachen inklusive der Feuer-löschbootstation im Hafen, die die Berufsfeuerwehr im Stadtgebiet unterhält, und sie war sogar eine der vier großen Zugwachen. Ab jetzt war ich also DGL auf der ersten Wachbereitschaft, einer Trup-pe kerniger Burschen, die zupacken konnten und von denen ich einige durch meine Tätigkeit als Ausbilder bereits recht gut kannte.

Ich erinnere mich noch sehr gut, wie wir nach einem sehr ge-fährlichen Einsatz mit dem C-Dienst zusammensaßen und er sagte: »Martin, einige von deinen Männern haben heute verdammt viel riskiert, mehr als ich von ihnen verlangt hätte. Zugegeben, der Ein-satz stand wirklich auf des Messers Schneide, aber letztlich habt ihr durch euer mutiges Eingreifen drei Menschen vor dem sicheren Tod bewahrt. Trotzdem denkt bitte immer daran, der Tod ist ein nicht zu unterschätzender Gegner.«

»Wir aber auch nicht!«, entgegneten ihm daraufhin meine Män-ner wie aus einem Mund.

*

307

In den folgenden Jahren hatten wir in zahllosen Einsätzen bewiesen, dass wir den Kampf um das Leben bedrohter Menschen nie aufgegeben haben. Bestimmt werde ich darüber später noch in einem anderen Buch berichten.

Ach so, Sie finden, den Einsatz Nummer 33 hätte ich nicht nur andeuten sollen und Sie hätten gerne mehr darüber erfahren? Na mal sehen, vielleicht schreibe ich ja über das, was wir in Einsatz 33 erlebt hatten, in genau jenem Buch.

GLOSSAR

B-Dienst: Leitender Beamter des gehobenen feuerwehrtechnischen Dienstes mit eigenem Fahrer und Fahrzeug. Der B-Dienst übernimmt und koordiniert bei größeren Einsatzstellen oder umfangreichen technischen Hilfeleistungen die Einsatzleitung.

Cardiogerät: kardiá = griech. Herz. Das hier genannte multifunktionale tragbare Cardiogerät ist EKG und Defibrillator zugleich. Es wird auf allen Rettungs- und Notarztfahrzeugen mitgeführt.

Commotio: Gehirnerschütterung

DFA: Deutsche Flug-Ambulanz

Digitalis Antidot (griechisch): Ein Digitalis-Gegenmittel, wobei Digitalis nicht nur das Gift der Maiglöckchen, sondern auch das des roten Fingerhuts ist. Digitalis ist aber auch Bestandteil eines weit verbreiteten Herzmedikaments.

DLK 23/12 NB: Kürzel für eine mechanisch hydraulische Drehleiter mit einem bis zu 30 Meter ausfahrbaren Leiterpark mit an der Leiterspitze fest montiertem Rettungskorb. 23/12 gibt die Rettungshöhe von 23 Metern bei einem Abstand von 12 Metern vom Objekt an. NB steht für niedrige Bauart.

Emphysem: Aufblähung; hier Lungenemphysem, das Aufblähen von Lungenbläschen unter gleichzeitigem Verlust ihrer Elastizität. Bei fortschreitender Krankheit stehen große Areale der Lunge für den Gasaustausch nicht mehr zur Verfügung. Im Endstadium Tod durch inneres Ersticken.

Endorphine: Körpereigene Hormone, die als sogenannte Glücks-hormone unter anderem auch bei Langstreckenläufern in den Blutkreislauf gelangen.

Endotrachealtubus: Ein medizinischer Kunststoffschlauch, der bei der künstlichen Beatmung verwendet wird. Der Tubus wird ent-weder durch den Mund-Rachen-Raum (meist unter Zuhilfenahme eines Laryngoskops) oder nasal (durch die Nase) durch den Kehl-kopfdeckel (Epiglottis) bis in die Luftröhre (Trachea) geschoben. Am außen liegenden Tubusende sitzt ein Verbindungsteil (der Kon-nektor), an den entweder ein Beatmungsbeutel oder der Schlauch eines Beatmungsgeräts aufgesteckt wird.

Epiglottis: Der Kehldeckel. Er verschließt beim Schlucken den Kehl-kopf.

Florentine: Ein Handsprechfunkgerät der Feuerwehr, welches bei der Düsseldorfer Feuerwehr in Anlehnung an den heiligen St. Florian (Schutzheiliger der Feuerwehr) Florentine genannt wird.

Fluchthaube: Eine leichte, feuerfeste Haube mit einem integrierten Atemschutzfilter, den Feuerwehrmänner und Feuerwehrfrauen Menschen bei der Rettung aus verqualmten Bereichen über den Kopf stülpen. Die Fluchthaube ermöglicht ihnen so auf dem Weg ins Freie das Atmen und schützt sie vor den Gefahren einer Rauch-gasvergiftung. Wichtig: Die Fluchthaube ist kein Atemschutzgerät für Feuerwehreinsatzkräfte, sondern lediglich ein kurzzeitig einsetzbares Rettungsgerät für Menschen, deren Eigenatmung noch funktioniert.

Fluppe: Umgangssprachlich für Zigarette.

HLF: Hilfeleistungslöschfahrzeug. Ein weit verbreitetes Lösch-fahrzeug für die Aufnahme einer Löschgruppe im Brandeinsatz mit einer erweiterten umfangreichen Beladung für technische Hilfeleistungen.

HuPF-Bekleidung: Herstellungs- und Prüfbescheinigung einer universellen Feuerschutzkleidung, die gemäß den Vorgaben der Europäischen Norm EN 469 gefertigt wird.

Intubation (Intubieren): Das Einführen eines Tubus (hier Endotrachealtubus) für eine künstliche Beatmung bei unzureichender Eigenatmung oder Atemstillstand.

Konnektor: Siehe Endotrachealtubus

Laryngoskop: Von griech. lárynx (der Kehlkopf) und skopein (beobachten). Ein medizinisches Gerät zur Kehlkopfspiegelung, welches oft bei der endotrachealen Intubation eingesetzt wird.

Leitstellendisponent: Hier ein speziell ausgebildeter Feuerwehrmann, der auf der Rettungsleitstelle eingehende Notrufe annimmt und bearbeitet.

NAW: Kurzbezeichnung für Notarztwagen. Ein Rettungswagen, der neben den üblichen zwei Rettungsassistenten zusätzlich einen Notarzt mit an Bord hat.

PA: Kurzbezeichnung für Pressluftatmer. Das meist verwendete umluftunabhängige Atemschutzgerät aller Feuerwehren. Die 1- oder 2-Flaschen-Geräte enthalten komprimierte Luft, die über eine Hochdruckleitung mit Druckminderer und Lungenautomaten zur Atemschutzmaske geführt wird und den Geräteträger vor giftigen Gasen/Stäuben und Dämpfen sowie vor Sauerstoffmangel in der Umgebungsluft schützen.

RTW: Rettungstransportwagen. Das gängigste Rettungsfahrzeug aller Feuerwehren und Hilfsorganisationen mit einer Patientenliege sowie umfangreichem medizinischen Equipment. Meist besetzt von zwei Rettungssanitätern oder Rettungsassistenten.

Sinusrhythmus: Die regelmäßige Schlagfolge des Herzens. Auf dem Monitor des EKG-Geräts (EKG = Elektrokardiogramm) dargestellt in einer (einfach ausgedrückt) regelmäßig verlaufenden, sich permanent wiederholenden Zackenkurve.

Teletector: Ein Photonenstrahlenmessgerät (Röntgen- und Gammastrahlung), verbunden mit einer bis zu vier Meter ausziehbaren Teleskopsonde.

TLF: Kürzel für Tanklöschfahrzeug. Ein Feuerwehrfahrzeug mit einem (in diesem Fall) 5.000-Liter-Löschwassertank, sowie einem Zusatztank für 500 Liter Schaummittel, zwei Schnellangriffseinrichtungen und einem Dachmonitor (Wenderohr mit großer Reichweite).

Verteiler: Der Verteiler gehört zu den wasserführenden Armaturen der Wasserfortleitung. Seine Hauptaufgabe besteht darin, das ankommende Löschwasser aus einer B-Leitung auf zwei C- sowie einem mittig liegenden B-Abgang zu verteilen. Die Abgänge sind entweder mit Niederschraubventilen oder einem Kugelhahn als Absperrorgan versehen.

Zyanotisch: von Zyanose (cyan = griech. blau); eine Blaufärbung, die bei ungenügender Sauerstoffsättigung des Blutes zuerst an den Lippen und an der Mundschleimhaut sichtbar wird. Bei anhaltendem Sauerstoffmangel, z.B. nach Atemstillstand, dehnt sich die Zyanose auf den gesamten Kopf-Halsbereich und andere Körperteile aus.

112 GRÜNDE, FEUERWEHRMANN ZU SEIN

PRÄGENDE ERLEBNISSE, SPANNENDE MOMENTE UND SCHLAFLOSE NÄCHTE:
EINE BERÜHRENDE LIEBESERKLÄRUNG AN DEN SCHÖNSTEN BERUF DER WELT

112 GRÜNDE, FEUERWEHRMANN ZU SEIN
EINE HOMMAGE AN DEN SCHÖNSTEN BERUF DER WELT
Von Martin Meyer-Pyritz
296 Seiten, Taschenbuch
ISBN 978-3-86265-550-2 | Preis 9,99 €

Feuerwehrmänner sind 24 Stunden im Einsatz, geben alles und sind bei Alarm sofort von null auf hundert. Um Leben zu retten, müssen sie oft blitzschnell handeln, manchmal auch improvisieren und immer einen kühlen Kopf bewahren. Es ist ein knochenharter Job, aber die meisten machen ihn mit absoluter Leidenschaft.

Der Autor hat 112 Gründe zusammengetragen, warum der Beruf des Feuerwehrmannes so attraktiv ist. Er erzählt von prägenden Erlebnissen am Einsatzort, spannenden und auch lebensbedrohlichen Momenten sowie schlaflosen Nächten.

Das Buch ist eine berührende Liebeserklärung an den wohl faszinierendsten Beruf der Welt! Feuerwehrmänner müssen Allround-Talente sein, manchmal sind sie sogar Hebammen. Sie leben gefährlich und wollen doch nie mehr etwas anderes sein.

112 GRÜNDE, DIE FEUERWEHR ZU LIEBEN

EIN BLICK HINTER DIE KULISSEN EINER GESCHICHTSTRÄCHTIGEN UND MODERNEN
INSTITUTION UND EINE LIEBESERKLÄRUNG AN DIE SYMPATHISCHEN LEBENSRETTER

112 GRÜNDE, DIE FEUERWEHR ZU LIEBEN
EINE HOMMAGE AN EINE GANZ BESONDERS HEISSE INSTITUTION
Von Jörg Nießen. Mit Illustrationen von Marco Reichert
224 Seiten, Taschenbuch
ISBN 970-3-86265-197-9 | Preis 9,95 €

»Brennende Leidenschaft! Der Kölner Hauptbrandmeister und Erfolgsautor Jörg Nießen
hat 112 Gründe gefunden, die Feuerwehr zu
lieben. Und sie alle in sein drittes Buch gepackt.« NRZ

»Was zieht Menschen zur Feuerwehr?
Dieser Frage geht Jörg Nießen nach. Seine
Antworten sind durchweg authentisch und
zeigen, welche vielfältige Faszination die

Feuerwehr auf Frauen und Männer ausübt
und sie im Idealfall dazubringt, sich haupt-
oder ehrenamtlich in der Feuerwehr zu
engagieren.« Brandschutz

»Er liefert mal sachlich, mal humorvoll,
bisweilen aber auch selbstironisch und
zweideutig Argumente, die die Zuneigung
zu dieser traditionsreichen Institution erklären.« Aachener Zeitung

SCHWARZKOPF & SCHWARZKOPF

FÜR IMMER IM KOPF

SCHOCKIERENDE UND BERÜHRENDE ERLEBNISSE EINES FEUERWEHRMANNES –
24 EINSÄTZE DER BESONDEREN ART

FÜR IMMER IM KOPF
SCHOCKIERENDE UND BERÜHRENDE ERLEBNISSE EINES
FEUERWEHRMANNES – 24 EINSÄTZE DER BESONDEREN ART
Von Wolfgang Ising
272 Seiten, Taschenbuch
ISBN 978-3-86265-538-0 | Preis 9,99 €

»Vielen Dank, dass Sie das Buch geschrieben haben. Ein toller Einblick, das kann ich den Zuschauern nur wärmstens ans Herz legen. In dem Buch gibt es interessante Schilderungen und die haben es in sich.« Peter Imhof

»Gefährliche Brände löschen. Menschen aus Autowracks befreien. Das und noch viel mehr macht die tägliche Arbeit der Feuerwehr aus. Oft geht es um Leben und Tod. Feuerwehr-mann Wolfgang Ising erzählt ungeschönt, was ihn in 38 Jahren besonders bewegt hat.« berliner-zeitung.de

»Tragödien, berührende Schicksale, Lebens-gefahr: In seinen 38 Jahren bei der Hambur-ger Feuerwehr hat Wolfgang Ising etliche bri-sante Einsätze erlebt. Die 24 dramatischsten schildert er in seinem Buch – knallhart, scho-nungslos und ehrlich.« Hamburger Mopo

WWW.SCHWARZKOPF-SCHWARZKOPF.DE

SCHWARZKOPF & SCHWARZKOPF

111 GRÜNDE, ARZT ZU SEIN

EINE HOMMAGE AN DEN SCHÖNSTEN BERUF DER WELT – DAS NEUE BUCH VON SPIEGEL-BESTSELLER-AUTOR FALK STIRKAT

111 GRÜNDE, ARZT ZU SEIN
EINE HOMMAGE AN DEN SCHÖNSTEN BERUF DER WELT
Von Falk Stirkat
256 Seiten, Taschenbuch
ISBN 978-3-86265-551-9 | Preis 9,99 €

In dem SPIEGEL-Bestseller ICH KAM, SAH UND INTUBIERTE gewährte Falk Stirkat Einblicke in seinen aufregenden Alltag als Notarzt. Nun legt der Autor nach und liefert 111 Gründe, einen der verantwortungsvollsten Berufe überhaupt zu ergreifen. Denn ob aus Idealismus, um TV-Idolen wie Meredith Grey und Doug Ross nachzueifern oder der guten Bezahlung wegen – Arzt zu werden ist immer eine gute Idee, findet Stirkat und erörtert ebenso umfassend wie unterhaltsam das anspruchsvolle Studium sowie die vielfältigen Tätigkeitsgebiete eines Mediziners. Außerdem nimmt er das deutsche Gesundheitswesen kritisch unter die Lupe, zum Glück ohne dass ihm dabei der Humor vergeht.

111 GRÜNDE, ARZT ZU SEIN ist eine kurzweilige Hommage an einen überaus erfüllenden Beruf und eine Entscheidungshilfe für alle, die ihn ergreifen wollen.

WWW.SCHWARZKOPF-SCHWARZKOPF.DE

ICH KAM, SAH UND INTUBIERTE

»WIR SPIELEN JEDEN TAG ARMDRÜCKEN MIT DEM TOD, UND MANCHMAL GEWINNEN WIR!« – DER NOTARZT FALK STIRKAT ERZÄHLT VON SEINEN AUFREGENDSTEN EINSÄTZEN

ICH KAM, SAH UND INTUBIERTE
WAHNWITZIGES UND NACHDENKLICHES
AUS DEM LEBEN EINES NOTARZTES
Von Falk Stirkat
264 Seiten, Taschenbuch
ISBN 978-3-86265-496-3 | Preis 9,99 €

Erleben Sie den aufregenden und mitreißenden Beruf des Notarztes aus erster Hand. Begleiten Sie den Notfallmediziner Falk Stirkat zu lustigen, spannenden, aber auch dramatischen Rettungseinsätzen! Ob Herzinfarkt oder Verkehrsunfall – sobald das Schicksal zuschlägt, werden Stirkat und sein Team zu Hilfe gerufen.

Um Menschenleben zu retten, müssen die Rettungskräfte oft bis ans Limit gehen – und
manchmal auch darüber hinaus. Sie unterstützen ihre Patienten bei der Bewältigung dramatischer Lebensumstände und erhalten Einblicke in Gesellschaftsschichten, bei denen andere lieber wegsehen.

Unverblümt und ehrlich gibt Stirkat in seinem Buch ICH KAM, SAH UND INTUBIERTE Einblicke in den Alltag deutscher Rettungskräfte. Humorvoll und frisch erzählt, mit kritischem Blick auf gesellschaftliche Missstände

SCHWARZKOPF & SCHWARZKOPF

SCHAUEN SIE SICH MAL DIESE SAUEREI AN

LUSTIGE, DRAMATISCHE UND SKURRILE GESCHICHTEN
AUS DEM ALLTAG EINES LEBENSRETTERS – DER SPIEGEL-BESTSELLER!

**SCHAUEN SIE SICH MAL
DIESE SAUEREI AN**
20 WAHRE GESCHICHTEN VOM LEBENRETTEN
Von Jörg Nießen
224 Seiten, Taschenbuch
ISBN 978-3-89602-991-1 | Preis 9,95 €

»Jörg Nießen ist Feuerwehrmann und arbeitet seit 15 Jahren als Rettungsassistent. In seinem Buch erzählt er von seinen spannendsten Fällen – wahre Geschichten, die uns die Facetten des täglichen Lebens (und Sterbens) näherbringen.« Bild.de

»Seit zwölf Jahren fährt Jörg Nießen Einsätze im Rettungswagen – bei aller Dramatik gibt es dabei auch viel zu lachen. 20 dieser Geschichten hat er zusammengetragen und veröffentlicht.« Westdeutsche Zeitung

»Man muss dem Totengräber ja nix schenken! Ein Sanitäter erzählt, was er im Einsatz so alles zu hören und zu sehen bekommt.« Berliner Kurier

»In dem Buch schildert der 36-Jährige seine skurrilsten Fälle.« Express Köln

WWW.SCHWARZKOPF-SCHWARZKOPF.DE

MARTIN MEYER-PYRITZ, geb. 1950, verheiratet, arbeitete 35 Jahre für die Feuerwehr Düsseldorf als Feuerwehrmann, Ausbilder, Lehrrettungsassistent, NAW-Teamchef und Dienstgruppenleiter einer Zugwache. Er war viele Jahre weltweit medizinischer Flugbegleiter bei der Deutschen Flugambulanz. Seine Hobbys: Wandern, Taekwondo und Zeichnen. Meyer-Pyritz lebt und arbeitet heute als Buchautor in Ratingen.

Martin Meyer-Pyritz
DER TOD IST EIN NICHT
ZU UNTERSCHÄTZENDER GEGNER
33 wahre Geschichten über Feuerwehrmänner im Einsatz

ISBN 978-3-86265-594-6
© Schwarzkopf & Schwarzkopf Verlag GmbH, Berlin 2017
Vermittelt durch die Literaturagentur Brinkmann, München | Alle Rechte
vorbehalten. Dieses Werk ist urheberrechtlich geschützt. Jede Verwendung,
die über den Rahmen des Zitatrechtes bei korrekter und vollständiger Quellenangabe hinausgeht, ist honorarpflichtig und bedarf der schriftlichen Genehmigung des Verlages | Coverfoto: © Scott Betts/depositphotos.de

KATALOG
Wir senden Ihnen gern kostenlos unseren Katalog.
Schwarzkopf & Schwarzkopf Verlag GmbH
Kastanienallee 32, 10435 Berlin
Telefon: 030 – 44 33 63 00
Fax: 030 – 44 33 63 044

INTERNET | E-MAIL
www.schwarzkopf-schwarzkopf.de
www.facebook.com/schwarzkopfverlag
info@schwarzkopf-schwarzkopf.de